高等院校"十三五"规划教材

U0653337

会计学基础

主编 陈澎 高欣

南京大学出版社

图书在版编目(CIP)数据

会计学基础 / 陈澎,高欣主编. —— 南京 :南京大学出版社,2019.7
ISBN 978 - 7 - 305 - 22247 - 4

Ⅰ. ①会… Ⅱ. ①陈… ②高… Ⅲ. ①会计学 Ⅳ.①F230

中国版本图书馆 CIP 数据核字(2019)第 103979 号

出版发行　南京大学出版社
社　　址　南京市汉口路 22 号　　　　邮　编　210093
出 版 人　金鑫荣

书　　名　**会计学基础**
主　　编　陈　澎　高　欣
责任编辑　徐　媛　　　　　　　编辑热线　025 - 83592315
照　　排　南京南琳图文制作有限公司
印　　刷　南京人文印务有限公司
开　　本　787×1092 1/16　印张 16.25　字数 410 千
版　　次　2019 年 7 月第 1 版　2019 年 7 月第 1 次印刷
ISBN 978 - 7 - 305 - 22247 - 4
定　　价　42.00 元

网址:http://www.njupco.com
官方微博:http://weibo.com/njupco
官方微信号:njupress
销售咨询热线:(025)83594756

前　言

　　随着经济全球化的深入发展,会计国际化进程的加快,会计环境发生了巨大的变化,社会经济的发展急需具备知识、能力、素质协调发展的创新人才。因此也迫切要求会计教育实现由"理论灌输"到"实务操作"的转变,将理论知识与实践能力有机结合,培养市场经济需要的上手快、素质高、业务精、技能强的复合型专业人才。为了培养高素质的技能型专门人才,满足经济、管理类各专业对会计教学的需要,以及会计工作者知识更新的需要,笔者在总结长期教学研究成果和实际会计工作经验的基础上,从会计工作实际出发,编写了《会计学基础》一书。

　　本教材是按照我国最新发布的会计准则和《会计基础工作规范》的要求,将《会计原理》和《财务会计》的内容有机融合后编写而成。其内容包括:会计基础、会计实务、财务报告三部分。通过本教材的学习,读者能够完整地理解会计工作的基本内容,从而达到初步掌握会计基本理论与实务操作的目的。

　　本教材有以下几个特点。

　　(1)针对性。本教材主要针对经济、管理类和其他相关专业教学需要而编写。我们调研发现,目前此类专业大多仅开设《会计学原理》课程,无后续的《财务会计》课程的教学。过去许多学生虽然学过《会计学原理》,但对会计要素的核算知之甚少,不能满足社会的需要。本教材就是为解决此问题而编写的。

　　(2)新颖性。本教材根据目前市场对经济管理人才的要求进行编写,在内容上着重体现了新会计准则、新法规及我国会计改革的新成果,以及全面实施"营改增"后对会计核算的新要求。反映税制改革在会计实践的新成果,具有较强的适用性和新颖性。

　　(3)实用性。会计教学具有较强的实践性,因此在教材设计上体现了明确的课程阶段性与专业实践性的紧密配合。本教材的编写重点突出、涉及面广,读者可以根据专业及学时要求有选择地进行学习。通过本教材的学习,读者不仅可以了解会计的基本理论,还能掌握会计的基本实务操作程序和方法,体验会计工作过程与环境,因此本教材具有较强的实用性。

　　本教材由徐州工程学院陈澎、高欣老师共同编写。陈澎教授负责本书的统稿工作。

　　在本教材的编写过程中,南京大学出版社的编辑为本书的出版付出了辛勤的劳动。徐州工程学院的陈彦华、何颖、刘祥成等老师对本书提出了许多宝贵意见。同时在本书的编写中,还参考了一些相关的文献及著作。在此一并表示感谢!

　　本书编纂之日,正值会计教学改革之时,编者虽然力求做到教材编写的及时性、准确性,但水平有限,书中难免有不妥之处,敬请读者和会计界同仁不吝指教。

编　者

目　录

第一章

总 论

本章阐述会计的基本理论问题。

通过本章的学习,了解会计的产生与发展以及复式簿记系统的产生、发展、完善的基本历程;懂得什么是会计;初步了解现代会计中有哪些会计信息使用者;理解会计基本职能和会计目标;初步认识会计对象;掌握会计核算方法及其相互间的关系;了解会计职业、会计基本理论。

第一节 会计的产生和发展

一、会计的产生与发展

会计是适应社会生产的发展和加强经济管理的要求而产生,并随着市场经济和科学技术的发展而不断完善、提高的。

1. 会计是社会生产发展到一定阶段的产物

会计作为一种经济管理活动,是随着社会生产的发展和由此产生的对经济管理的需要而产生与发展起来的。在人类社会发展的低级阶段,人们只是凭头脑去记忆,或在树干、石头上刻画符号或标记,或"结绳记事"来记录所做的事情。这时的会计还只是生产职能的附带部分,不可能有专人来负责会计工作。只有当生产力发展到一定水平,劳动生产率提高,劳动产品增加,特别是剩余产品、商品货币的出现,才有可能和必要将会计从生产职能中分离出来,成为一项独立性的工作,也才真正地产生了会计。

从我国来看,西周时设置"司会"表明会计的真正诞生,秦汉建立了以"入""出"为记账符号的会计记录办法,西汉时出现簿籍,唐宋则产生了较为科学、完善的会计结算方法"四柱清册",明清则出现可以核算盈亏的"龙门账"。20 世纪初期,借贷记账法传入我国,随后又引进英美的会计制度,推行现代会计,我国发生会计史上的第一次变革;新中国成立后,引进苏联的会计模式,发生第二次变革;1993 年《企业会计准则》的实施,突破了我国原有的会计模式,初步建立反映社会主义市场经济的会计规范体系,并向国际会计惯例靠拢,是第三次变革;《企业会计准则——基本准则》和 38 项具体准则的颁布与实施,是第四次变革,它表明我国的会计规范体系与国际惯例完全接轨。

从国外来看,会计也有悠久的历史。古印度、古希腊、古巴比伦、古罗马等都有会计记录的史料留于后世,但影响最大的是意大利。数学家卢卡·帕乔利在其1494年发表的著作《算术、几何、比及比例概要》中总结了意大利佛罗伦萨银行所用的借贷记账法,开创了复式记账法理论总结的先河,也成为现代会计的起源。股份公司的出现、计算机技术的应用,使会计在理论、方法、技术上都有了很大的发展,最终超越国界,成为"国际通用的商业语言"。

2. 会计的产生与发展经历了漫长的历程

会计这种经济管理活动已有几千年的历史。随着生产力的不断发展,会计经历了一个由低级到高级、从简单到复杂、从不完善到完善的发展过程。

500多年来,随着环境演变,复式簿记法的地位仍然屹立不倒,会计一直扮演着"看管"角色。究其原因主要有两个:一是会计提供了有关企业在某一段时期内发生事项的记录;二是会计记录系统反映了三项重要信息(盈利、负债和资产的数额),以协助股东或管理人员更有效地营运及管理。

随着企业组织规模扩大和"股份公司"(company)这一企业形式的出现,现代企业组织为应对日益庞大复杂的营运环境,大都要雇用专业经理人员来管理。股东与管理层分离,使传统的簿记系统做出修改以适应新的环境,并保障投资者的利益。由于股东与管理层的信息需求并不一样,因此会计也发展成两个领域:财务会计与管理会计。

二、会计的定义

关于会计定义有两种主要观点,即"管理活动论"和"信息系统论"。

"管理活动论"认为会计的本质是一种经济管理活动。即会计是以货币作为主要计量单位,对企事业、机关单位或其他经济组织的资金运动进行连续、系统、综合、全面地核算与监督的一种管理活动。

"信息系统论"认为会计的本质是一个经济信息系统。即会计是将一个企业在一定期间所发生的经济业务,通过原始数据收集、加工处理,整理出信息使用者所需要的会计信息,并通过财务会计报告通报出来的一种程序。这一程序主要包括对经济信息的确认、计量与报告三个环节,旨在提高各单位的经济效益、加强经济信息管理。

本教材采纳"信息系统论"的观点,认为会计是一个经济信息系统。

三、会计信息的内容与使用者

会计信息是企业经济信息的重要组成部分。财务报告是重要的会计信息。会计信息使用者分为两大类:一类是直接从取得的会计信息得到效益的使用者,包括企业各级管理层、现在和潜在的投资者、现在和潜在的债权人、供应商等;另一类是间接关心企业组织的使用者,包括顾客和公众、政府部门、金融机构等。

第二节　会计职能与会计目标

一、会计职能

（一）会计基本职能

会计的职能是指会计在经济管理活动中所具有的功能。现代会计具有核算和监督的基本职能。

1. 会计的核算（反映）职能

会计核算职能的特点是以货币为主要计量单位,既反映过去、又反映未来,具有完整性、连续性、系统性和综合性;内容是记账、算账、报账、确认、计量、记录、报告。

2. 会计的监督职能

会计监督职能的特点是货币监督,事前监督、事中监督和事后监督,内部监督和外部监督;内容是经济活动、会计记录的监督,合法性、合理性的监督。

3. 两种职能的关系

两种职能的关系是辩证统一的。没有会计监督,会计核算就失去存在的意义;没有会计核算,会计监督就失去存在的基础。

（二）会计派生职能

会计职能不是一成不变的。除基本职能外,会计还具有预测经济前景、参与经济决策、评价经营业绩等职能。

二、会计目标

会计目标是设置会计的目的与要求。

会计的直接目标可概括为:为投资者、债权人等会计信息使用者提供在经营决策中有用的财务会计信息。会计的终极目标是提高经济效益。

第三节　会计的作用与任务

一、会计的作用

会计的作用是指通过会计工作,履行会计职能后,对经济生活所产生的影响和效果。

1. 信息处理作用

这是从职能作用论来认识会计作用。会计的两大基本职能中,会计核算就是将零散的会计信息通过会计核算的专门方法整理加工形成系统的会计信息的信息处理过程,而会计监督就是按照有关规定,保证会计信息真实、准确、完整和及时地向会计信息使用者提供。

故此,会计的作用之一就是信息处理。

2. 经济管理作用

经济管理作用是从效果作用论来认识会计作用。会计工作范围广泛,包括了会计预测、决策、计划、控制、核算、考核和会计监督等方面,这些工作都具有管理的性质,因此,可以通过会计工作的有效开展起到经济管理作用。

二、会计的任务

会计的任务是由会计的职能和作用所决定的,它取决于会计对象的特点和经济管理的要求。《会计法》对会计基本任务做出了法律规定。《会计法》总则明确指出:"会计机构、会计人员依照本法规定进行会计核算,实行会计监督。""各单位必须依法设置会计账簿,并保证其真实、完整。""单位负责人对本单位的会计工作和会计资料的真实性、完整性负责。"企业作为从事生产经营活动的主体,其开展会计工作的任务主要是对经营资金及其运动进行核算和管理,以改善经营管理,提高经济效益。在企业经营管理总的要求下,完成以下任务。

1. 根据新的会计核算要求,及时正确地反映经济情况,提供会计信息

会计信息是经济信息的重要方面,会计部门必须利用会计的全面性和综合性特点,按照《会计法》规定,贯彻《企业会计准则》,正确、完整、及时地反映企业的经济活动和经营成果,为企业经营决策和投资人等提供可靠的会计信息。

2. 严格执行国家政策和财务制度,监督经济活动,保护国家利益、社会公众利益和所有者权益

保护国家利益、社会公众利益和所有者利益是企业会计的主要任务。会计必须遵守国家的财政政策,严格执行财务制度和会计制度,保证企业的财产不受损失,维护国家利益、社会公众利益和所有者的合法权益。为此必须做到:

(1) 企业的一切经济活动必须严格按照国家的政策法令和财务制度办事,并监督其执行;

(2) 保障投资人的权益,不得任意增减资本金,不得任意转移资金和盈余,并保证国有资产不受损害;

(3) 全面记录企业财物的增减变动情况,定期组织财产的清查和核对,保证企业财物在数量上和质量上的安全和完整;

(4) 加强会计稽核和检查,进行事前、事中和事后的控制,促使企业合理有效地运行,并制止乱挤成本、乱摊费用和铺张浪费、违法乱纪的行为。

3. 加强计划和预算,合理和节约使用资金,改善经营管理

在市场经济的条件下,企业的一切经济活动在很大程度上受市场变化的影响。因此对企业资金的筹集和使用,都必须加强计划和预算,合理使用、防止浪费。财会部门更应当在企业内部实行人、财、物的综合利用,节约人力、财力和物力,对财产物资实行严格的管理,以改善企业经营管理。

4. 检查分析企业经营业绩,参与企业的预测和决策,增强企业活力,提高企业经济效益

通过会计信息的检查分析,预测企业经济前景,控制企业经营过程,参与企业经营计划和经营决策是对会计工作提出的新要求。加强经济核算,重视经济效益,收集和利用经济信息对经济活动进行组织、控制、调节和指导是企业提高经济效益的一种管理活动,它要求财会部门在日常核算和监督过程中加强财务管理,促进企业按计划目标和市场要求,不断提高经济效益。

第四节 会计方法

会计方法是指用来核算和监督会计内容,实现会计目标,完成会计任务的手段。各种彼此独立又相互联系的会计方法组成的有机统一整体形成了会计方法体系,它包括会计预测决策方法、会计核算方法、会计控制方法、会计检查方法、会计分析方法等五方面的内容。

本书重点介绍会计核算方法,其余方法将在其他相关课程中介绍。

会计核算方法是对会计对象进行连续、系统、全面、综合的记录、计算、反映和日常监督所应用的方法。我国目前使用的会计核算方法可概括为七种。

一、设置账户

设置账户是对会计对象的具体内容进行科学分类的一种专门方法。会计对象的内容复杂多样,为了准确、系统地反映和监督经济业务的增减变化及其结果,必须按照经济业务的内容和管理的要求设置账户,以全面、连续地记录经济业务,提供各种会计信息。

二、复式记账

复式记账是对发生的每一项经济业务都以相等的金额,同时在两个或两个以上相互联系的账户中进行登记的一种记账方法。即对每一笔经济业务,用两个或两个以上的账户反映其来龙去脉,并可以通过试算平衡检查账户记录的正确性和完整性。

三、填制和审核凭证

会计凭证是记录经济业务、明确经济责任的书面证明,是登记账簿的依据。借助会计凭证可以反映和监督经济业务的发生和完成情况。为了保证会计记录完整、可靠,必须根据实际发生的业务填制凭证,并经过会计部门和有关部门对经济活动的合理性、合法性进行审核,才能保证会计核算与监督的质量。

四、登记账簿

登记账簿是根据审核无误的凭证,运用复式记账的原理在账簿上连续、完整地记录和反映经济业务的一种专门方法。它是将所发生的经济业务序时、分类地记入相互联系的账簿中,以反映经济活动和财务收支,从而提供完整而又系统的会计信息。按照一定的程序和方法进行记账、对账和结账,可为编制报表提供完整而系统的会计数据。

五、成本计算

成本计算就是把生产经营过程中所发生的各种费用支出,按照成本计算对象进行归集和分配,分别计算出各个对象的总成本和单位成本的一种专门方法。通过成本计算可以了解各项成本费用的节约或超支情况,以便采取降低成本的措施,提高经济效益。

六、财产清查

财产清查是通过对各项财产物资、货币资金和往来款项的盘点与核对,确定实际结存数,并查明实际结存数与账面结存数是否相符的一种专门方法。通过盘点实物、核对账目等方法,保证账实相符。

七、编制会计报表

会计报表是对日常账簿核算资料进行汇总整理而编制的,以货币为计量单位,用来总括反映企业财务状况和经营成果等会计信息的书面报告文件。编制会计报表是会计核算的一种专门方法。即根据账簿记录及其他有关资料,用书面报告的形式,定期反映某个特定单位的财务状况、经营成果等相关信息。

以上七种会计核算方法相互联系、密切配合,构成一个完整的会计核算方法体系。在会计核算中,应正确地运用这些方法。一般在经济业务发生后,要按规定的手续填制和审核凭证,并应用复式记账法在有关账簿中进行登记;一定期末还要对生产经营过程中发生的费用进行成本计算和财产清查,在账证、账账、账实相符的基础上,根据账簿记录编制会计报表。会计核算工作程序如图 1-1 所示。

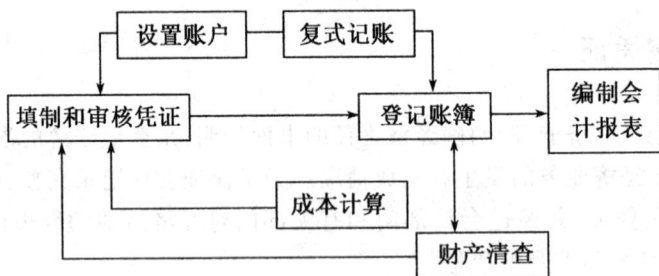

图 1-1 会计核算方法体系

第五节 会计理论的发展

一、会计学

会计学是一门实践性很强的学科。它既研究会计的原理、原则,探求那些能揭示会计发展规律的理论体系与概念结构,又研究会计原理和原则的具体应用,提出科学的指标体系和反映与控制的方法技术。会计学从理论和方法两个方面为会计实践服务,成为人们改进会计工作、完善会计系统的指南。

会计理论的产生和发展与近代会计的形成及发展密不可分。在欧洲,早在 12 世纪至 13 世纪,意大利的商品经济就已比较发达,借贷复式簿记已出现于热那亚、威尼斯等城市。1211 年,意大利佛罗伦萨银行已用借贷复式记账法记账。当时人们称这种记账法为"威尼斯簿记法"。

意大利数学家卢卡·帕乔利在其 1494 年出版的《算术、几何、比及比例概要》一书中的第 1 部第 9 篇第 11 节,以"计算与记录详论"为题,系统介绍了当时流行的"威尼斯簿记法",并结合数学原理从理论上加以概括,为会计学的产生奠定了基础。

18 世纪 60 年代开始的产业革命,促进了股份公司的兴起。它要求会计定期向股东提供会计报表,说明企业的财务状况和经营成果。从此,会计就在簿记的基础上,向资产、负债与资本的计量,收益的确定,报表的编制、审查、分析和解释等新的内容发展。

20 世纪初,在产业革命发源地英国,先后出版了狄克西的《高等会计学》、里斯尔的《会计学全书》等著作。它们的出版,说明会计理论研究已从局限于记账、算账的簿记向包括记账、算账、报账、查账的会计转变,初步建立了现代会计学。

20 世纪以来,相继出现了会计表分析和成本会计学等新的会计学分支。到了 20 世纪 50 年代,由于生产的日益社会化和生产技术与经营管理的迅速现代化,在西方发达国家,一方面,电子计算机被引入会计领域,促进会计数据处理电算化的研究;另一方面,传统的企业会计学分化为财务会计与管理会计两个相对独立的学科。

二、会计的基本理论结构

会计的基本理论是指构成会计最基本最核心的概念和原理的理论。它是研究和说明会计活动的理论,也是研究人们如何认识和反映客观经济活动的理论。

一般来说,会计的基本理论可分为会计目标、会计假设、会计准则、会计要素等四个层次,它们之间的关系如图 1-2 所示。

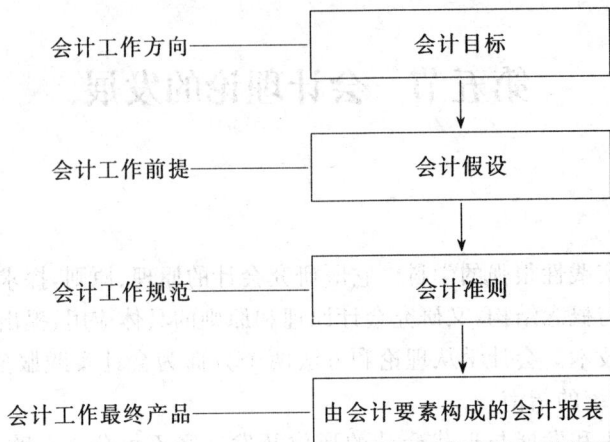

图 1-2 会计基本理论之间的关系

(一) 会计目标

会计目标是指在特定的社会环境和经济条件下,会计工作人员通过会计实践活动应该达到的结果。会计是经济发展的产物,是提供经济信息的数据处理系统。在会计信息系统中,传导会计信息的主要媒介是财务报告。因此,会计目标包括三个层次。

1. 第一层次目标

满足所有者、债权人及其他信息使用者对会计信息的需求,是第一层次会计目标。财务报告有诸多使用者,其中有的处于企业内部,如企业内部各层次的管理人员、企业职工;有的处于企业外部,如企业所有者、债权人、企业的客户、政府部门、金融机构、一般公众,等等。其中最主要的是企业资产的所有者和债权人,他们将自有资产的使用权交给企业,其目的是通过投资实现资产的增值,自然有权通过一定方式要求企业向他们提供某种特定信息。

2. 第二层次目标

根据会计信息使用者的需要和用途,确定会计信息的内容,是第二层次会计目标。会计信息的内容主要取决于信息使用者的要求。对于外部使用者来说,主要是通过企业提供的会计信息进行经济、财务决策,如是否投资决策、是否贷款决策、是否购买决策等;而对于企业内部使用者来讲,主要作用就是用来加强企业管理。

3. 第三层次目标

第三层次会计目标就是会计信息通过一定的形式对外列报,有助于会计信息使用者准确而及时地了解到他们所需要的会计信息,为其决策服务。

上述会计目标的三个层次互相关联,依次递进,共同构成会计目标体系。

(二) 会计假设

会计假设又称会计的基本假设或会计的基本前提,是指组织会计工作应当具备的前提条件。会计信息系统是开放系统,受诸多因素影响,如政治、经济、科技以及市场等。会计核算需要在一个相对稳定的条件下进行,否则,所提供的信息将因变动频繁难以汇总而失去使用价值。因此需要规定会计核算的基本前提,以适应环境变动要求,其最终目的是为了保证会计核算资料的有用性、合理性和可靠性。根据我国《企业会计准则——基本准则》的规定,会计假设包括以下五项。

1. 会计主体

会计主体是指会计工作为其服务的特定的单位或组织。在开展会计工作之前,首先应当明确会计为之服务的特定单位,这是关于会计工作的空间范围的限定。《企业会计准则》规定:会计主体是拥有一定的经济资源,实行独立核算的经济实体。会计关注的中心是企业而不是业主、合伙人。

2. 持续经营

持续经营是指会计主体的经营活动将按照既定的目标持续经营下去,在可预见的将来,不会因面临破产、进行清算而不复存在。它是以正常的生产经营活动为前提,不考虑破产、清算的因素,否则就无法进行正常的核算。会计核算所使用的一系列会计处理方法,都是建立在持续经营前提下的。如果没有持续经营的前提条件,一些公认的会计处理方法将缺乏存在的基础,也就无法被采用。只有假设企业在原目标下持续经营,会计才能按正常经营情况来处理资产计价、债权和债务清偿,确定收益、费用递延、摊销等会计事项,会计程序才能保持稳定。

3. 会计分期

会计分期是将会计主体持续不断的经营活动分割为一定的期间。一个持续经营的会计主体,为了及时向有关方面提供该主体某一期间的经营成果或某一时点的财务状况,必须人为地把持续经营过程划分为若干个相等的较短的经营期间,分期确定每一个期间的收入、费用和利润,确定每个期间期初、期末的资产、负债和所有者权益的数额,并分期结算账目和编制报表。会计期间通常以一年为会计年度。我国《企业会计准则——基本准则》中的会计期间还包括中期。中期一般是指短于一个会计年度的报告期间,如季度和月份。会计实务上的这种处理方法将企业在持续经营中发生的经济业务按照特定的标准分别归属于人为划分的各个期间,即使分配标准因带有主观因素而在一定程度上影响了分配结果的可靠性,但在观念上仍然认定这种划分和归属是合理的,分配结果中存在的误差是可以接受的。

4. 货币计量

货币计量是指会计核算时以货币作为计量单位,记录、反映会计主体的经济情况。以货币作为计量经济活动的主要计量尺度,这一假设含有两层意思,即币种的唯一性和币值的不变性。因为货币单位具有最大的综合性,只有货币单位才能统一计量各种财产、物资、收入和支出等,具有广泛的适用性。但货币作为一种特殊的商品,其本身价值也会有变动,从而导致物价的变动,因此以货币作为会计计量单位又必须假定币值是稳定的,即使有所变动,也不会对会计计量结果的正确性产生重大影响,可以忽略不计。如果币值的变动已经达到了不容忽视的水平,就应当采用特殊的会计准则加以处理。

5. 权责发生制

现代企业会计核算以权责发生制作为基本前提。权责发生制也称应计制,以权利或责任是否发生为依据来判定、安排经济业务是否进入会计信息系统以及进入会计信息系统后的位置,它高于其他的会计确认原则。它要求对会计主体在一定时期内发生的各项业务,凡符合收入确认标准的本期收入,不论其款项是否收到,均作为本期收入处理;凡符合费用确认标准的本期费用,不论其款项是否付出,均作为本期费用处理。反之,凡不符合收入确认标准的款项,即使在本期收到,也不能作为本期收入处理;凡不符合费用确认标准的款项,即使本期付出,也不能作为本期费用处理。由此可见,权责发生制所反映的经营成果与现金的收付是不一致的。在真实地反映企业的财务状况和经营成果方面,权责发生制较之收付实现制具有较大的优越性。

此外,我国预算会计采用收付实现制为核算基础。而收付实现制(现金制或实收实付制)是以现金收到或付出为标准,来记录收入的实现和费用的发生。按照收付实现制,收入和费用的归属期间将与现金收支行为的发生与否,紧密地联系在一起。即现金收支行为在其发生的期间全部记作收入和费用,而不考虑与现金收支行为相连的经济业务实质上是否发生。因此可见收付实现制是与权责发生制相对应的一种会计基础。

以上五个方面的假设对于会计工作来说,是必要的,也是合理的。但我们同时也应考虑到假设终归是假设,如果假设与现实环境相差甚远,会计准则中确定的程序和方法就不宜采用,会计人员应当采用另外的程序和方法编制报告,信息使用者也要按另外的程序和方法理解和使用这些信息。

(三) 会计信息质量要求

会计信息质量要求是对企业财务报告所提供的会计信息质量的基本要求,是使财务报告中的会计信息对投资人等使用者决策有用应具备的基本特征。根据我国《企业会计准则——基本准则》规定,它包括可靠性、相关性、可理解性、可比性、实质重于形式、重要性、谨慎性和及时性等。其中,可靠性、相关性、可理解性和可比性是会计信息的首要质量要求,是企业财务报告所提供会计信息应具备的基本质量特征;实质重于形式、重要性、谨慎性和及时性是会计信息的次级质量要求,是对可靠性、相关性、可理解性和可比性等首要质量要求的补充和完善,尤其是在对某些特殊交易或者事项进行处理时,需要根据这些质量要求来把握其会计处理原则。另外,及时性还是会计信息相关性和可靠性的制约因素,企业需要在相关性和可靠性之间寻求一种平衡,以确定信息及时披露的时间。

1. 可靠性

可靠性要求企业应当以实际发生的交易或者事项为依据进行确认、计量和报告,如实反映符合确认和计量要求的各项会计要素及其他相关信息,保证会计信息真实可靠、内容完整。

2. 相关性

相关性要求企业提供的会计信息应当与财务报告使用者的经济决策需要相关,有助于财务报告使用者对企业过去、现在或者未来的情况做出评价或者预测。

3. 可理解性

可理解性又称明晰性,它要求企业提供的会计信息应当清晰明了,便于财务报告使用者理解和使用。

4. 可比性

可比性要求企业提供的会计信息应当具有可比性。它具体包括下列要求。

(1) 同一企业对于不同时期发生的相同或者相似的交易或者事项,应当采用一致的会计政策,不得随意变更。

(2) 不同企业发生的相同或者相似的交易或者事项,应当采用规定的会计政策,确保会计信息口径一致、相互可比。即对于相同或者相似的交易或者事项,不同企业应当采用一致的会计政策,以使不同企业按照一致的确认、计量和报告基础提供有关会计信息。

5. 实质重于形式

实质重于形式要求企业应当按照交易或者事项的经济实质进行会计确认、计量和报告，不应仅以交易或者事项的法律形式为依据。如果企业仅仅以交易或者事项的法律形式为依据进行会计确认、计量和报告，就容易导致会计信息失真，无法如实反映实际情况。

6. 重要性

重要性要求企业提供的会计信息应当反映与企业财务状况、经营成果和现金流量有关的所有重要交易或者事项。

7. 谨慎性

谨慎性要求企业对交易或者事项进行会计确认、计量和报告时应当保持应有的谨慎，不应高估资产或收益、低估负债或费用。但是，谨慎性的应用不允许企业设置秘密准备，如果企业故意低估资产或收益，或者故意高估负债或费用，损害会计信息质量，扭曲企业实际的财务状况和经营成果，从而对使用者的决策产生误导，不符合可靠性和相关性要求，这是会计准则所不允许的。

8. 及时性

及时性要求企业对于已经发生的交易或者事项，应当及时进行确认、计量和报告，不得提前或者延后。

三、会计规范与会计准则

我国的会计规范体系由五个层次组成，包括会计法、会计准则、会计制度、会计实施法规、企业内部会计制度等。

(一) 会计准则

会计准则是从会计工作中总结出来的规律，是企业对经济业务进行会计处理、提供财务报告所应遵循的规范。它是指导和规范企业的会计核算，保证会计信息质量的准绳。我国企业会计准则体系，由基本准则、具体准则和应用指南三部分构成。

目前我国的会计准则包括：《企业会计准则——基本准则》(财政部令第 33 号，2016 年 2 月 15 日公布)，38 项具体准则(财会〔2016〕3 号，2016 年 2 月 15 日发布)，《企业会计准则——应用指南》(财会〔2016〕18 号，2016 年 10 月 30 日发布)。

1. 基本准则

基本准则是进行会计核算工作必须共同遵守的基本要求，是会计工作中带有根本性和基础性的规定，在整个准则体系中起统驭作用。其内容如图 1-3 所示。

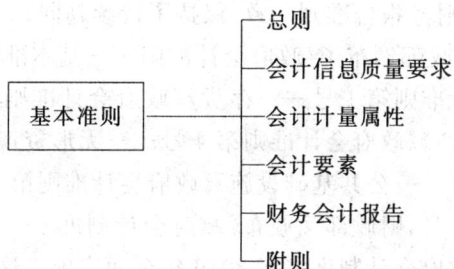

基本准则 — 总则 / 会计信息质量要求 / 会计计量属性 / 会计要素 / 财务会计报告 / 附则

图 1-3 会计基本准则的内容

2. 具体准则

具体准则是根据基本准则的一般要求,对各种经济业务做出的具体规范,共有 38 项具体准则。其内容如图 1-4 所示。

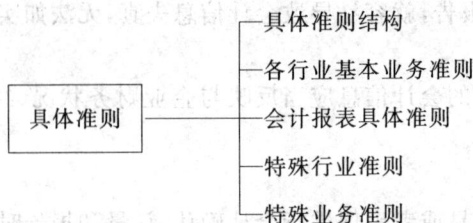

具体准则 ─┬─ 具体准则结构
　　　　　├─ 各行业基本业务准则
　　　　　├─ 会计报表具体准则
　　　　　├─ 特殊行业准则
　　　　　└─ 特殊业务准则

图 1-4　会计具体准则的内容

3. 应用指南

应用指南是对具体准则的操作指引。应用指南以《企业会计准则》为基础,着眼于增强准则的可操作性,对各项准则的重点、难点和关键点进行具体解释和说明,有助于完整、准确地理解和掌握新准则。具体内容包括对各项具体准则的进一步阐释,以及对会计科目和主要账务处理做出的操作性规定。

(二) 会计制度

会计制度是会计工作的规则、方法和程序的总称。会计制度是根据《会计法》《企业会计准则》等法律、法令、法规、规则等制定的。它包括总说明、会计科目表及会计科目使用说明、会计报表种类和格式及其编制说明。1997 年 7 月 1 日财政部根据《会计法》和《企业会计准则》颁布了工业企业、商品流通企业、金融业等 13 个行业会计制度。2010 年财政部重新颁布了新的统一的《企业会计制度》《金融企业会计制度》,2014 年又颁布了《小企业会计制度》,同时废止了 13 个行业会计制度。

2006 年 2 月 15 日颁发的 38 项具体准则形成企业会计准则体系。这些具体准则的制定颁布和实施,规范了中国会计实务的核算,大大改善了中国上市公司的会计信息质量和企业财务状况的透明度,为企业经营机制的转换和证券市场的发展、国际间经济技术交流起到了积极的推动作用。

2014 年 1 月至 7 月,财政部陆续发布新增了 8 项企业会计准则,要求于 2014 年 7 月 1 日开始实施。其中新增企业会计准则第 39 号——公允价值计量;企业会计准则第 40 号——合营安排;企业会计准则第 41 号——在其他主体中权益的披露。之后,财政部陆续发布了六项企业会计准则解释、四项会计处理规定,及七项新增或修订的企业会计准则。这些新准则基本与相关国际财务报告准则一致、保持了持续趋同。

2015 年 10 月开始,财政部颁布了《政府会计准则——基本准则》;2016 年 7 月后,财政部又陆续颁布了《政府会计准则第 1 号——存货》《政府会计准则第 2 号——投资》《政府会计准则第 3 号——固定资产》《政府会计准则第 4 号——无形资产》;2016 年 4 月,财政部颁布了《政府会计准则第 5 号——公共基础设施》《政府会计准则第 6 号——政府储备物资》等 6 个具体准则。2017 年 10 月,财政部又颁布《政府会计制度——行政事业单位会计科目和报表》。政府会计准则及政府会计制度将在 2019 年全面实施。这对于规范行政事业单位会计核算,提高会计信息质量,推进政府会计制度改革具有重要意义。

按照目前的改革思路,实施 2016 年颁布的新《企业会计准则》后,要废止《企业会计制度》。但对于目前还没有实施新准则的非上市公司而言,《企业会计制度》仍然是指导会计工作的标准和规则。

企业按照《企业会计制度》的规定设置和使用会计科目,在不影响会计核算要求和会计报表指标汇总,以及对外提供统一的会计报表前提下,可以根据实际情况自选、增设、减少或合并某些会计科目,在某些会计科目之间留有空号,供增设会计科目之用。统一规定会计科目编号,是为了便于编制会计凭证、登记账簿、查阅账目,实行会计电算化,各企业不能随意改变或打乱会计科目编号。企业在填制会计凭证、登记账簿时,应填制会计科目的名称,或者同时填列会计科目编号,不应只填科目编号,不填科目名称。

表 1-1 是将新《企业会计准则》与原《企业会计制度》科目表对比综合后精选的常用会计科目。表中所列会计科目是国家统一制定的,由会计科目名称和编号组成。其中会计科目的编号采用数字组编号法。一级科目用四位数字:第一位表示科目所属的大类,第二位表示科目所属的小类,第三、第四位表示科目所属的具体内容。二级科目用六位数字:前四位是其所属一级科目的编号,后两位由各单位根据自己的情况自行编号。

表 1-1 企业主要会计科目

编号	会计科目名称	编号	会计科目名称
	资产类	1501	持有至到期投资
1001	库存现金	1502	持有至到期投资减值准备
1002	银行存款	1503	可供出售金融资产
1012	其他货币资金	1511	长期股权投资
1101	交易性金融资产	1512	长期股权投资减值准备
1121	应收票据	1521	投资性房地产
1122	应收账款	1531	长期应收款
1123	预付账款	1601	固定资产
1131	应收股利	1602	累计折旧
1132	应收利息	1603	固定资产减值准备
1221	其他应收款	1604	在建工程
1231	坏账准备	1605	工程物资
1401	材料采购	1606	固定资产清理
1402	在途物资	1701	无形资产
1403	原材料	1702	累计摊销
1404	材料成本差异	1703	无形资产减值准备
1405	库存商品	1711	商誉
1406	发出商品	1801	长期待摊费用
1407	商品进销差价	1811	递延所得税资产
1408	委托加工物资	1901	待处理财产损溢
1411	周转材料		**负债类**
1461	融资租赁资产	2001	短期借款
1471	存货跌价准备	2101	交易性金融负债

编号	会计科目名称	编号	会计科目名称
2201	应付票据	5101	制造费用
2202	应付账款	5201	劳务成本
2203	预收账款	5301	研发支出
2211	应付职工薪酬		**损益类**
2221	应交税费	6001	主营业务收入
2231	应付利息	6051	其他业务收入
2232	应付股利	6061	汇兑损益
2241	其他应付款	6101	公允价值变动损益
2401	递延收益	6111	投资收益
2501	长期借款	6301	营业外收入
2502	应付债券	6401	主营业务成本
2701	长期应付款	6402	其他业务支出
2801	预计负债	6405	税金及附加
2901	递延所得税负债	6601	销售费用
	所有者权益类	6602	管理费用
4001	实收资本	6603	财务费用
4002	资本公积	6701	资产减值损失
4101	盈余公积	6711	营业外支出
4103	本年利润	6801	所得税费用
4104	利润分配	6901	以前年度损益调整
	成本类		
5001	生产成本		

按照新《企业会计准则》及其应用指南的规定,企业的会计科目并不是绝对的,在不违反统一规定的前提下,可以根据本企业的实际情况自行增设会计科目。

四、会计对象与会计要素

(一) 会计对象

会计对象就是指会计工作所要核算和监督的内容。具体来说,会计对象是指企事业单位在日常经营活动或业务活动中所表现出的资金运动,即资金运动构成了会计核算和会计监督的内容。

研究会计对象的目的,是要明确会计在经济管理中的活动范围,从而确定会计的任务,建立和发展会计的方法体系。会计需要以货币为主要计量单位,对特定单位的经济活动进行核算和监督。因此,凡是特定单位能够以货币表现的资金运动,都是会计核算和监督的内容,也就是会计对象。以货币表现的经济活动,通常被称为价值运动或资金运动。

企业会计对象可以概括为企业再生产过程中的资金运动,具体包括资金的取得与退出、资金的循环与周转、资金的耗费与收回等方面。

(二) 会计要素

会计要素也称为会计对象要素,是对会计内容的基本分类,是会计对象的具体化,是会计反映和监督的具体内容,也是企业所拥有的权益和应承担的义务的经济反映的具体化。

会计内容分为若干个要素,具体包括资产、负债、所有者权益、收入、费用和利润。其中资产、负债、所有者权益主要反映企业某一时点的财务状况,收入、费用、利润主要反映企业某一段时期的经营业绩。它们构成会计核算的基础和基本要素。将会计内容划分为会计要素的根本目的是,便于进行会计核算和编制会计报表,分门别类地为企业外部的信息使用者和企业内部的管理者提供有用的会计信息。

1. 反映财务状况的会计要素

(1) 资产

资产是指由过去的交易、事项形成的,并由企业拥有或控制的资源,该资源预期会给企业带来经济利益。其特征是能够直接或间接地给企业带来经济利益。

资产按流动性分为流动资产与非流动资产;按到期是否变为固定或可确定的货币分为货币性资产与非货币性资产;按是否可辨认分为可辨认资产与不可辨认资产。

(2) 负债

负债是指由过去的交易、事项形成的现时义务,履行该义务预期会导致经济利益流出企业。其特征是将来会引起企业的经济利益流出。

负债按流动性分为流动负债与非流动负债。

(3) 所有者权益

所有者权益又称净资产,是指企业所有者享有的企业总资产减去总负债后的剩余权益。我国将所有者权益分为资本和留存收益,其中,资本包括实收资本和资本公积,留存收益包括盈余公积和未分配利润。

2. 反映经营成果的会计要素

(1) 收入

收入是企业在销售商品、提供劳务及让渡资产使用权等日常活动中所形成的经济利益的总流入。其特征是:① 收入是从企业的日常活动中产生的(不包括偶发事件产生的利得,如营业外收入、补贴收入等);② 收入表现为企业资产的增加或负债的减少;③ 收入将引起企业所有者权益的增加;④ 收入只包括本企业经济利益的流入,而不包括为第三方或客户代收的款项。

(2) 费用

费用是企业在销售产品、提供劳务等日常经营活动中发生的经济利益的流出。其特征是:① 费用是从企业日常活动中产生的(不包括偶发事件产生的损失,如营业外支出等);② 费用表现为资产的减少或负债的增加;③ 费用将引起所有者权益的减少。

(3) 利润

利润是企业在一定期间实现的最终经营成果。对利润进行核算,可以及时反映企业在一定会计期间的经营业绩和获利能力,反映企业的投入产出效率和经济效益,有助于企业投资者和债权人据此进行盈利预测,评价企业经济绩效,做出正确的决策。

第六节　会计工作组织与会计职业

会计工作组织就是把企业的会计工作科学地组织起来,并同本单位整个生产经营管理工作协调一致。会计工作组织的内容包括设置会计机构,配备会计人员,建立和执行会计制度。

一、组织会计工作的原则

要完成企业会计的任务,发挥企业会计的作用,就要设置必要的会计机构,配备一定数量的会计人员,按照会计准则和会计制度进行核算和监督,把财务会计工作组织起来,有条不紊地进行工作。科学地组织会计工作,必须遵循以下几项基本原则。

1. 适应企业类型、规模和业务需要

会计工作组织要与企业的类型、规模和会计业务的需要相适应。如企业的生产经营过程比较复杂,经济业务量大,其会计机构可以大一些,内部分工可以细一些;反之,可做适当的精简和合并。

2. 适应实行岗位责任制和内部牵制制度

会计工作组织应做到因事设岗、按岗定职、责任到人。会计机构内部分工要具体明确,每个会计人员要有明确的职责、权限和具体工作,以利于实行岗位责任制。会计机构内部还要实行内部考核制度、钱账分管制度和内部稽核制度,做到互相制约、互相监督。

3. 适应提高工作效率和"精兵简政"原则

会计工作组织,要本着"精兵简政"的原则,机构要简,人员要精,工作流转环节要少,以利于提高会计工作的质量和效率。

二、会计机构

(一) 会计机构的设置

会计机构是指由专职会计人员组成,执行会计准则和会计制度,组织领导和处理会计工作的专职机构。每个实行独立经济核算的企业都应单独设置会计机构,配备必要的会计人员从事财务会计工作。规模较小的企业如不能单独设置会计机构,也应配备专职会计人员办理会计事务。若单独设置会计机构,要与其他机构分立,以充分发挥财务会计工作在企业经营管理中的作用。

实际工作中,会计工作和财务管理工作是很难分开的。企业里设置的财务处、科、组,担负会计核算和财务管理工作。如果不单独设置会计机构,也应在有关机构中设置会计人员。

(二) 会计工作组织形式

会计工作的组织形式应根据本单位的规模、内部管理需要和会计工作的繁简来确定。一般分为集中核算和非集中核算(分级核算)两种。

在集中核算方式下,整个企业的大部分或主要会计工作都集中在企业会计部门进行,企

业内部各单位对本单位所发生的经济业务不需进行全面完整的核算,只填制或取得原始凭证,最多对原始凭证进行适当地汇总,然后定期将这些原始凭证或汇总原始凭证送交企业会计部门,由会计部门加以审核,编制记账凭证,再进行总分类核算和明细分类核算,直至编制会计报表。通过实行集中核算,企业会计部门掌握了整个企业比较完整详细的会计资料,有利于全面了解整个企业的经营活动情况。但是,这种核算方式使会计部门的核算工作过分集中,内部各单位不易了解单位的经营状况。在实际工作中,一般适用于小型企业。

在非集中(分级)核算方式下,企业内部各部门所发生的经济业务,在企业会计部门指导下,由各部门自己进行比较全面的核算,不仅要填制和整理凭证,设置账簿,而且要计算收入支出,确定盈亏,并定期编制报表,报送企业会计部门。企业会计部门则只负责登记总账和部分明细账,并汇总整个企业的会计报表。在这种核算情况下,企业内部各部门,都由企业核给一定数量的资金,都有一定的业务经营和管理权力,并负有完成各项计划任务的责任。但这些部门不能单独对外签订经济合同,不能对外发生经济往来,也不能在银行开设结算账户。它们不是独立的核算单位,只是半独立核算单位。一般情况下,经济业务繁杂的大中型企业多采用非集中核算方式。

联合企业的核算形式与一般企业又有所不同。在联合企业里,一般设有总厂,总厂下设若干分厂,分厂也可以对外发生经济往来。根据责、权、利相结合的原则,把分厂、车间、部门、工段划分为不同的责任层次,使之成为一个个责任中心,每个责任中心并不一定单独设置会计机构。对于成本中心、利润中心,一般单设会计机构,属于非集中核算;对于费用中心和资金中心,可同会计部门按责任中心组织核算,属于集中核算。

三、会计职业与会计人员

(一) 会计职业

1. 企业会计

企业会计是指在自主经营、自负盈亏的单位中从事会计管理活动的一种职业。如在工业企业、施工建筑企业、金融企业、服务企业等从事会计核算、成本计算、分析、预测、决策等工作。职业岗位设置主要有以下几种。

(1) 财务会计岗

在各类企业中从事会计核算与监督,以对外提供会计信息为主要目的的一种会计职业。如企业中的记账、算账、报账的会计人员。

(2) 管理会计岗

在各类企业中从事会计分析、投资融资预测与决策,以对内提供会计信息为主要目的的一种会计职业。如企业中从事投资分析、预测、决策方面的会计人员。

(3) 成本会计岗

在各类企业中从事产品成本计算、核算、分析,以提供成本信息为主要目的的一种会计职业。如企业中的成本核算员、成本分析员等。

(4) 内部审计岗

独立于会计部门,对单位自身的经济活动进行审核检查。其检查结果仅供单位内部应用,不做对外报告的依据。

2. 非营利组织会计

非营利组织会计是指在不以营利为目的的单位从事会计管理活动的一种职业。如在社会团体、基金会、宗教活动场所、民办非企业单位等工作的会计人员。

3. 公共会计

公共会计具有超然独立性，由注册会计师承担。注册会计师是指从事会计查账验证业务和会计咨询业务的会计人员。注册会计师加入会计师事务所后，为其他企事业单位和组织提供专业性的会计服务。

4. 行政事业单位会计

行政事业单位会计是反映和监督行政单位预算执行过程及其结果的会计；事业单位会计是反映和监督行政单位资金运动情况的会计。

（二）会计人员

会计人员是一个单位会计工作的具体实施者。明确会计人员的职责与权限，提高他们的素质，并根据各人的学识水平、业务能力、工作成就、学历资历等，分别安排相应的会计技术岗位，是决定一个单位会计工作质量的关键。

1. 会计人员的职责

根据会计法的规定，会计人员的主要职责有以下几方面。

（1）进行会计核算。这是会计人员最基本的职责。会计人员必须按照有关规定，做好记账、算账、报账工作。要认真填制和审核会计凭证，登记账簿，做到手续完备、内容真实、数字准确、按期报账、如实反映财务状况；正确计算各项收入、支出、成本、费用和财务成果；按期核对账目，做到账目清晰，使得账证、账账、账实、账表都相符；及时向本单位和上级管理机关提出报告，如实反映经济活动情况，为改善经营管理提供准确数据资料。

（2）实行会计监督。主要是通过会计核算对本单位各项经济业务的合法性、合理性进行监督。会计人员对不真实、不合法原始凭证应予退回，要求更正补充；当发现账簿记录与实物、款项不符时，应按有关规定进行处理，无权进行处理的应向本单位行政领导报告，请求查明原因，做出处理；会计人员对违法的收支，应不予受理，并制止和纠正违法行为；会计人员还要对本单位的预算或财务计划的执行情况进行监督、考核、分析，并提出改善经营管理的建议，促使增产节约，提高经济效益。

（3）拟定本单位办理会计事务的具体办法。会计人员要依据国家制定的统一的会计法规，结合本单位的特点和需要，建立健全本单位内部使用的会计事项处理办法、规章制度及核算程序，如经费报销制度、内部稽核制度、班组核算规程等。

（4）参与拟定经济计划、业务计划，考核分析预算、财务计划的执行情况。

2. 会计人员的工作权限

为了保障会计人员能够顺利地履行自己的职责，国家赋予会计人员必要的工作权限，具体如下。

（1）会计人员有权要求本单位有关部门和人员认真执行国家批准的计划、预算，遵守国家的财经纪律和财务会计方面法规、制度。若有违反，会计人员有权拒绝付款、报销或拒绝执行，并向本单位领导报告。对弄虚作假、营私舞弊、欺骗上级等违法乱纪行为，会计人员必须坚决拒绝执行，并向本单位领导或上级机关、财政部门报告。若会计人员对违法的事项不拒绝，又不向领导或上级机关、财政部门报告的，应负连带责任。

（2）会计人员有权参与本单位计划编制，定额制定，签订经济合同，参加有关生产、经营管理会议,有权要求本单位有关部门、人员提供与财务会计工作有关的情况和资料。

(3) 会计人员有权监督、检查本单位有关部门的财务收支、财产保管、收发、计量、检验等情况。

为了保障会计人员正确行使工作权限,《会计法》中规定:"单位负责人应当保证会计机构、会计人员依法履行职责,不得授意、指使、强令会计机构、会计人员违法办理会计事项。会计机构、会计人员对违反本法和国家统一的会计制度规定的会计事项,有权拒绝办理或者按照职权予以纠正。""会计机构、会计人员发现会计账簿记录与实物、款项及有关资料不相符的,按照国家统一的会计制度的规定有权自行处理的,应当及时处理;无权处理的,应当立即向单位负责人报告,请求查明原因,做出处理。"

 **思 考 题**

1. 从会计的产生与发展进程来看,你认为会计的本质是什么?

2. 会计的基本职能是什么?它具有哪些特点?

3. 会计的任务和作用是什么?

4. 会计核算有哪些基本方法?它们之间的关系如何?

5. 会计核算有哪些基本前提?

6. 简述会计要素的定义、分类。

 **实 务 题**

1. 某企业 2019 年 7 月发生如下业务。

(1) 1 日,收到前欠货款 70 000 元,存入银行;

(2) 10 日,销售商品 12 000 元,货款当日收妥并存入银行;

(3) 18 日,以银行存款 6 000 元预付本年度 7—12 份办公用房屋租金;

(4) 25 日,以银行存款 2 000 元支付当期销售商品的运杂费;

(5) 30 日,收到某购货单位预付的购货款 80 000 元,款项存入银行,要等次月发货。

要求:分别按照权责发生制与收付实现制计算本月的收入和费用,填入表1-2中。

表1-2 权责发生制与收付实现制的比较　　　　　　　单位:元

业务号	权责发生制		收付实现制	
	收入	费用	收入	费用
1				
2				
3				
4				
5				
合计				

2. 分析会计科目按经济内容的分类。

（1）资料

某企业发生下列各项经济业务：

① 存放在出纳员处的现金 50 000 元；

② 存放在银行里的资金 1 445 000 元；

③ 向银行借入 3 个月期限的临时借款 600 000 元；

④ 仓库中存放的材料 3 800 000 元；

⑤ 仓库中存放的已完工产品 600 000 元；

⑥ 正在加工中的产品 750 000 元；

⑦ 向银行借入 1 年以上期限的借款 1 450 000 元；

⑧ 房屋及建筑物 2 400 000 元；

⑨ 所有者投入的资本 5 645 000 元；

⑩ 机器设备 750 000 元；

⑪ 应收外单位的货款 1 400 000 元；

⑫ 应付外单位的材料款 1 200 000 元；

⑬ 以前年度积累的未分配利润 2 800 000 元；

⑭ 对外长期股权投资 500 000 元。

（2）要求

① 判断上列各项经济业务的科目名称及所属会计要素，填入表 1-3 中。

② 分别计算资产总额、负债和所有者权益总额。

表 1-3 科目名称及所属会计要素表 单位：元

序号	科目名称	资产	负债	所有者权益
1				
2				
3				
4				
5				
6				
7				
8				
9				
10				
11				
12				
13				
14				
合计				

第二章 会计循环

本章阐述如何将经济业务进行分类、整理,按照科学的方法,经过特定的程序和步骤,完成会计信息处理的会计循环。

通过本章的学习,了解会计循环的基本内容以及会计核算各个环节和步骤;掌握会计等式平衡原理、账户、复式记账原理及借贷记账法的内容及理论依据,为今后进一步学习和实际操作奠定基础。

第一节 会计工作的描述

一、会计循环

会计作为一个信息系统,是由会计人员通过运用复式簿记系统对各单位的经济业务进行记录(记账)、分类、汇总、计算、整理(算账),并在此基础上编制财务报告,分析和评价企业的经营业绩,为会计信息使用者提供会计主体在经营管理过程中履行受托责任的情况,提供对会计信息使用者进行决策的有用信息(包括财务信息和非财务信息)。

在这个系统中,记账、算账是会计人员"生产"信息(加工数据)的过程,财务报告是会计人员"生产"的产品。会计信息系统加工乃至生成最终产品的过程,包括许多具体的会计程序,并要依次完成一定的步骤。这些依次继起、周而复始的以记录为主的会计处理步骤称为会计循环。典型的会计循环可用图2-1来描述。

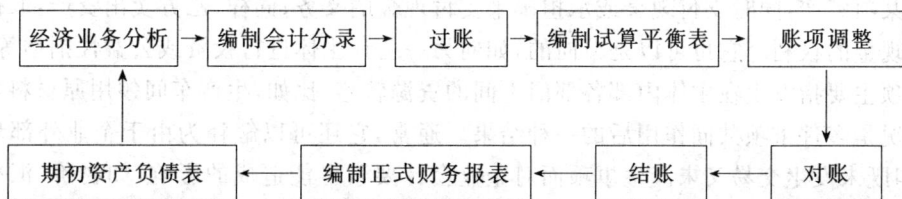

经济业务分析 → 编制会计分录 → 过账 → 编制试算平衡表 → 账项调整

期初资产负债表 ← 编制正式财务报表 ← 结账 ← 对账 ← 账项调整

图 2-1 会计循环

二、会计循环的步骤及内容

会计信息处理是一个周而复始、循环往复的过程，一个完整的会计循环包括以下几个基本步骤。

第一，通过对交易事项等的分析，确定各项经济业务对资产和权益的影响。

第二，根据经济业务的实际发生和完成的真实情况编制必要的会计分录。

第三，根据每笔会计分录所确定的应借、应贷金额，分别过入各有关总分类账户和明细分类账户之中。

第四，根据会计等式的平衡关系来检查、验证会计分录和过账工作有无错误。

第五，根据权责发生制和配比原则的要求，按照收入、费用的归属期，对账簿记录进行必要的调整。

第六，根据分类账各账户提供的会计数据和会计主体财产清查的结果，在每一个会计期末进行对账。

第七，根据一定时期内全部入账的经济业务的内容，将各种账簿记录结计清楚，即结出本期发生额和期末余额。

第八，根据分类账户中有关账户的发生额和各账户的期末余额，编制资产负债表、利润表、现金流量表、所有者权益表等会计报表及其财务状况说明书。

第二节　经济业务分析与会计恒等式

一、经济业务

经济业务也称会计事项，是指那些能用货币计量，并足以引起会计要素增减变动的经济活动或经济事项（包括交易、事项和情况）。

分析经济业务后根据其内容编制记账凭证是会计信息处理的第一个基本步骤。会计人员必须从大量纷繁复杂的经济事项中筛选出需要进入会计信息系统处理的交易、事项与情况。

交易是指发生在两个不同会计主体之间的价值转移。这种转移可以是双向交换，即甲方买进某项资产，同时支付现金或承担未来支付现金的义务；同样，乙方卖出资产，取得现金或收取现金的权利。它也可以是单向的，如向另一会计主体进行投资或公益性捐赠等。

事项主要指发生在主体内部各部门之间的资源转移，比如，生产车间领用原材料等。

情况是多件事项共同作用后的一种结果。通常，它还可以解释为由于企业外部环境的变化，但既未发生交易又未产生事项而对企业会计要素可能造成的影响，如物价、汇率等的变化对资产或负债产生的影响。

在会计工作中，并不是所有经济活动都能导致各会计要素产生实际数量变化。如企业签订未来两年生产任务的"合同"，由于合同在实际履行前不会引起会计要素数量上的变化，因此，不作为经济业务，会计信息系统对其不予记录。

二、会计恒等式

(一) 会计恒等式的概念

会计恒等式是反映企业交易、事项变化的平衡关系式,是会计记账的基础,是构成会计报表的骨架。会计恒等式也称会计平衡公式或会计方程式,它是对各会计要素的内在经济关系利用数学公式所做的概括表示。

1. 基本会计恒等式

$$资产=负债+所有者权益$$
$$资产=权益$$

2. 扩展会计恒等式

这是把"收入-费用=利润"融汇到基本恒等式中去。

$$资产=负债+所有者权益+(收入-费用)$$
$$资产+费用=负债+所有者权益+收入$$

3. 会计要素、恒等式与报表的关系

会计要素是构成会计报表的基本成分。会计要素的前三项(资产、负债、所有者权益)是构成资产负债表的要素,后三项(收入、费用和利润)是构成利润表的要素。

其中:
$$资产=负债+所有者权益$$
$$利润=收入-费用$$

这两个公式既反映了会计报表与会计要素之间的关系,又是编制会计报表的依据。

(二) 会计恒等式的案例分析

1. 基本会计恒等式案例分析

【案例 2-1】 (1) 大学生袁创毕业后自主创业开办了干洗店,他用于经营的财产包括:两台设备共计 80 000 元;必需的耗材计 10 000 元;周转用现金 10 000 元。这些都是其资产,共计 100 000 元。

对于企业的资产,如果我们一分为二地看会发现,任何资产只不过是经济资源的一种实际存在或表现形式,或为机器设备,或为现金及银行存款等;另一方面,这些资产是通过一定的渠道进入企业的。一般人们不会无偿地将经济资源(即资产)让渡出去。也就是说,企业中的各项资产都有其相应的权益要求。这样,就形成了最初的会计恒等式:

$$资产(100\ 000)=权益(100\ 000)$$

这一等式表明,全部资产必须等于全部权益。全部权益由负债(即债权人的权益)和所有者权益(所有者的剩余权益)组成。

(2) 袁创在干洗店开业后不久,为扩展业务向设备供应厂商赊购整形设备一台,其市场价格为 30 000 元。

这样,袁创的资产总额增加到了 130 000 元,即对资产的要求权(权益)也相应增加了。不同的是,这次所增加的资产是通过赊欠形成的,有固定的偿还期限。这一资产来源形成的权益与前例有本质的不同。它是债权人权益,即负债。

上述等式变为：资产（130 000）＝负债（30 000）＋所有者权益（100 000），即资产（130 000）－负债（30 000）＝所有者权益（100 000）。

这一等式表明，负债的求偿能力要高于所有者权益，即所有者权益是在企业全部资产抵减全部负债以后的剩余，也称其为"剩余权益"。由于剩余权益是全部资产扣减负债以后的净值，会计上又称其为"净资产"。

由此可见，企业的所有资产，无论其处于何种占用形态（如现金、固定资产等），它都必须有相应的来源，或是借入的，或是所有者投入的，或是经营过程中所赚取的。换言之，企业所有资产都必定有相应的来源，这样，"资产＝负债＋所有者权益"这一恒等式，在任何情况下，左右两边的平衡关系都不会被破坏。

2. 扩展会计恒等式案例分析

如果从企业经营活动最终对所有者权益产生的净影响来看，所有经营活动都可分为两类：一是不直接增减所有者权益的活动，如上述的举债、债务偿还、购买设备等；二是影响所有者权益的活动，如取得某项收入、发生某项费用或损失等。期末的资产负债表等式也可用来说明这两类经营活动。因此，基本会计恒等式可展开如图2－2所示。

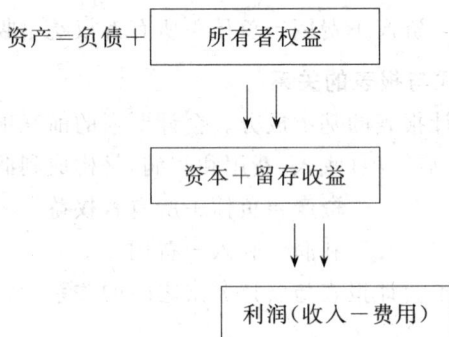

资产＝负债＋│所有者权益│

↓↓

│资本＋留存收益│

↓↓

│利润（收入－费用）│

图2－2　基本会计恒等式

图2-2说明，企业的所有者权益包括资本（来自所有者的投资）和留存收益（来自企业的经营盈利）。企业在其经营过程中，通过生产、交付商品或提供劳务等方式，赚取收入；企业为了取得收入，就必须要发生一定的支出，这些资源流出企业，构成了费用。收入扣除费用后即为利润。

【案例2－2】　续【案例2－1】，若干洗店经营第一个月获得的现金营业收入为15 000元，而经营的费用共计9 000元。

若干洗店当月所发生的全部收入都已收到现金，而费用也都是资产的耗费如材料的消耗等，没有发生与负债有关的活动，则：

利润（6 000）＝收入（15 000）－费用（9 000）

即会计恒等式变为：

资产（130 000＋15 000－9 000）＝负债（30 000）＋所有者权益（100 000＋6 000）

由此可见，收入或费用同时增加的经济业务，也会导致资产或负债产生相应的变动。一般来说，收入会导致资产的增加（也可以是负债的减少），费用的发生会相应消耗企业的资产（或增加企业的负债）；收入和费用抵减的净结果，无论是盈利（收入大于费用）还是亏损（费用大于收入），都应该由企业的所有者来承担。用等式表示就是：

$$资产 \pm \begin{bmatrix} 收入导 \\ 致资产 \\ 的增加 \end{bmatrix} - \begin{matrix} 费用导致 \\ 资产的 \\ 减少 \end{matrix} = \begin{bmatrix} 负债 \pm \begin{bmatrix} 费用导致 \\ 负债的 \\ 增加 \end{bmatrix} - \begin{matrix} 收入导致 \\ 负债的 \\ 减少 \end{matrix} \end{bmatrix} + \begin{pmatrix} 所有者 \\ 权益 \end{pmatrix} \pm \begin{matrix} 利润或 \\ 亏损 \end{matrix}$$

（三）经济业务对会计恒等式的影响

由上可知,经济业务(交易、事项等)对基本会计恒等式的影响表现为,它会导致资产和权益的增加或减少。每一项经济业务虽然能使资产总额和权益总额随会计业务而发生变化,但其恒等关系始终保持不变。

1. 经济业务的类型

按照经济业务对会计恒等式的影响,可分为四种类型。

第一种类型:引起等式两边会计要素同时增加的经济业务(如资产与负债项目的同增、资产与所有者权益项目的同增),会计恒等式保持不变。

第二种类型:引起等式两边会计要素同时减少的经济业务(如资产与负债项目的同减、资产与所有者权益项目的同减),会计恒等式保持不变。

第三种类型:引起等式左边会计要素发生增减的经济业务(如资产项目之间的此增彼减),会计恒等式保持不变。

第四种类型:引起等式右边会计要素发生增减的经济业务(如负债项目之间的此增彼减、负债与所有者权益项目的此增彼减、所有者权益项目之间的此增彼减),会计恒等式保持不变。

一个企业的交易、事项等虽然复杂多样,但其对会计恒等式的影响,概括起来无非是这四类情况。任何经济业务的发生,都不会改变或破坏会计恒等式的平衡关系。

2. 经济业务的发生对会计恒等式的影响案例分析

【案例2-3】 假设2019年2月1日,光明公司资产、负债和所有者权益的月初余额为:资产280 000元,负债30 000元,所有者权益250 000元。

光明公司2019年2月1日(即1月31日)的财务状况为:

资产(280 000)＝负债(30 000)＋所有者权益(250 000)

假定该公司2019年2月发生了下列经济业务:

(1) 从供应单位购买材料5 000元,货款尚未支付。

	资产	=	负债	+	所有者权益
经济业务发生前	280 000		30 000		250 000
经济业务的影响	+5 000		+5 000		0
经济业务发生后	285 000		35 000	+	250 000

(2) 根据合同约定,以银行存款退还某单位的投入资本8 000元。

	资产	=	负债	+	所有者权益
经济业务发生前	285 000		35 000		250 000
经济业务的影响	-8 000		0		-8 000
经济业务发生后	277 000	=	35 000	+	242 000

(3) 收到客户前欠货款3 000元,存入银行。

	资产	=	负债	+	所有者权益
经济业务发生前	277 000		35 000		242 000
经济业务的影响	+3 000−3 000		0		0
经济业务发生后	277 000	=	35 000	+	242 000

(4) 宣布向投资者分配现金股利 20 000 元。

	资产	=	负债	+	所有者权益
经济业务发生前	277 000		35 000		242 000
经济业务的影响	0		+20 000		−20 000
经济业务发生后	277 000	=	55 000	+	222 000

【案例 2-4】 续【案例 2-3】，假设光明公司 2019 年 2 月除发生了上述资产、权益变动的经济业务外，还发生了下列涉及收入、费用变动的经济业务。

(1) 向供应材料的甲工厂出售产品，货款 20 000 元用于抵付应付的材料款。

	资产	+	费用	=	负债	+	所有者权益	+	收入
经济业务发生前	277 000				55 000		222 000		
经济业务的影响	0		0		−20 000		0		+20 000
经济业务发生后	277 000	+	0	=	35 000	+	222 000		20 000

(2) 计算出本月应付的水电费为 1 600 元，尚未支付。

	资产	+	费用	=	负债	+	所有者权益	+	收入
经济业务发生前	277 000				35 000		222 000		20 000
经济业务的影响	0		+1 600		+1 600		0		0
经济业务发生后	277 000	+	1 600	=	36 600	+	222 000		20 000

(3) 结转出售产品实际成本 14 000 元。

	资产	+	费用	=	负债	+	所有者权益	+	收入
经济业务发生前	277 000		1 600		36 600		222 000		20 000
经济业务的影响	−14 000		+14 000		0		0		0
经济业务发生后	263 000	+	15 600	=	36 600	+	222 000		20 000

(4) 月末计算当月利润。本月取得各项收入 20 000 元，发生各项费用15 600 元，利润 4 400 元，转入所有者权益。

	资产	+	费用	=	负债	+	所有者权益	+	收入
经济业务发生前	263 000		15 600		36 600		222 000		20 000
经济业务的影响	0		−15 600		0		+4 400		−20 000
经济业务发生后	263 000	+	0	=	36 600	+	226 400	+	0

不难看出，经济业务使会计恒等式左右两边金额发生增减变动，但并没有破坏其恒等关系。

第三节 复式记账原理

会计恒等式可以反映企业经济活动的影响。但是,一方面,会计恒等式所涉及的会计要素较少,不能全面反映各种不同类型经济活动的影响;另一方面,对一个中等规模的企业来说,每个月所发生的经济活动数量大、种类多,仅仅借助会计恒等式来反映,很不方便,更不要说大规模的企业了。因此,要通过设置账户,将会计要素进一步分类并具体化,以便更完整、更合理地反映企业经济活动的内容。

一、账户的设置

(一) 账户

账户是指根据管理需要和信息使用者的具体要求,对会计要素的内容进行科学再分类,并给每一类别以标准的名称和相应的结构。

账户的设置,取决于会计主体经济活动的特点、外部信息使用者和管理层的要求等。我国的会计制度一般只规定总分类账户的会计科目的名称、编号、核算内容和科目对应关系,至于明细分类账户的科目,各单位可根据本单位经济管理的实际需要自行设置。各企业、单位必须按照国家统一规定的会计科目来设置账户,对其各项经济业务进行日常核算。

这里要注意账户与前面会计科目的概念有所不同。会计科目是账户的名称,账户是会计科目的内容。利用账户,就可以对经济活动进行连续、系统、全面地记录和反映,从而能最终提供对信息使用者更为有用的信息。比如,【案例2-1】所涉及的干洗店的资产,包括设备、各种耗材、现金等,就可以相应设置"固定资产""原材料""库存现金""银行存款"等账户。

(二) 账户结构

为了反映经济业务的发生对各会计要素产生的数量上的影响,账户必须有一定的结构。就某一个具体的会计主体的经济业务对会计要素的影响,从数量变动看,不外乎"增加"和"减少"两个方面。因此,每个账户也相应地包括左、右两个部分,分别用来登记增加和减少。其简化格式见图2-3。

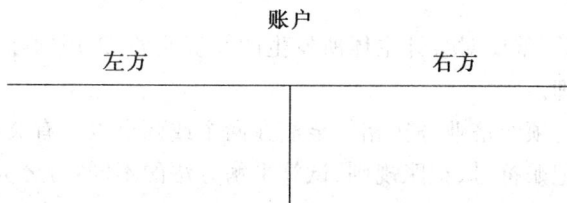

账户

左方	右方

图 2-3 账户结构

这一简化的账户格式分为左、右两方,分别用于登记增加或减少。由于其格式有点像英文中的字母 T,在英语系国家被称为"T"字账户。在我国的文字中,它与"丁"字相似,所以,我国也将其称为"丁"字账户。

(三) 账户体系

任何一个会计主体在其会计数据的收集和处理过程中,都要使用多个账户。这些账户包括资产、负债、所有者权益、收入、费用和利润等六类,它们形成一个相互联系的有机体系。

在实际的会计处理过程中,对某些账户如原材料、应收账款、应付账款等,还需要进一步了解其详细的信息。如对原材料,必须知道各种具体材料的种类、数量、单价、金额等信息,管理层才能进行材料的优化管理;对应付账款和应收账款,如果不掌握各具体债权、债务人及所欠付的金额、期限,同样也无法进行应收账款和应付账款的管理。因此,对某些账户,就需要在原有的账户下,再根据用途和需要具体设置细目。比如,某个需要消耗多种原材料的会计主体,它的原材料账户体系如图 2-4 所示。

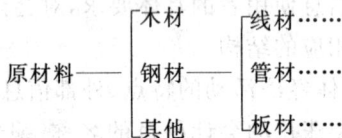

```
                        ┌ 木材    ┌ 线材……
            原材料 ──────┤ 钢材 ───┤ 管材……
                        └ 其他    └ 板材……
```

图 2-4 原材料账户体系

其中,原材料为一级账户,木材、钢材等为二级账户,钢材下又分为线材、管材和板材,它们是三级账户。我们习惯上将一级账户称为"总分类账户"或"总账",它位于账户体系的最高层次;二级及以下的账户,统称为"明细分类账户"。从数量关系看,一级账户的借方、贷方发生额合计和期末余额,应当与它下属的全部明细分类账户的借方发生额合计、贷方发生额合计和余额合计相等。

在账户编号上,也可以多层编号。如原材料编码为 1403(国家统一规定),木材、钢材和其他(可以自己编号)分别为 1、2、3,线材、管材和板材(也可以自己编号)分别为 1、2、3,这样,管材编号就是 1403.2.2 或 1403.0202。

二、复式记账原理

在账户设置完成后,就要对会计主体所发生的经济业务,采用国际上通行的复式记账方法进行具体的账务处理。

复式记账是指对每项经济业务按相等金额在两个或两个以上有关账户中同时进行登记的方法。复式记账按记账符号、记账规则、试算平衡方法的不同,可分为借贷记账法、增减记账法和收付记账法。

我国 20 世纪六七十年代曾先后出现过以"增"和"减""收"和"付"等为记账符号的复式记账方法,目前已经废止。由于借贷记账法较为科学、合理,它是当今运用最广泛的复式记账法,也是目前我国法定的记账方法。

借贷记账法是以"借""贷"为记账符号,以"有借必有贷,借贷必相等"为记账规则的一种复式记账方法。

(一) 记账符号

借贷记账法的记账符号就是"借"和"贷"。对账户来说,它们是账户的两个部位。如果用"T"字账户表示,分别代表左方和右方。而对借贷记账法来说,则是用来指明应记入某一账户的某一部位(或方向)的记账符号。只有规定了记账符号,才能保证账户记录有条不紊,保证会计恒等式的平衡关系。

"借"和"贷"是历史的产物。从字面看,其最初的含义同债权、债务有关。在目前的借贷记账法中,"借"和"贷"已失去了原有的字面含义,成为纯粹的记账符号。借贷记账法中的"借"和"贷"与具体的账户相结合,可以表示不同的意义。

第一,代表账户中两个固定的部位。如上所述,一切账户均需设两个部位记录数量上的增减变化。其中,左方一律为借方,右方一律为贷方。

第二,与不同类型的账户相结合,分别表示增加或减少。借和贷本身不等于增或减,只有当其与具体类型的账户相结合以后,才可以表示增加或减少。对资产类账户来说,借表示增加,贷表示减少;对负债及所有者权益类账户来说则相反,贷表示增加,借表示减少。

第三,表示余额的方向。通常,资产、负债和所有者权益类账户期末都会有余额。其中,资产类账户的正常余额在借方,负债、所有者权益类账户的正常余额在贷方。即账户的正常余额应该是处于登记增加额的方向。

(二) 记账规则

任何时点上,会计主体的全部资产和其相应的来源存在恒等关系,并且这一恒等关系不会因为经济业务的发生而打破。因此,可以得出以下几条规则。

第一,任何一笔经济业务的发生,都必然会同时导致至少两个账户发生变化。或者说,应同时至少在两个账户中相互联系地进行记录。这也是复式簿记方法的内在要求。

第二,所记入的账户可以是等式同一方向,也可以是不同方向。但每一笔经济业务发生后,必须要至少记入一个账户的借方和另一个账户的贷方。若某项经济业务同时涉及三个以上的账户,可以一个借方、多个贷方,或一个贷方、多个借方。尽可能少用或不用多借、多贷,以免破坏账户之间的对应关系。总之,有借必有贷。

第三,所记入两个账户的借方金额和贷方金额必须相等。记入所有账户借方的发生额合计,应当等于记入所有账户贷方的发生额合计。亦即,借贷必相等。

如果把上述三条记账规则用最简洁的语言表述,就是"有借必有贷,借贷必相等"。

资产与负债、所有者权益分别处于会计恒等式的左右两边,它们在结构上具有对称的关系,只有这样,通过账户所进行的会计记录,才不会破坏会计恒等式所具有的恒等关系。

这些账户的发生额、余额的关系见图2-5。

由于会计期间前后相连,本期的期末余额,成为下一期的期初余额。这样,期初余额、本期发生额、期末余额之间也有如下的恒等关系。

资产类账户		负债类账户	
借方	贷方	借方	贷方
本期借方发生额	本期贷方发生额	本期借方发生额	本期贷方发生额
增加（＋）	减少（－）	减少（－）	增加（＋）
期末余额			期末余额

所有者权益类账户	
借方	贷方
本期借方发生额	本期贷方发生额
减少（－）	增加（＋）
	期末余额

图 2-5　资产、负债、所有者权益类账户的结构

1. 资产类账户

期初余额（借方）＋本期借方发生额－本期贷方发生额＝期末余额（借方）

2. 负债、所有者权益类账户

期初余额（贷方）＋本期贷方发生额－本期借方发生额＝期末余额（贷方）

资产、负债类账户的变化见图 2-6。

原材料		应付账款	
借方	贷方	借方	贷方
（1）购入 10 000	（2）耗用 16 500	（2）偿还 10 000	（1）欠款 10 000
（3）购入 12 000			（3）欠款 6 000
借方发生额合计	贷方发生额合计	借方发生额合计	贷方发生额合计
22 000	16 500	10 000	16 000
期末余额 5 500			期末余额 6 000

图 2-6　资产、负债类账户结构

费用类账户结构与资产类账户结构相同，而收入、利润类账户结构与负债、所有者权益类账户结构相同。费用、收入类账户期末一般没有余额，利润类账户期末的余额正常在贷方。具体可见图 2-7。

费用类账户		收入类账户		利润类账户	
借方	贷方	借方	贷方	借方	贷方
本期费用	本期费用	本期收入	本期收入	本期利润	本期利润
增加额	减少额	减少额	增加额	减少额	增加额
					期末余额

图 2-7　费用、收入、利润类账户结构

总之，无论账户格式外形上存在多大差别，都要包括借方、贷方和余额三个部分，只不过它们在格式排列上存在差别。因此，在实际工作中，应用较普遍的账户结构是借贷余三栏式，其结构见表 2-1。

表 2-1 三栏式账户结构

年		凭证号数	摘要	借方	贷方	借或贷	余额
月	日						

(三) 会计分录

会计分录是指按照借贷记账法记账规则的要求,对经济业务列示应借、应贷的账户和金额的一种记录。

在编制会计分录时,应当按照以下步骤逐步进行:第一,对所要处理的经济业务,判断其究竟引起了哪些账户的变化;第二,判断这些账户的性质,即它们各属于什么会计要素,位于会计恒等式的左方还是右方;第三,确定这些账户受影响的方向,即是增加还是减少;第四,根据这些账户的性质和增减方向,确定究竟是借记还是贷记;第五,按照会计分录的格式要求,编制完整的会计分录。

在编制会计分录时,应当注意以下问题:第一,按惯例,会计分录应该是借方在上,贷方在下;第二,为了便于识别,每一个会计分录都是借方在左,贷方在右。或者说,贷方记账符号、账户、金额,都要比借方退后两格。

(四) 借贷记账法应用案例分析

【案例 2-5】 续【案例 2-1】,(1) 经过批准,袁创于 2019 年 12 月 1 日开设干洗店。他将两台分别为 35 000 元和 45 000 元的设备投入经营。同时还投入原材料计 10 000 元以及现金 10 000 元。

这是典型的资产投入企业。增加的为设备,会计上将这种使用周期比较长、使用过程中不改变自身形态的生产资料,称为固定资产。袁创同时投入的原材料,属于经营中不断耗用的资产,因此,设原材料账户加以反映。至于袁创投入的 10 000 元现金,为货币资产。在实际工作中,因金额较大,现金一般都送存银行。同时,袁创在将上述资产投入干洗店后,他对干洗店的要求权也相应增加,一般作为实收资本。若为股份公司,这种投资称为"股本"。会计处理为:

借:固定资产　　　　　　　　　　　　　　　　80 000
　　原材料　　　　　　　　　　　　　　　　　10 000
　　银行存款　　　　　　　　　　　　　　　　10 000
　　贷:实收资本(股本)　　　　　　　　　　　100 000

(2) 12 月 3 日,干洗店为家和宾馆提供洗涤服务后,通过银行转账取得收入 20 000 元。

本业务是通过银行转账取得收入,因此,银行存款账户和营业收入账户同时增加。会计处理为:

借:银行存款　　　　　　　　　　　　　　　　20 000

  贷：主营业务收入   20 000

  （3）12月8日，干洗店为了拓展业务，向新洁设备公司赊购设备一套，货款共计30 000元。

  本业务导致干洗店的固定资产增加30 000元，同时，企业的负债相应增加。会计上，对企业之间因为商品或货物买卖过程中所形成的债权、债务往来，通过应收账款和应付账款来反映，其中，前者登记企业货物已经销售出去、尚未收到货款的权利，属于资产；后者登记企业已经买进货物、尚未支付货款的义务，属于负债。会计处理为：

  借：固定资产   30 000
   贷：应付账款   30 000

  （4）12月9日，为了方便洗涤衣物存放，干洗店租用一间仓库，租期1年。按照协议，需预付租金1 000元。用现金支付，将款项付清。

  预付房租，属于尚未享受服务前预付的款项。尽管房租是正常经营费用，但尚未开始使用对方所提供的房屋，因此，预付费用属于资产，其增加应记作借方，而库存现金的减少，应通过贷方来反映。会计处理为：

  借：预付账款   1 000
   贷：库存现金   1 000

  （5）12月10日，干洗店收到顾客零星洗衣现金收入，计15 000元，清点后，送存银行。

  这也是一项取得收入的业务，但它实际上由两笔业务组成：一是取得收入，二是将现金存入银行。其中，零星收入一般为现金收入。取得收入，会导致现金账户和营业收入账户同时增加；而将现金存入银行，是两种资产账户的彼增此减。会计处理为：

  借：库存现金   15 000
   贷：主营业务收入   15 000
  借：银行存款   15 000
   贷：库存现金   15 000

  （6）12月15日，干洗店向新生公司购买原料共计12 000元，开出转账支票，支付货款的一半，其余部分暂欠。

  这笔业务同时增加原材料、减少银行存款、增加应付账款。会计处理为：

  借：原材料   12 000
   贷：银行存款   6 000
    应付账款   6 000

  （7）12月17日，干洗店向银行提取现金2 000元，以备用。

  企业在日常经营活动过程中，会不时地发生各种零星支出。这些支出用现金直接支付较为方便。向银行提取现金，使得现金账户增加，银行存款账户减少。会计处理为：

  借：库存现金   2 000
   贷：银行存款   2 000

  （8）12月18日，干洗店与妙美宾馆签订长期服务合同，为其提供洗涤服务，并一次性预收22 000元，存入银行。

  这笔业务导致企业银行存款的增加，同时，预收的收入要求企业在未来的会计期间里提供相应的服务，实际上是负债的增加。会计处理为：

  借：银行存款   22 000

　　贷:预收账款　　　　　　　　　　　　　　　　　　　　　22 000

　　(9) 12 月 19 日,干洗店支付零星杂项费用计 350 元。

　　这种小额、零星费用,一般是直接支付现金。其中,杂项费用如果发生频繁且累计金额大,应单独设置账户反映。为更好地反映干洗店在经营中发生的费用,可通过"销售费用"账户核算。会计处理为:

　　借:销售费用　　　　　　　　　　　　　　　　　　　　　350
　　　贷:库存现金　　　　　　　　　　　　　　　　　　　　　350

　　(10) 12 月 21 日,干洗店欠新洁设备公司的购货款已到期。经过协商,干洗店向银行借款偿还这一款项。

　　这实际上是两种负债之间的转换,即:借新债,还旧债。其中,向银行借款,有长期、短期之分。本例中假定为短期借款,可通过"短期借款"账户来反映,其属于负债类账户,增加记入其"贷方"。会计处理为:

　　借:应付账款　　　　　　　　　　　　　　　　　　　　　30 000
　　　贷:短期借款　　　　　　　　　　　　　　　　　　　　　30 000

　　(11) 12 月 25 日,干洗店支付雇员的本期工资,计 10 000 元,当即开出现金支票。

　　企业在经营过程中,会发生各种费用,其中,人工费是必不可少的一部分。一般来说,企业应专门设置账户,反映这部分费用的发生情况。对工资费用的支付,还会导致企业银行存款相应减少。会计处理为:

　　借:应付职工薪酬——工资　　　　　　　　　　　　　　　10 000
　　　贷:银行存款　　　　　　　　　　　　　　　　　　　　　10 000

　　(12) 12 月 25 日,干洗店与名人居公司签订合约,为该公司提供经常服务。费用按次计算,货款定期结算。

　　经济合同虽然是一种极为重要的企业经营活动,但从会计角度看,经济合同属尚未发生的经济业务,无法借助量化方法对其加以处理。因此,不做会计分录。

　　(13) 12 月 26 日,干洗店本期的水电费、电话费等,共计 8 800 元,款项已通过银行直接支付。

　　对水电费、电话费等的支付,当然会导致企业资产的减少。由于是其经营中发生的水电费等,应在"销售费用——水电费"中核算账户。会计处理为:

　　借:销售费用——水电费　　　　　　　　　　　　　　　　8 800
　　　贷:银行存款　　　　　　　　　　　　　　　　　　　　　8 800

　　(14) 12 月 28 日,干洗店接到银行通知,原向银行借入的 30 000 元短期借款已到期,银行直接从干洗店的存款账户中扣除。

　　银行借款的偿还,实际上是经济资源退出企业的过程,具体影响的是资产类的银行存款账户和负债类的短期借款账户金额同时减少。会计处理为:

　　借:短期借款　　　　　　　　　　　　　　　　　　　　　30 000
　　　贷:银行存款　　　　　　　　　　　　　　　　　　　　　30 000

第四节 会计凭证与账簿

一、原始凭证

在上一节中,我们已学习了会计人员如何运用复式记账原理编制交易、事项的会计分录。实际工作中,企业会计人员在获得交易、事项的原始凭证后,记录工作才真正开始。其中,原始凭证是在经济业务发生或完成时取得或填制,用来证明经济业务的发生、明确经济责任,并作为记账的最初书面证明的文件,也是会计核算的重要依据。

(一)原始凭证的分类

1. 按来源划分

原始凭证按其来源的不同,划分为自制凭证和外来凭证。其中,自制凭证是由本企业经办人员在执行或完成某项经济业务时所填制的原始凭证。例如企业仓库保管人员在材料验收入库时所填制的"收料单",定期盘点库存材料所编制的"盘存表",领用材料所编制的"领料单",以及本企业对外销售商品或劳务,开给其他单位或个人发票后的记账副联等,都属于自制原始凭证。外来凭证则是在经济业务完成时从其他单位或个人取得的原始凭证,如向外单位购货时由供货单位开出的购货发票等。

自制凭证或外来凭证是经济业务已经执行或已经完成的证明,因而在审核后就可以作为编制记账凭证的依据。凡是不能证明经济业务已经实际执行或完成的文件,例如,材料请购单、车间派工单等,只反映预期的经济业务,这些业务既然尚未实际执行,所以,不属于会计的原始凭证,不能单独作为会计记账的根据。

2. 按填制次数划分

原始凭证按其填制的次数不同,划分为一次凭证、累计凭证和原始凭证汇总表。一次凭证是一次性填制完成的原始凭证。日常的原始凭证多属此类,如发票(见表2-2)、收据(见表2-3)、入库单等。累计凭证是指经多次填制完成的原始凭证,通常用于反映在规定的时间内重复发生的同类经济业务。使用累计凭证可以简化核算手续。最具代表性的是限额领料单(见表2-4)。原始凭证汇总表是根据许多同类业务的一次凭证或累计凭证定期编制的,如工资汇总表、发料汇总表(见表2-5)等。其作用是简化编制记账凭证及登账的手续。

表2-2 普通发票

购货单位:　　　　　　年　月　日　　　　　　NO.

货号及品名	规格	单位	数量	单价	金额
金额(大写)	拾万　万　仟　佰　拾　元　角　分				

单位盖章:　　主管:　　复核:　　制单:　　结算方式:
　　　　　　　　　　　　　　　　　　　　　　账　号:

表 2-3 收 据

入账日期　　　　年　月　日　　　NO.

付款单位＿＿＿＿＿＿＿＿＿＿＿＿＿＿　收款方式＿＿＿＿＿＿＿＿＿＿＿＿＿＿＿＿＿＿＿＿＿

收款原因＿＿

金额（大写）＿＿＿＿＿＿＿＿＿＿＿＿＿＿＿＿＿＿＿＿＿＿＿＿＿＿　　（小写＿＿＿＿＿＿）

备注：

收款单位（盖章）：　　　审核：　　　经手：　　　出纳：

表 2-4 限额领料单

领料部门：　　　发料仓库：

用途：　　　　　　　　　年　月　日　　　　编号：　　　　单位：元

材料类别	材料编号	材料名称及规格	计量单位	领用限额	实际领用	单价	金额	备注

供应部门负责人：　　　　　　　生产计划部门负责人：

日期	请领		实发			限额结余	退库	
	数量	领料单位盖章	数量	发料人	领料人		数量	退库单编号
合计								

仓库负责人签章：

表 2-5 发出材料汇总表

年　月　日　　　　　单位：元

会计科目	领料部门	原材料	燃料	合计
基本生产成本	甲产品			
	乙产品			
小计				
辅助生产成本	供电车间			
	供水车间			
小计				
制造费用				
管理费用				
合计				

会计主管：　　　　　　　复核：　　　　　　　制表：

（二）原始凭证的审核

原始凭证载有的信息要经过会计确认，才能进入会计信息系统进行加工处理。因此，必须认真核查这些数据所代表的经济业务是否真实，内容上是否完整。通过原始凭证审查，可确保输入会计系统的数据真实、合理、合法，从而为财务报表信息的质量提供有效保证。各种原始凭证除由经办业务部门审核以外，还要由会计部门进行审核。

（1）审核原始凭证的内容和填制手续是否合规。主要核实凭证所记录的经济业务是否与实际情况相符；凭证必须具备的基本内容是否填写齐全；文字和数字是否填写正确、清楚；有关人员是否签字盖章。审核中若发现不符合实际情况、手续不完备或数字计算不正确的原始凭证，应退回有关经办部门或人员，要求他们补办手续。

（2）审核原始凭证反映的经济业务内容是否合理、合法。主要查明发生的经济业务是否符合国家的政策、法令和制度，有无违反财经纪律等违法乱纪的行为。

（3）技术性审核。根据原始凭证的填写要求，审核原始凭证的摘要和数字及其他项目是否填写正确，数量、单价、金额、合计是否填写正确，大、小写金额是否相符。若有差错，应退回经办人员予以更正。

二、记账凭证

记账凭证是对经济业务按其性质加以归类，确定会计分录，并据以登记会计账簿的凭证。

在日常经营管理中反映经济业务的原始凭证千差万别、式样众多。由于原始凭证所记录的内容并不直接体现会计要素的走向，不能完全满足会计核算的需要，因而难以直接据以登记账簿。为此，必须在审核无误的基础上，对原始凭证进行归类、整理，然后填制记账凭证。

通过记账凭证为有关原始凭证所记载的某项经济业务确定会计分录，即确定记载该项经济业务的账户、方向和金额后，才能进行会计账簿的登记。

原始凭证是记账凭证的重要附件和依据。我国的记账凭证是活页式的，每编制完一张，要将相应的原始凭证作为其附件。

（一）记账凭证的类别

1. 按用途划分

（1）专用记账凭证

专用记账凭证是按经济业务的某种特定属性定向使用的凭证。通常有收款凭证、付款凭证和转账凭证等。

① 收款凭证。专门用于登记现金和银行存款收入的业务。收款凭证根据有关现金和银行存款收入业务的原始凭证填制，是登记现金日记账、银行存款日记账以及有关明细账和总账等账簿的依据，也是出纳人员收讫款项的依据。

以【案例2-5】中的第2笔业务为例，其凭证填写方法如表2-6所示。

表 2-6 收款凭证

2019 年 12 月 3 日

借方科目:银行存款 　　　　　　　　　　　　　　　　　凭证编号:银收字第 01 号

摘要	贷方科目		记账符号 ✓	金额
	一级科目	二级或明细科目		
为家和宾馆洗涤服务收入(业务 2)	主营业务收入			￥20 000
合计金额				￥20 000

会计主管(盖章): 记账(盖章): 审核(盖章): 出纳(盖章): 制单(盖章):

② 付款凭证。专门用于登记现金和银行存款支出的业务。付款凭证根据有关现金和银行存款支付业务的原始凭证填制,是登记现金日记账、银行存款日记账以及有关明细账和总账等账簿的依据,也是出纳人员支付款项的依据。需要注意的是,凡涉及现金和银行存款之间款项的划转业务只能填制付款凭证。以【案例 2-5】中的第 4 笔业务为例,其凭证填写方法如表 2-7 所示。

表 2-7 付款凭证

2019 年 12 月 9 日

贷方科目:库存现金 　　　　　　　　　　　　　　　　　凭证编号:现付字第 01 号

摘要	借方科目		记账符号 ✓	金额
	一级科目	二级或明细科目		
预付房屋租金(业务 4)	预付账款			￥1 000
合计金额				￥1 000

会计主管(盖章): 记账(盖章): 审核(盖章): 出纳(盖章): 制单(盖章):

③ 转账凭证。专门用于登记现金和银行存款收付业务以外的转账业务。转账凭证根据有关转账业务的原始凭证填制,是登记有关明细账和总账等账簿的依据。以【案例 2-5】中第 3 笔业务为例,其凭证填写方法如表 2-8 所示。

表 2-8 转账凭证

2019 年 12 月 8 日

凭证编号:转字第 02 号

摘要	借方科目		贷方科目		记账符号 ✓	金额	
	一级科目	二级或明细科目	一级科目	二级或明细科目			
赊购设备 (业务 3)	固定资产		应付账款	新洁设备公司		￥30 000	附单据1张
合计金额						￥30 000	

会计主管(盖章):   记账(盖章):   审核(盖章):   制单(盖章):

(2)通用记账凭证

通用记账凭证是为各类经济业务共同使用的凭证,亦称作标准凭证。业务比较单纯、业务量较少的单位,适宜使用这类记账凭证。以【案例 2-5】中的第 1 笔业务为例,其凭证填写方法如表 2-9 所示。

表 2-9 记账凭证

2019 年 12 月 1 日

凭证编号:记字第 02 号

摘要	会计科目		记账符号 ✓	借方金额	贷方金额	
	一级科目	二级或明细科目				
袁创对 干洗店投资 (业务 1)	固定资产			80 000		附单据3张
	原材料			10 000		
	银行存款			10 000		
	实收资本 (股本)				100 000	
合计金额				￥100 000	￥100 000	

会计主管(盖章):   记账(盖章):   审核(盖章):   出纳(盖章):   制单(盖章):

2. 按填制方法划分

(1)复式记账凭证

复式记账凭证是将一项经济业务所涉及的各有关会计科目都集中在一起填制的凭证。复式记账凭证能够集中反映账户之间的对应关系,便于了解有关经济业务的全貌,还可以减少凭证的数量,但不便于汇总每一会计科目的发生额和进行分工记账。

(2)单式记账凭证

单式记账凭证是按一项经济业务所涉及的各个会计科目分别填制的凭证。由于一张凭证只填列一个会计科目,因此使用单式记账凭证便于汇总每个会计科目的发生额和进行分工记账,但填制工作量大,在一张凭证上反映不出经济业务的全貌,不便于查账。

（3）汇总记账凭证

汇总记账凭证是将许多同类记账凭证逐日或定期（3天、5天、10天等）加以汇总后填制的凭证。如将收款凭证、付款凭证或转账凭证按一定的时间间隔分别汇总，编制汇总收款凭证、汇总付款凭证或汇总转账凭证。又如，将一段时间的记账凭证按相同会计科目的借方和贷方分别汇总，编制记账凭证汇总表。

（二）记账凭证的内容与审核

1. 记账凭证的内容要素

为了概括地反映经济业务的基本情况，满足登记账簿的需要，记账凭证必须具备下列内容要素：① 凭证的名称和编号；② 填制凭证的日期；③ 经济业务的摘要；④ 应记会计科目（包括一级科目、二级科目和明细科目）、方向及金额；⑤ 记账符号；⑥ 所附原始凭证的张数；⑦ 填制人员、稽核人员、记账人员和会计主管等人员（收款凭证和付款凭证还应增加出纳人员）的签名或印章。

2. 记账凭证的审核

会计机构、会计人员要根据审核无误的原始凭证填制记账凭证，并对填制的记账凭证进行审核以后才能登记账簿。

三、会计凭证的传递与保管

（一）会计凭证的传递

会计凭证的传递是指会计凭证从填制或取得时起，经过审核、记账、装订到归档保管止，在本单位内部各有关部门和人员之间的传递程序和传递时间。

《会计规范》第54条规定："各单位会计凭证的传递程序应当科学、合理，具体办法由各单位根据会计业务需要自行规定。"由于各单位业务特点不同，会计凭证传递程序也就各异。会计凭证的传递程序，既要体现经济业务完成情况的信息传递，又要体现单位各有关部门和人员对经济业务的监督和控制过程。

制定会计凭证的传递过程，关键要考虑会计凭证传递各环节的衔接，做到既完备严密，又简便易行，使会计凭证及时传递，不积压。

（二）会计凭证的保管

会计凭证是一项重要的经济资料和会计档案。任何单位在完成经济业务手续和记账之后，应按规定的归档制度，妥善保管会计凭证，以便随时查验。按照规定，会计凭证的保管期限至少是10年，有些重要的会计凭证甚至要永久保管。会计凭证归档保管的主要方法和基本要求如下。

（1）各种记账凭证，连同所附原始凭证，要分类按顺序编号，定期装订成册，并加具封面、封底。封面上应注明：单位名称、凭证种类、所属年月和起讫日期、起讫号码、凭证张数等，由有关人员签名盖章，并在装订处贴上封签，由主管盖章。

（2）如某些记账凭证所附原始凭证的数量过多，为装订方便，也可另行装订保管，但应该在其封面及有关记账凭证上加注说明。对重要原始凭证，为便于随时查阅，也可单独装订保管,但应编制目录,并在原记账凭证上注明,以便查核。

(3) 会计凭证装订成册后,应由专人负责保管,年终应登记归档。重新启用时,应按规定手续办理。会计凭证的保管期限和销毁手续,应遵守会计制度的有关规定,任何人无权自行随意销毁。

四、账簿

企业经济业务数量众多,会计人员要根据审核无误的原始凭证填制记账凭证,然后将记账凭证中所记的各个借项和贷项分别转记入日记账、分类账等有关账户。因此,作为账户的载体,账簿必不可少。

(一) 账簿的概念

账簿是由一定格式、相互联结的账页组成,以记账凭证为依据,全面、连续、系统地记录各项经济业务的簿籍。从外表形式上看,账簿是由具有专门格式而又相互联结的若干账页组成的簿籍。从记录的内容上看,账簿是对各项经济业务进行分类和序时记录的簿籍。

(二) 账簿的种类

1. 按用途划分

(1) 序时账簿

序时账簿是以每项经济业务为记录单位,按照经济业务发生时间的先后顺序,逐日逐笔进行登记的账簿。序时账簿能提供连续、系统的信息,反映企业资金运动的全貌。目前,我国企业会计核算工作中最常用的序时账簿是现金日记账和银行存款日记账。

(2) 分类账簿

分类账簿是按照分类账户开设,并对各项经济业务进行分类登记的账簿。按其分类概括程度不同,可分为总分类账簿(简称总账)和明细分类账簿(简称明细账)。前者根据总分类账户开设,可全面反映经济主体的经济活动情况,一般只登记总数,进行总括核算;后者根据明细分类账户开设,用来分类登记某一类经济业务增减变化,提供明细核算资料,根据记账凭证和原始凭证逐笔详细登记,是对总分类账的补充和说明。通过分类账簿,把各类数据按账户来塑造成总括、连续、系统的会计信息,满足会计报表编制的需要。

(3) 备查账簿

备查账簿也称辅助账簿,是对序时账簿和分类账簿等主要账簿不能记载或记载不全的事项,为便于查考而进行补充登记的账簿。例如所有权不属于企业的租入固定资产可用"租入固定资产登记簿"来记录。备查账簿只是对其他账簿记录的一种补充,与其他账簿之间不存在严密的依存和勾稽关系。

2. 按外表形式划分

(1) 订本式账簿

订本式账簿,简称订本账,是在启用前就已把顺序编号的账页装订成册的账簿。其优点是可防止账页的散失和非法抽换;缺点是不便于分工记账,也不能随意增减账页。

(2) 活页式账簿

活页式账簿,简称活页账,是在启用时账页置放于活页账夹内,随时可以取放账页的账簿。其优点是可以随时增减空白账页,有利于记账人员的分工;缺点是账页易散失或被人为抽换。

(3)卡片式账簿

卡片式账簿,简称卡片账,是由许多具有一定格式的硬卡片组成,存放在卡片箱内,随时可以取放的账簿。主要用于反映固定资产明细分类账等不经常变动的账项的登记。其优缺点类似于活页账。

企业在设计账簿体系时,应将那些比较重要、容易流失的项目,采用订本账。比如,现金日记账和银行存款日记账,都是采用订本式;有些企业也会对总分类账采用订本式。一些次要的或不容易流失的项目,可采用活页式或卡片式。比如,应收应付款的明细分类账、材料明细分类账、固定资产明细分类账等,一般采用活页式或卡片式。

为了防止散失和抽换,活页账的账页和卡片账的账卡在使用时可进行编号并由有关人员在账页和账卡上盖章。

(三)账簿的启用和登记规则

登记账簿是会计核算的重要环节,为充分保证会计核算的质量,必须遵守账簿的使用和登记规则。

1. 账簿启用规则

(1)为了保证账簿记录的合法性和完整性,明确记账责任,在账簿启用时,要填写账簿扉页上的账簿启用表(见表2-10)。其上详细载明:账簿名称、单位名称、账簿编号、账簿册数、账簿共计页数、启用日期、记账人员、主管人员等,并加盖公章。

表2-10 账簿启用表

单位名称			全宗号	
账簿名称			目录号	
账簿页数	自第 页起至第 页止 共 页		案宗号	
			盒 号	
使用日期	自 年 月 日 至 年 月 日		保管期限	
单位领导人(签章)		会计主管人员(签章)		
经管人员(职别)	姓 名	接管日期	签 章	移交日期	签 章
		年 月 日		年 月 日	
		年 月 日		年 月 日	
印花税票	(粘贴处)	单位公章	备 注	

(2)中途更换记账人员,需要在交接记录中登记并签章,同时,必须有会计主管人员监交并签章。

2. 账簿启用表的填写要求

(1)填写启用日期和启用账簿的起止页数。如启用的是订本式账簿,起止页数已经印好不需再填;启用活页式账簿,起止页数可等到装订成册时再填。

（2）填写记账人员姓名和会计主管人员姓名并加盖印章，以示慎重和负责。

（3）加盖单位财务公章，以示严肃。

（4）当记账人员或会计主管人员工作变动时，应办好账簿移交手续，并在启用表上明确记录交接日期及接办人、监交人的姓名，并加盖公章。

3. 账簿的登记规则

（1）登记账簿的依据只能是经过审核无误的原始凭证和记账凭证。加强数据之间的稽核，减少信息传递过程中的失误，总分类账和明细分类账的登记必须以记账凭证为依据遵循平行登记的原则。

（2）为了使账簿记录清晰整洁，便于长期保存，防止篡改，记账时必须以蓝、黑墨水书写，不能使用铅笔或圆珠笔，红色墨水只能在划线、改错和冲账时使用。账簿的文字书写时要端正清楚，数字要登记在金额线内（占行宽的 1/2～2/3），没有角分的整数，小数点后应写"00"字样，不可省略。

（3）登记时应按照编页连续登记，不得隔页或跳行。应将记账凭证的号数记入账簿内，同时，应在记账凭证上注明账页，或注明记号，表示已经过账。每一张账页登记完毕应在最后一行"摘要"栏注明"转次页"，加计本页发生额合计数，结出余额；然后将发生额和余额记入下一账页的第一行，并在"摘要"栏写"承上页"字样。

（4）账簿记录发生错误时，不能刮擦、挖补、涂抹或用褪色水更改字迹，可根据具体情况，采用适宜的更正方法。

（四）账簿的设置和登记

1. 日记账的格式和登记方法

日记账是根据审核无误的会计凭证，按时间顺序，依次记录每一交易与事项的账簿，所以又被称为日记簿。日记账可分为普通日记账（我国很少采用，不再赘述）和特种日记账两种类别。特种日记账主要包括现金日记账和银行存款日记账。日记账的主要作用是按照时间的先后顺序记录经济业务，以保持会计资料的完整性和连续性。

（1）现金日记账的格式和登记方法

① 现金日记账的格式

现金日记账是用来核算和监督库存现金每天的收入、支出和结存情况的账簿，其格式有三栏式和多栏式两种。无论采用三栏式还是多栏式现金日记账，都必须使用订本账。表2-11为虹诚公司2019年12月现金日记账。

表 2-11 现金日记账

日期	凭证号	摘　要	借方	贷方	借或贷	余额
12.1		月初余额			借	4 500
12.1	现付1#	行政部门购传真纸等		920	借	3 580
12.2	现付2#	行政部门报差旅费		2 400	借	1 180
12.3	现付3#	营业部门培训资料费等		400	借	780
12.8	现付4#	行政部门报网络使用费		200	借	580
12.10	银付6#	提取现金	5 000		借	5 580

续 表

日期	凭证号	摘 要	借方	贷方	借或贷	余额
12.11	现收 1#	预收出租仓库租金	3 600		借	9 180
12.11	现付 5#	将现金解缴银行		4 800	借	4 380
12.25	现付 6#	行政部门报汽油费等		660	借	3 720
12.26	现收 2#	曾小辉归还借款余额	1 500		借	5 220
12.31		本月合计	10 100	9 380	借	5 220

② 现金日记账的登记方法

现金日记账由出纳人员根据同现金收付有关的记账凭证,按时间顺序逐日逐笔进行登记,并根据"上日余额＋本日收入－本日支出＝本日余额"的公式,逐日结出现金余额,与库存现金实存数核对,以检查每日现金收付是否有误。

借、贷方分设的多栏式现金日记账的登记方法是:先根据有关现金收入业务的记账凭证登记现金收入日记账,根据有关现金支出业务的记账凭证登记现金支出日记账,每日营业终了,根据现金支出日记账结计的支出合计数,将其填入现金收入日记账的"支出合计"栏中,并结出当日余额。

(2) 银行存款日记账的格式和登记方法

银行存款日记账是用来核算和监督银行存款每日的收入、支出和结余情况的账簿。银行存款日记账应按企业在银行开立的账户和币种分别设置,每个银行账户设置一本日记账。银行存款日记账的格式和登记方法与现金日记账相同。表 2-12 为虹诚公司 2019 年 12 月银行存款日记账。

表 2-12 银行存款日记账

日期	凭证号	摘 要	借方	贷方	借或贷	余额
12.1		月初余额			借	576 000
12.5	银付 1#	偿还前欠南江公司货款		40 000		
12.5	银付 2#	支付电汇手续费		10	借	535 990
12.6	银付 3#	预付购货款给楼蓝公司		50 000		
12.6	银付 4#	预付本年 12 月至次年 2 月物业费		3 000		
12.6	银付 5#	偿还前欠华美公司货款		26 000	借	456 990
12.10	银收 1#	收馨蓄公司偿还前欠货款	50 000			
12.10	银付 6#	提取现金		5 000		
12.10	银付 7#	支付职工工资		30 000	借	471 990
12.11	现付 5#	将现金解缴银行	4 800			
12.11	银付 8#	曾小辉借支差旅费		6 000	借	470 790
12.13	银付 9#	支付购电脑款		12 000		
12.13	银付 10#	交传真机开户押金手续费		8 100		

续　表

日期	凭证号	摘　要	借方	贷方	借或贷	余额
12.13	银收 2#	销售商品给馨蓄公司	10 000		借	460 690
12.16	银付 11#	支付水电费		5 600		
12.16	银付 12#	支付电话费		3 000	借	452 090
12.19	银付 13#	向鸿山公司购入商品		42 000		
12.19	银收 3#	销售商品给百鸟公司	33 000		借	443 090
12.22	银付 14#	行政部门报绿化费		800		
12.22	银收 4#	收百鸟公司汇来前欠款	26 000		借	468 290
12.28	银付 15#	行政部门报招待费		2 200		
12.28	银付 16#	李经理借支差旅费		9 000		
12.28	银收 5#	收到对外投资分红	60 000		借	517 090
		本月合计	183 800	242 710	借	517 090

2. 总分类账的格式和登记方法

（1）总分类账的格式

总分类账是按照总分类账户分类登记以提供总括会计信息的账簿。总分类账最常用的格式为三栏式,设置借方、贷方和余额三个基本金额栏目。表 2-13 为虹诚公司 2019 年 12 月应付账款总分类账。

表 2-13　应付账款总分类账

2019 年 月	日	凭证号数	摘要	对方科目	借方	贷方	借或贷	余额
12	1		月初余额				贷	68 000
	5	银付 1	还南江公司货款	银行存款	40 000			
	6	转 5	向南江公司购料	材料采购		5 000		
	8	银付 5	还华美公司货款	银行存款	26 000			
12	31		本月合计		66 000	5 000	贷	7 000

（2）总分类账的登记方法

总分类账可以根据记账凭证逐笔登记,也可以根据经过汇总的科目汇总表或汇总记账凭证等登记。

3. 明细分类账的格式和登记方法

（1）明细分类账的格式

明细分类账是根据二级账户或明细账户开设账页,分类、连续地登记经济业务以提供明细核算资料的账簿,其格式主要有三栏式、多栏式、数量金额式等。

① 三栏式明细分类账

三栏式明细分类账是设有借方、贷方和余额三个栏目,用以分类核算各项经济业务,提供详细核算资料的账簿,其格式与三栏式总分类账格式相同,适用于只进行金额核算的账户。表 2-14 为虹诚公司 2019 年 12 月应付账款明细分类账。

表 2－14 应付账款明细分类账

二级科目或明细科目:南江公司

2019 年		凭证号数	摘要	对方科目	借方	贷方	借或贷	余额
月	日							
12	1		月初余额				贷	41 000
	5	银付 1	还货款	银行存款	40 000			
	8	转 5	购料	材料采购		5 000		
12	31		本月合计		40 000	5 000	贷	6 000

② 多栏式明细分类账

多栏式明细分类账是将属于同一个总分类账科目的各个明细科目合并在一张账页上进行登记,适用于成本费用类科目的明细核算(见表 2－15、表2－16)。

表 2－15 应交增值税明细分类账

年		凭证号码	摘要	借方			贷方			借或贷	余额
月	日			进项税额	已交税额	合计	销项税额	进项税额转出	出口退税		

表 2－16 制造费用明细分类账

车间:

年		凭证号数	摘要	借方发生额					
月	日			合计	办公费	差旅费	折旧费	修理费	工资

③ 数量金额式明细分类账

数量金额式明细分类账的借方(收入)、贷方(发出)和余额(结存)都分别设有数量、单价和金额三个专栏,适用于既要进行金额核算又要进行数量核算的账户(见表 2－17)。

表 2－17 原材料明细分类账

材料名称:乙材料

计量单位:千克

仓库:2 号库

2019 年		凭证号数	摘要	借方(收入)			贷方(发出)			借或贷	余额(结存)		
月	日			数量	单价	金额	数量	单价	金额		数量	单价	金额
1	1		月初余额							借	5 000	1.5	7 500
	3	转 3	购入	1 000	1.5	1 500							
	31	转 50	本月发出				4 000	1.5	6 000				
1	31		本月合计	1 000	—	1 500	4 000	—	6 000	借	2 000	1.5	3 000

（2）明细分类账的登记方法

不同类型经济业务的明细分类账可根据管理需要,依据记账凭证、原始凭证或汇总原始凭证逐日逐笔或定期汇总登记。固定资产、债权、债务等明细账应逐日逐笔登记;库存商品、原材料、产成品收发明细账以及收入、费用明细账可以逐笔登记,也可定期汇总登记。

4. 总分类账与明细分类账平行登记

（1）总分类账和明细分类账的关系

由上可知,总分类账一般按账户（一级会计科目）设置,通常以货币为计量单位,分类、连续、总括地反映企业的交易与事项。明细分类账则根据总分类账科目下的二级科目或明细科目设置,以货币、实物量为计量单位,分类、连续、明细地反映企业的交易与事项。

总分类账是所属明细分类账的总括反映,能全面、概括地反映企业的交易与事项,对所属明细分类账起统驭作用;明细分类账则是总分类账的明细记录,对总分类账起补充说明作用。因此,企业在会计核算中,除了设置总分类账,还要设置相应的明细分类账。如,为了总括地反映企业的固定资产情况,就应设置"固定资产"总分类账户,以反映企业全部固定资产的增减变动情况,了解企业的生产能力、固定资产的新旧程度等。但由于企业固定资产种类众多,要详细了解各类固定资产的增减变化等信息,则必须设置"固定资产"的明细分类账户。

（2）总分类账和明细分类账的平行登记

通过总分类账和明细分类账之间的相互关系可知,总分类账和明细分类账所反映的对象和登记的依据是相同的,它们所提供的核算资料是相互补充、相互制约的。为了保证记账的正确、完整,总分类账和明细分类账的登记必须按照"平行登记"的原则来进行,即:

① 同时登记。对每一记账凭证,在登入有关的总分类账的同时,还应将其登入所属的明细分类账内。

② 方向一致。对每一项记账凭证过入总分类账和明细分类账时,其记账方向必须保持一致。如果在总分类账中记在借方,在明细分类账中也应记在借方;若在总分类账中记入贷方,则在明细分类账中也必须记入贷方。

③ 金额相等。对每一项登入总分类账和明细分类账的记账凭证,其记入总分类账中的金额与记入所属明细分类账中的金额之和必须相等。如,固定资产总分类账金额＝固定资产明细分类账金额之和。这样,根据总分类账和明细分类账有关数字之间的相等关系,就可用来相互核对总分类账或明细分类账的数据是否正确、完整。

5. 备查账簿的设置和登记

备查账簿是对主要账簿起补充说明作用,因此,它没有固定的格式,一般是根据各单位会计核算和经营管理的需要而设置。

（五）错账更正方法

1. 划线更正法

在结账前,如果发现账簿记录有误,但记账凭证正确,即纯属过账时金额笔误,一般即可采用划线更正法更正。更正时,先将错误的数字全部画一条红线予以注销,但应使画销的文字或数字保持原有字迹仍可辨认,以备考查。然后,将正确的文字或数字用蓝字写在划线的上端,并由记账人员在更正处盖章,以明确责任。

如记账员王英登账时,将 6 500 元误记为 5 600 元,更正方法如下:

6 500

~~5 600~~ 王英

（方框表示印章）

2. 红字更正法

（1）在记账以后，如果发现记账凭证中的应借应贷科目有误，或科目和金额同时出现差错时，可用红字更正法予以更正。具体方法是，先用红字金额做一笔与原来错误的记账凭证完全相同的会计分录，用红字登记入账，据以冲销原有的错误记录，再用蓝字做一笔正确的记账凭证，重新登入账簿。举例如下：

车间领用材料 7 600 元生产 A 产品，会计分录误为：

借：制造费用　　　　　　　　　　　　　　　　　7 600
　贷：原材料　　　　　　　　　　　　　　　　　　　7 600

已登入分类账。

发现这一错误进行更正时，可先用红字金额做一笔与上述相同的记账凭证（方框代表红字）：

借：制造费用　　　　　　　　　　　　　　　 7 600
　贷：原材料　　　　　　　　　　　　　　　　 7 600

同时，再用蓝字填制一张正确的记账凭证：

借：生产成本——A 产品　　　　　　　　　　　　7 600
　贷：原材料　　　　　　　　　　　　　　　　　　　7 600

把后两笔记账凭证登入相应的账簿中去，就得到了正确的记录，从而保证了信息的可靠性。

（2）如果原记账凭证中应借、应贷账户并无错误，只是所填列的金额大于应填列的金额，并已过账；或者，记账凭证完全正确，只是登记时发生笔误，使得错误金额大于正确金额，且已结账，这时也要用红字更正法进行更正。具体更正时，只需用红字编制一张金额为错误金额超过正确金额部分的记账凭证，并登入有关账簿即可。

3. 补充登记法

如果在记账凭证中出现了与上述恰好相反的错误，即记账凭证科目正确，金额错误，且错误金额小于正确的金额，已过账；或者，记账凭证完全正确，只是过账中发生笔误，导致金额小于正确金额，已结账，就可用补充登记法更正。更正时，按正确金额与原来所填金额之差作为记账凭证的金额，用蓝字编制一张与原记账凭证上应借应贷账户完全相同的记账凭证，过入有关账簿。沿用前例，车间领用材料 7 600 元生产 A 产品，会计分录误为：

借：生产成本——A 产品　　　　　　　　　　　　6 700
　贷：原材料　　　　　　　　　　　　　　　　　　　6 700

已过账。

更正时，按照少记的 900 元，编制如下记账凭证，并过入有关账簿，以更正记账错误：

借：生产成本——A 产品　　　　　　　　　　　　900
　贷：原材料　　　　　　　　　　　　　　　　　　　900

（六）账簿的保管要求

1. 账簿保管要求

会计人员在年度结束后,应将各种账簿、凭证和有关资料按顺序装订成册,统一编号、归档保管。纳税人的账簿(包括收支凭证粘贴簿、进销货登记簿)、会计凭证、会计报表和完税凭证及其他有关纳税资料,除另有规定者外,保存10年,保存期满需要销毁时,应编制销毁清册,经主管国家税务机关批准后方可销毁。账簿、记账凭证、完税凭证及其他有关资料不得伪造、变造或者擅自损毁。会计账簿的保管期限如下:总账(包括日记总账),15年;明细账,15年;日记账,15年(其中,现金日记账及银行存款日记账25年);固定资产卡片,在固定资产报废清理后5年;辅助账簿(备查簿),15年。

2. 账簿更换方法

账簿更换是在会计年度末,将本年度旧账更换为下年度新账。

更换新账的方法是,在年终结账时,将需要更换账簿的各账户的年末余额直接过入新启用的有关账户中去,不需要编制记账凭证,也不必将余额再记入本年度账户的借方或贷方,使本年度有余额的账户的余额变为零。因为既然年末是有余额的账户,其余额应当如实地在账户中加以反映,否则容易混淆有余额的账户和没有余额的账户之间的区别。

更换新账时,要注明各账户的年份,然后在第一行日期栏内写明某月某日,在"摘要"栏注明"上年结转",把账户余额写入"余额"栏内,在此基础上登记新年度的会计事项。

3. 账簿保管期满销毁

账簿保管期满,可以按照下列程序销毁:

(1)由本单位档案机构会同会计机构提出销毁意见,编制账簿档案销毁清册,列明销毁档案的名称、卷号、册数、起止年度和档案编号,应保管期限,已保管期限,销毁时间等内容。

(2)单位负责人在会计账簿销毁清册上签署意见。

(3)销毁会计账簿时,应当由档案机构和会计机构共同派员监销。国家机关销毁会计账簿时,应当由同级财政部门、审计部门派员参加监销。财政部门销毁会计账簿时应当由同级审计部门派员参加监销。

(4)监销人员在销毁会计账簿前应当按照会计账簿销毁清册所列内容清点核对所销毁的会计账簿;销毁后,应当在会计账簿销毁册上签名盖章,并将监销情况报告本单位负责人。

第五节　过账与试算平衡

在经济业务以会计分录的形式登入记账凭证后,还需要经过多个环节进行再加工。会计循环的下一步骤就是过账,接下来便是试算平衡。

一、过账

从整个会计信息系统看,仅仅编制所发生的经济业务的会计分录是不够的,还要将会计分录完整地记入相应的账户。如果某一会计期间企业发生的经济业务数量较多,仅仅借助记账凭证,是无法连续、完整地反映企业经济活动全貌的。因此,会计核算还要将每一笔业务的记账凭证的借项和贷项分别登记到各有关日记账、分类账中,这一转记程序称作"过账"或"登账"。

为了进一步说明实际工作中的过账方法,这里将【案例2-5】所列举的记账凭证,过入各有关账户,见图2-8(为了简化,这里分类账户一律使用最简单的"T"字账户格式)。

库存现金			
借方		贷方	
(5) 15 000		(4)	1 000
(7) 2 000		(5)	15 000
		(9)	350

预收账款	
借方	贷方
	(8) 22 000

销售费用	
借方	贷方
(9) 350	
(13) 8 800	

短期借款	
借方	贷方
(14) 30 000	(10) 30 000

银行存款			
借方		贷方	
(1) 10 000		(6)	6 000
(2) 20 000		(7)	2 000
(5) 15 000		(11)	10 000
(8) 22 000		(13)	8 800
		(14)	30 000

应付账款			
借方		贷方	
(10) 30 000		(3)	30 000
		(6)	6 000

原材料	
借方	贷方
(1) 10 000	
(6) 12 000	

股本	
借方	贷方
	(1) 100 000

固定资产	
借方	贷方
(1) 80 000	
(3) 30 000	

主营业务收入	
借方	贷方
	(2) 20 000
	(5) 15 000

预付账款	
借方	贷方
(4) 1 000	

应付职工薪酬	
借方	贷方
(11) 10 000	

图2-8 记账凭证的过账

二、试算平衡

(一) 试算平衡的概念

试算平衡,就是在会计期末对所有账户的发生额和余额进行加总,以确定借贷是否相等,来检查记账、过账过程中是否存在差错的方法。在实际会计工作中,试算平衡是通过编制试算平衡表来完成的。

(二) 试算平衡表的原理

试算平衡表是列示分类账中各有关账户的名称及其余额是否平衡的表式,它是一份内部报表。其用途主要有两个:

(1) 通过检查借、贷方总计是否相等来检验过账是否正确;

(2) 为正式编制会计报表提供账户余额,方便检索。

根据"借贷必相等"的记账规则,所有账户本期借方发生额合计与所有账户本期贷方发生额合计必须相等,即:

所有账户本期借方发生额合计＝所有账户本期贷方发生额合计

按照余额的正常方向,资产类账户余额在借方,负债和所有者权益类账户余额在贷方,会计恒等式就成为:

所有账户借方余额合计＝所有账户贷方余额合计

借贷记账法所具有的账户金额合计相等的特点,是试算平衡的依据。

(三) 试算平衡表的编制

在编制试算表之前,需要检查、确定本期所有会计分录是否都正确过账。在此基础上,先要计算出所有账户的期末余额,然后将分类账户的期末余额分别记入试算平衡表的借方和贷方。以【案例2-5】中的库存现金账户为例,来说明如何计算本期发生额和期末余额(见图2-9)。

库存现金

借方		贷方	
(5)	15 000	(4)	1 000
		(5)	15 000
(7)	2 000	(9)	350
本期借方发生额合计		本期贷方发生额合计	
	17 000		16 350
期末余额	650		

图 2-9 库存现金账户本期发生额和期末余额的计算

在结算出所有账户的期末余额后,就可编制试算平衡表。试算平衡表可以是发生额试算,也可以同时试算发生额和余额。

在编制试算平衡表时,一般总是按资产、负债、所有者权益的顺序,把资产负债表的账户列在前面,之后是利润表账户(收入、费用),最后是所有者权益账户留存收益(未分配利润)。表2-18为【案例2-5】的试算平衡表。在这里它并没有期初余额,因为干洗店刚开始营业,表中当前的收入和费用构成了当前留存收益的变化。当期末企业正式编制资产负债表时,收入、费用账户因为是"虚账户"将被结平(无期末余额)。这样,这两类账户在试算平衡表中将被删除,其净影响体现在期末留存收益账户中(见表2-18)。

表 2-18 试算平衡表

账户名称	本期发生额(元)		期末余额(元)	
	借方	贷方	借方	贷方
库存现金	17 000	16 350	650	
银行存款	67 000	56 800	10 200	
原材料	22 000		22 000	
预付账款	1 000		1 000	
固定资产	110 000		110 000	
短期借款	30 000	30 000		
应付账款	30 000	36 000		6 000
应付职工薪酬	10 000		10 000	
预收账款		22 000		22 000

账户名称	本期发生额(元)		期末余额(元)	
	借方	贷方	借方	贷方
股本		100 000		100 000
主营业务收入		35 000		35 000
销售费用	9 150		9 150	
合计	296 150	296 150	163 000	163 000

表 2-18 试算的结果显示,所有账户借方余额合计等于贷方余额合计,表明不存在明显的记账、过账差错。需要注意的是,试算结果不平衡,表明会计循环的某个步骤存在错误。发生错误的潜在原因包括:

(1) 记账凭证上的会计分录出现错误,如借贷方金额不平衡;

(2) 过账过程中出现错误,如借贷方金额中的某一方遗漏或重复过账,或者借贷方颠倒;

(3) 分类账户余额结计时出现错误;

(4) 试算平衡表本身金额抄错,某些账户被遗漏未被抄录等。

当出现借贷方不平衡时,会计人员应认真检查,找出错误并及时予以更正。

必须指出,即使试算平衡表借贷余额相等,也并不能说明完全正确。这是因为有些记账错误并不影响借贷方账户的平衡关系,因而试算平衡表无法觉察。这些可能的错误包括:

(1) 漏记整笔经济业务的会计分录;

(2) 重复记录整笔交易与事项;

(3) 将分类账户的余额过入错误账户;

(4) 金额差错恰好相互抵消。

这就要求会计人员在平时记账、登账过程中,养成良好的习惯,不要马虎潦草。

第六节　账项调整、对账、结账与编制报表

一、期末账项调整

(一) 期末账款调整的目的

从权责发生制的观点看,账簿的日常记录还不能确切地反映本期的收入和费用。有些收入款项虽在本期内已收到和入账,但并不应归属本期;而有些收入虽在本期内尚未收到,却应归属本期。有些费用虽在本期内已经支付和入账,但并不归属本期;而有些费用虽发生在本期尚未支付,却应归属本期。所以,在期末结账以前,必须对账簿里已记的账项进行必要的调整。按照应予归属这一标准,合理地反映相互连接的各会计期间应得的收入和应负担的费用,使各期的收入和费用能在相互适应的基础上进行配比,从而比较正确地计算出各期的盈亏。

(二) 期末账项调整的内容

一般企业年末结账时应予调整的项目分为应计项目、递延项目和估计项目三大类。

1. 应计项目

凡是本会计期间已赚取的收入及已耗用的费用,虽因尚未收付现金而平时未记录,但在期末应予以调整入账。

2. 递延项目

所谓递延项目,即推迟确认已收现的收入或已付现的费用。这种预收收入或预付费用,随着营业的持续会逐渐成为已实现收入或已发生费用。

3. 估计项目

这些账项调整的不同之处在于调整的金额具有不确定性。在计算此类金额时,常须考虑未来的事项作为计算依据,故此类账项称为估计项目,比如坏账损失的计提、固定资产折旧的提取。

二、对账

在会计核算中,基于复式记账原理,已形成了一套以账簿为中心,账簿与实物、凭证、报表之间,账簿与账簿之间的相互控制、稽核和自动平衡的保护性机制。通过核对各种账簿记录中的自动平衡和互相勾稽关系,可以促使账证相符、账账相符、账款相符和账物相符。

1. 账证核对

账证核对,是根据各种账簿记录与记账凭证及其所附的原始凭证进行核对。各种账簿记录应该和记账凭证核对相符。

2. 账账核对

账账核对包括:总分类账各账户期末借方余额合计数与贷方余额合计数相核对;总分类账各账户期末余额与各明细分类账期末余额合计数相核对;会计账与有关的统计账、保管账、业务账相核对;会计账与有关单位或个人的债权、债务相核对。

3. 账实核对

账实核对即现金、银行存款、财产、物资等的账面余额应当和库存的实际余额核对相符。其中,银行存款余额的核对相符是通过企业银行存款日记账和银行每月送来的企业银行存款对账单核对相符。如不符,还应编制银行存款余额调节表,说明不符的账项与原因。

4. 账表核对

账表核对即会计账簿与会计报表、分析表核对相符。

三、期末结账和会计报表的编制

(一) 结账

各个单位的经济活动是连续不断进行的,为了总结每一会计期间的经济活动情况,考核经营成果,编制会计报表,必须在每一会计期末进行结账。

1. 结账的概念

结账是指在将本期所发生的经济业务全部登记入账的基础上,于会计期末按照规定的方法结算账目,包括结计出本期发生额和期末余额。

资产、负债及所有者权益账户的余额均须结转至下期,继续记录。继续记录不一定延用原账簿,也可视实际情况换用新账簿,新账簿上接续原账簿余额继续记载新会计期间的业务。收入及费用类账户,即列示在利润表上的账户,会计期终了,这类账户的余额应结平,这一方面是为了计算本期盈亏;另一方面是为了下一会计期间使用方便,因为结账之后,各账户余额复归为零,下期可从头开始归集收入和费用。

2. 结账的主要程序

(1) 结账前,必须将本期内发生的各项经济业务全部登记入账。

(2) 实行权责发生制的单位,按照权责发生制的要求,进行账项调整的账务处理,并在此基础上,进行其他有关转账业务的账务处理,以计算确定本期的成本、费用、收入和利润。需要说明的是,不能为了赶编报表而提前结账,也不能将本期发生的经济业务延至下期登账,也不能先编会计报表后结账。

(3) 结账时,应结出现金日记账、银行存款日记账以及总分类账和明细分类账各账户的本期发生额和期末余额,并将期末余额结转至下期。

3. 结账的方法

计算登记各种账簿本期发生额和期末余额的工作,一般按月进行,称为月结;有的账目还应按季结算,称为季结;年度终了,还应进行年终结账,称为年结。期末结账主要采用划线结账法,也就是期末结出各账户的本期发生额和期末余额后,加以划线标记,将期末余额结转至下期。

(1) 月结

每月结账时,应在各账户本月份最后一笔记录下面画一条通栏红线,表示本月结束;然后,在红线下面结出本月发生额和月末余额,如果没有余额,在"借或贷"栏内写"平"字,在余额栏写"0"。同时,在"摘要"栏内注明"本月合计"或"×月份发生额及余额"字样;最后,再在下面画一条通栏红线,表示完成月结工作。

(2) 季结

季结的结账方法与月结基本相同,但要在"摘要"栏内注明"本季合计"或"第×季度发生额及余额"字样。

(3) 年结

办理年结时,应在12月份月结下面(需办理季结的,应在第四季度的季结下面)结算填列全年12个月的累计发生额和年末余额,如果没有余额,在"借或贷"栏内写"平"字,在余额栏写"0"。同时在"摘要"栏内注明"本年合计"或"年度发生额"字样,分别加计借贷方合计数;然后在合计数下面划通栏双红线表示封账,完成了年结工作;最后,将年末借(贷)方余额抄列于下一行的"借(贷)方"栏内,并在"摘要"栏内注明"结转下年"字样。需要更换新账的,应在新账有关账户的第一行"摘要"栏内注明"上年结转"或"年初余额"字样,并将上年的年末余额以相同方向记入新账中的"余额"栏内。

(二) 会计报表的编制

为了总结每一会计期间(月份、季度、年度)的经济活动情况,考核经营成果,必须在每一会计期末进行结账,以便编制会计报表。会计报表是根据账簿记录对日常会计核算资料的归集、加工、汇总,并按照一定的格式和内容要求编制的报告文书,是提供会计信息的一种文件。

对外公布的主要会计报表包括资产负债表、利润表、现金流量表和所有者权益变动表及其附表。

会计报表的具体编制方法在以后章节中阐述。

附:阅读材料

会计核算的基本组织程序

一、会计核算组织程序基本含义

会计核算组织程序也被称为账务处理程序,或会计核算形式,是指在会计循环中,会计主体采用的会计凭证、会计账簿、会计报表的种类和格式与记账程序有机结合的方法和步骤。

记账程序是指运用一定的记账方法,从填制和审核会计凭证、登记账簿到编制会计报表的工作程序,也是将发生的经济业务利用会计凭证、会计账簿和会计报表进行反映的步骤与过程。如何应用会计凭证、会计账簿和会计报表等方法,与会计主体的记账程序有着直接关系。即使是对同样的经济业务进行账务处理,如果采用的记账程序不同,所采用的会计凭证、会计账簿和会计报表的种类与格式也有所不同。不同种类与格式的会计凭证、会计账簿、会计报表与一定的记账程序相结合,就形成了在做法上有着一定区别的会计核算组织程序。对于会计核算组织程序的基本含义,可结合图 2-10 进行理解。

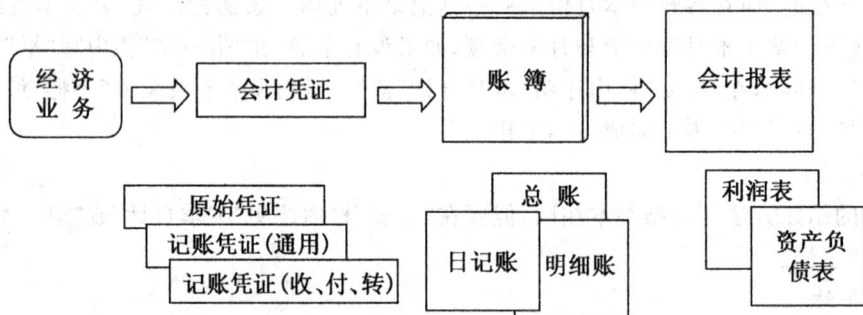

图 2-10　会计核算组织程序

二、记账凭证账务处理程序

记账凭证账务处理程序是根据经济业务发生后所填制的各种记账凭证直接逐笔登记总分类账,并定期编制会计报表的一种账务处理程序。它是一种最基本的核算组织程序,其他核算组织程序都是在此基础上发展演变而成的。

在记账凭证核算组织程序下,记账凭证可以采用"收款凭证""付款凭证"和"转账凭证"等专用记账凭证的格式,也可采用通用记账凭证的格式。会计账簿一般应设置收、付、余三栏式"现金日记账"和"银行存款日记账";各总分类账均采用借、贷、余三栏式;明细分类账可根据核算需要,采用三栏式、数量金额式或多栏式等。

记账凭证账务处理程序的主要特点是直接根据记账凭证逐笔登记总分类账。在这种账务处理程序下,现金日记账和银行存款日记账只是用来序时地登记现金、银行存款和收支业务,它所记录的内容基本上与总分类账中现金、银行存款账户的内容相同。

记账凭证账务处理程序的处理步骤(见图 2−11)如下:

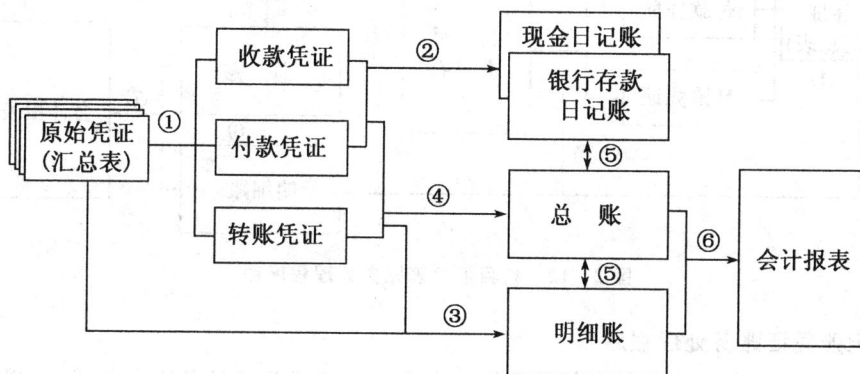

图 2−11　记账凭证账务处理程序示意图

(1) 根据原始凭证或原始凭证汇总表填制各种记账凭证;

(2) 根据收款凭证和付款凭证登记现金日记账和银行存款日记账;

(3) 根据各种记账凭证和有关原始凭证或原始凭证汇总表,登记各种明细分类账;

(4) 根据记账凭证逐笔登记总分类账;

(5) 月末,现金日记账、银行存款日记账和明细分类账的余额应与总分类账有关账户的余额相核对;

(6) 月末,根据总分类账和明细分类账的记录编制会计报表。

记账凭证账务处理程序的优点是简单明了,易于理解,在总分类账中能够具体地反映经济业务的发生情况,便于查账。其不足是登记总账工作量比较大。这种账务处理程序适用于规模小、经济业务比较简单、记账凭证数量不多的企业。

三、科目汇总表账务处理程序

科目汇总表账务处理程序是一种定期(每 5 日或每 10 日)根据记账凭证编制科目汇总表,再根据科目汇总表登记总分类账的账务处理程序。这是和记账凭证账务处理程序不同的地方,也是其特点所在。在这种账务处理程序下,采用的账簿格式以及记账凭证的种类和格式与记账凭证账务处理程序基本相同。

在这种账务处理程序下,关键是编制科目汇总表,一般采用"两次归类汇总法"进行汇总编制。第一次先将全部记账凭证,按照相同的会计科目归类借方发生额,填列科目汇总表中各科目的借方发生额;第二次再把全部记账凭证,按照相同的会计科目归类贷方发生额,填制科目汇总表中各科目的贷方发生额。

这种核算形式的账务处理较为简单,应用较为方便,因此一般适用于规模大、经济业务较多的企业单位。

由于科目汇总表只汇总填列各科目的借方发生额和贷方发生额,不反映它们的对应关系,不便于对经济业务资料进行分析,所以在这种账务处理程序下,总分类账采用借、贷、余三栏式的格式。其处理步骤基本上与记账凭证账务处理程序相同,所不同的是必须在第四步骤后根据记账凭证编制科目汇总表,然后再据以登记总分类账(见图2-12)。

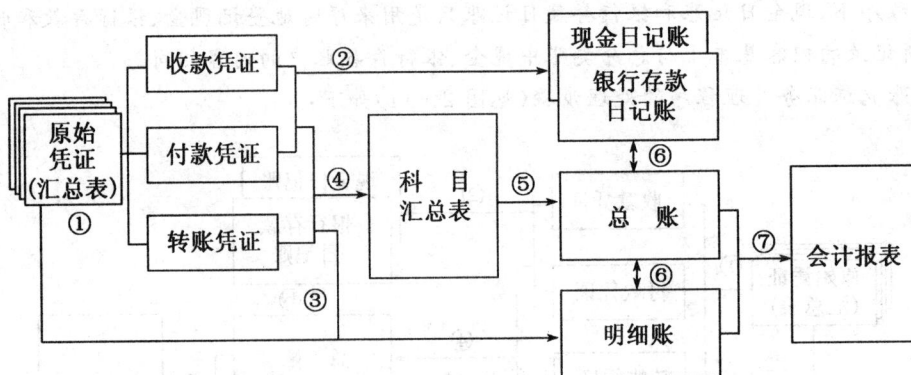

图 2-12　科目汇总表账务处理程序图

四、汇总记账凭证账务处理程序

汇总记账凭证账务处理程序与科目汇总表账务处理程序的核算基本相同(见图2-13),其主要特点是先定期汇总记账凭证,分为汇总收款凭证、汇总付款凭证和汇总转账凭证三种。

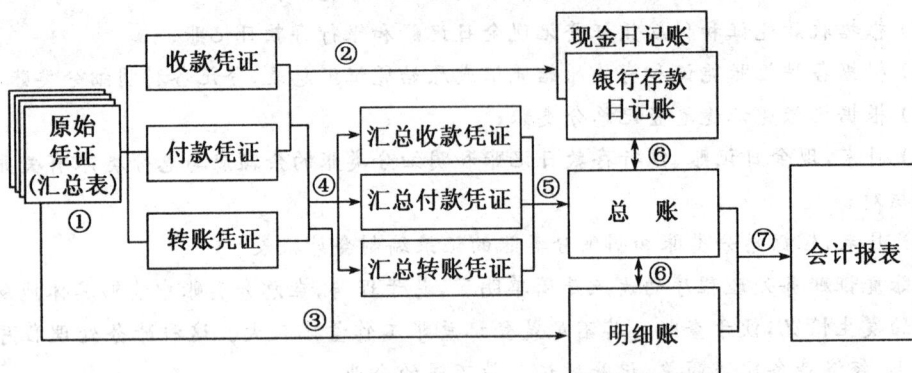

图 2-13　汇总记账凭证账务处理程序图

(1) 汇总收款凭证,是按现金或银行存款科目的借方分别设置,根据一定期间内的全部现金或银行存款收款凭证,归集相对应的贷方科目,定期(一般是每10日)汇总填制一次,每月编制一张,月终时,结出合计数,据以登记总分类账。

(2) 汇总付款凭证,是按现金或银行存款科目的贷方分别设置,根据一定期间内的全部现金或银行存款凭证,归集相对应的借方科目,定期(一般是每10日)汇总填制一次,每月编制一张,月终时,结出合计数,据以登记总分类账。

(3) 汇总转账凭证,通常是按每一贷方科目分别设置,即以贷方科目为主,根据一定期间内的全部转账凭证,归集相对应的借方科目,定期(一般是每10日)汇总填制一次,每月填制一张,月终时,结出合计数,据以登记总分类账中有关账户。

汇总转账凭证是以一个贷方科目与一个或几个借方科目相对应编制的。因此,平时编制的转账凭证,只能按一个贷方科目与一个或几个借方科目相对应,而不能相反。否则,就不能以贷方科目为主进行汇总。

汇总记账凭证账务处理程序的优点是:简化了总分类账的登记工作,凭证的整理归类比较简便,记账数字不易发生错误;汇总记账凭证和总分类账都反映了账户对应关系,便于分析经济业务的来龙去脉,便于查对账簿,避免了记账凭证账务处理程序和科目汇总表账务处理程序的缺点。其不足之处是核算工作量较大,记账、账簿之间的关系比较复杂,难于理解,对于业务较少、较简单,会计人员业务不熟练的单位,反而增加了核算工作量。

汇总记账凭证账务处理程序通常适用于规模大、业务繁多、记账凭证数量多的大型企业。

思 考 题

1. 什么叫会计循环?它包括那些具体步骤?
2. 请分别解释交易和事项,它与我国实务界习惯上所说的经济业务是一回事吗?
3. 以下是企业的交易吗?为什么?
(1) 企业订购下月将到货的商品。
(2) 赊购卡车一辆。
(3) 客户退回以前所购商品。
(4) 企业的所有者从企业提取现金供私用。
(5) 人事部门面试求职人员。
4. 指出下列交易中,各应借记和贷记的账户。
(1) 开支票给已为企业提供了劳务的客户。
(2) 收到赊账客户交来的支票。
(3) 赊购办公用品。
(4) 运货卡车司机交来加 70 升汽油的发票。
5. 什么叫复式借贷记账法?什么叫会计分录?
6. 什么叫账户?它与会计科目有何异同?

实 务 题

1. 某企业发生下述经济业务:
(1) 企业从银行取现金 40 000 元。
(2) 购进甲种材料 1 000 吨,每吨 1 000 元,款项尚未支付。
(3) 用银行存款支付前欠供应商的材料款 20 000 元。
(4) 以银行存款 20 000 元预付给某公司,用于购买材料。
(5) 甲公司以银行存款 200 000 元向企业追加投资,手续已办妥。
(6) 向银行借入半年期限的借款 10 000 元,存入银行存款户。
(7) 企业从银行取得借款 40 000 元,已经收妥。
(8) 赊购设备一台 370 000 元。
(9) 从银行取得借款 20 000 元,归还前欠供应商的货款。

（10）与债权人达成协议，将其拥有的企业500 000元的债权转为股权。

要求：判断每项经济业务会引起什么会计要素发生怎样的变动。

2. 假设企业发生上述变动前的资产为2 200 000元，负债为700 000元，所有者权益为1 500 000元。

要求：计算上题中各项业务变动后的基本会计等式的数额，并验证其平衡情况。

第三章 货币资金

> 货币资金是任何一个企业从事生产经营活动必不可少的资金形态,在生产经营的各个环节中发挥着重要的经济纽带作用。因此,加强货币资金的管理与核算,对企业合理使用资金、加速资金周转具有重要的意义。本章主要阐述货币资金及其管理要求、货币资金以及各种结算业务的核算等内容。
>
> 通过本章的学习,掌握库存现金、银行存款收支的核算;了解现金与银行存款管理制度的主要内容;掌握常用转账结算方式的账务处理;了解转账结算方式的种类及其他货币资金的内容。

第一节　货币资金概述

一、货币资金的概念及其范围

货币资金从广义上来说,是指企业能够掌握和控制的,处于生产经营活动中,以货币形态存在的那部分资金,既包括企业库存现金、银行存款、其他货币资金,又包括存放于企业内部各职能部门零星临时借用的各种备用金等。

在西方国家,由于结算技术的先进性,企业很少有库存现金存在,因此,将货币资金一般都统称为"现金",即能够被银行或其他金融机构作为存款接受,并能随时支用的资金项目。

我国企业同时面临国际和国内两个市场,货币收付行为常表现为人民币的收付和外币(非人民币)的收付,但外币一般都要折算成人民币进行核算。因此货币资金核算主要表现为以人民币为主的库存现金、银行存款和其他货币资金三项内容。

二、货币资金的特点及其管理

1. 货币资金的特点

货币资金是最突出的流动资金,其特点主要是:第一,变化速度快,流动性大,支付能力强;第二,使用范围广,限制小,因而极易散失、被挪用和被盗;第三,收支频繁且流量大;第四,货币资金存量的合理性,对企业生产经营起重要作用。

正因为上述特征的存在,会计人员要加强管理,周密筹措、合理安排使用货币资金。

2. 货币资金的管理

在企业生产经营活动中,对作为支付工具和清偿手段的货币资金加强控制与管理十分必要。具体来说应遵循"职责分工、交易分开、内部稽核、定期换岗"的原则,以维护财经纪律。

第二节 现 金

现金是指企业库存作为零星之用的货币资金,又称库存现金。它是企业流动性最强的资产。

一、现金管理的主要内容

国家为从宏观上控制货币流通量,制定了现金管理制度和银行结算制度。企业为纠错防弊,应建立内部控制系统,严格控制和监督本企业的现金收支。

1. 现金的使用范围

(1) 对职工个人的直接支付。如发放工资津贴、劳动报酬、各种奖金、各种劳保、福利费用以及出差人员必须随身携带的差旅费。

(2) 支付给不能由银行转账的集体或城乡居民的劳动报酬及向个人收购农副产品和其他物资等款项。

(3) 结算起点(1 000 元)以下的零星支出。

(4) 中国人民银行确定需要支付现金的其他支出。

除上述以外的收付款项,一般应通过银行办理转账结算。

2. 库存现金限额

库存现金限额是企业保留现金的最高数额,由企业与银行按照不超过企业 3 至 5 天日常零星开支的正常需要量核定。为满足边远地区和交通不便地区单位的日常零星开支需要,库存限额可以多于 5 天,但不得超过 15 天。超过限额的现金要及时存入银行;不足时可以从银行提取,补足限额。零星开支以外的支出(如工资、出差备用金等)应开具现金支票从开户银行中提取。

3. 不准坐支现金

坐支是指企业将收入的现金不通过银行,直接用于本企业的支出。现金管理制度规定,企业收入的现金都应及时送存银行,并在送款单上注明来源。企业用于支出的现金应按规定从银行提取,并在凭证上注明用途。因特殊情况需要坐支现金的,应事先报经开户银行审批。

4. 其他管理规定

企业的现金收付必须按日逐笔登账,每日结出余额,并与库存现金实有数核对,做到日清月结,保证账款相符;不准用"白条"顶替库存现金,以防止挪用和贪污等行为发生;不准利用银行账户代其他单位或个人存入或支取现金。

为了加强现金管理,企业财务部门应严格实行"账钱分管、相互制约"的现金内部牵制制度。负责办理现金收付业务、保管现金及登记现金日记账的出纳员,不得经管总账和保管已登账的原始凭证。除现金出纳外,其他人员不得经管现金。

二、现金的核算

现金的核算是通过库存现金账户进行的,即根据审核无误的原始凭证编制记账凭证(收款凭证、付款凭证)。为了对现金的收入、付出和结存情况进行总分类核算,需开设"库存现金"账户,这是一个资产类盘存账户。

库存现金

借方	贷方
登:现金的收入数	登:现金的支出数
余额:库存现金结存数	

图 3-1 库存现金账户

另外,为了能逐日详细地反映现金收入的来源、支出用途和结存情况,必须设置现金日记账,对库存现金进行序时核对。

【案例 3-1】 假设长江公司 2019 年 2 月 2 日发生下列经济业务:

(1)签发 0106 号现金支票,从银行提取现金 600 元备用。根据现金支票存根填制付款凭证,会计分录为:

    借:库存现金   600
      贷:银行存款   600

若将现金缴存银行也应填制付款凭证,会计分录相反。

(2)用现金支付车间办公用品费 250 元,支付车间用的运输车维修费 130 元,根据发票填制付款凭证,会计分录为:

    借:制造费用——办公费   250
      制造费用——修理费   130
      贷:库存现金   380

(3)收到出租包装物押金 60 元,根据收据填制收款凭证,会计分录为:

    借:库存现金   60
      贷:其他应付款   60

在办理收付业务后,在收款、付款记账凭证和原始凭证上加盖个人印章和"收讫"或"付讫"戳记,表示款已收付完毕。

(4)用现金支付销售商品运杂费 260 元,会计分录为:

    借:销售费用——运杂费   260
      贷:库存现金   260

现金的总分类核算一般是根据有关记账凭证汇总定期登记的。

现金日记账是一种订本式的序时日记账。其全月发生额和月末余额同现金总账核对应当一致。将经济业务记入现金日记账,如表 3-1 所示。

表 3-1 现金日记账

2019 年		凭证		摘要	对方科目	收入（借方）	付出（贷方）	结余金额
月	日	字	号					
2	2			承前页				308.00
	2			提现金	银行存款	600.00		
	2	略	略	购办公用品、修车	制造费用		380.00	
	2			收包装物押金	其他应付款	60.00		
	2			付商品运杂费	销售费用		260.00	328.00

三、备用金的核算

备用金是指企业会计部门预付给所属报账单位和企业内部有关部门用于日常零星开支的现金，又称业务周转金。其使用方法是先借后用，凭据报销。

为了加强对备用金的管理，必须建立备用金预借、使用和报销制度。借款时，填写"借款单"，经批准后领取，按规定用途使用；报销时，填"报销单"，经审批后报销。为了核算和监督备用金预借和报销情况，应在"其他应收款"账户下设"备用金"二级账户，并按使用部门与个人设置明细账进行明细核算。

其他应收款——备用金

借方	贷方
登：有关职能部门或个人预借备用金	登：报销及回收的备用金
余额：尚未收回的备用金数额	

图 3-2 备用金账户

备用金分为非定额备用金和定额备用金两种。

1. 非定额备用金

非定额备用金是按估计需用现金的数额预借，报销时一次性核销，多退少补。

【案例 3-2】 职工王亮借差旅费 250 元，以现金支付。回厂后报销 275 元，根据"借款单""报销单"，会计分录为：

（1）预借时：

借：其他应收款——备用金（王亮）　　　　　250

　　贷：库存现金　　　　　　　　　　　　　　　250

（2）报销、补付时：

借：管理费用　　　　　　　　　　　　　　　275

　　贷：其他应收款——备用金（王亮）　　　　　250

　　　　库存现金　　　　　　　　　　　　　　　25

2. 定额备用金制度

企业内部对于经常发生零星采购和开支的部门，可实行定额备用金制度。定额备用金制度是根据实际需要对经常使用备用金的部门或个人核定一个备用金定额，供其周转使用。

各部门或个人按定额一次预借;使用时根据报销凭证由会计部门以现金或银行存款补足定额,不再需要定额备用金时由会计部门一次收回。实行定额备用金制度,要设置"备用金登记簿",逐笔序时登记定额备用金的支出与报销情况。

【案例3-3】 长江公司对行政科实行定额备用金制度,以现金一次付给行政科定额备用金500元。行政科支付办公费用50元,行政科职工李克支用差旅费300元,共计350元。凭据报销,当即财务部门用现金补足定额。年底行政科将不需用的备用金全部交回会计部门。会计分录为:

(1)根据批准的定额备用金,借款单位预借定额备用金。

借:其他应收款——备用金(行政科)　　　　　　　500
　　贷:库存现金　　　　　　　　　　　　　　　　　　500

(2)凭据报销,补足预借备用金。

借:管理费用　　　　　　　　　　　　　　　　　　350
　　贷:库存现金　　　　　　　　　　　　　　　　　　350

(3)年底,行政科不再需要而退回备用金。

借:库存现金　　　　　　　　　　　　　　　　　　500
　　贷:其他应收款——备用金(行政科)　　　　　　　500

四、现金盘点与清查

为了保证账款相符,加强对库存现金的监督,防止现金差错、丢失或被贪污、挪用等违法行为,出纳员应对现金进行逐日清查,发现账款不符,应及时查明原因并报告上级处理。企业组织的清查小组还应对库存现金进行定期和不定期的抽查核对,核查后,应编制"库存现金清查表"说明账存数额、实有数额、差额原因及处理意见。如清查结果出现账款不符,还应做出相应的账务处理。

【案例3-4】 长江公司2019年3月份发生如下经济业务:

(1)现金清查中,发现库存现金短缺125元。

① 未查明原因以前:

借:待处理财产损溢　　　　　　　　　　　　　　125
　　贷:库存现金　　　　　　　　　　　　　　　　　　125

② 查明系出纳员责任,决定由其赔偿:

借:其他应收款——××(出纳员)　　　　　　　　125
　　贷:待处理财产损溢　　　　　　　　　　　　　　125

(2)现金清查中,发现现金账面余额多出80元。

① 未查明原因之前

借:库存现金　　　　　　　　　　　　　　　　　　80
　　贷:待处理财产损溢　　　　　　　　　　　　　　80

② 假定原因不明,经批准作为营业外收入。

借:待处理财产损溢　　　　　　　　　　　　　　80
　　贷:营业外收入　　　　　　　　　　　　　　　　80

第三节　银行存款

银行存款是指企业存放在银行和其他金融机构的货币资金。

一、银行存款的管理要求

按照中国人民银行的规定,企业必须在当地银行申请开立有关存款账户(基本存款账户、一般存款账户、临时存款账户和专用存款账户),其中基本存款账户是企业办理日常转账结算和现金收付的账户。企业会计部门应当执行国家对银行存款的各项管理办法,加强对银行存款的管理。

(1) 企业库存限额以外的货币资金,都必须存入银行。除规定可以直接使用现金外,都必须通过银行进行转账结算。

(2) 按照每种结算方式的规定办理结算。不得签发超过银行存款余额的空头支票和远期支票。

(3) 特殊需要签发不填写金额的转账支票,必须在支票上写明收款单位、款项用途、签发日期,领用人在专设的登记簿上登记签章。

(4) 不得出租、出借银行账户。

(5) 银行存款的结算业务,一般由出纳员办理,但支票与印鉴不能由一人统管。

二、银行存款的核算

银行存款的记账凭证,与现金一样分为"收款凭证"和"付款凭证",作为核算的记账依据。为了总括核算与监督银行存款的收入、付出和结存情况,应设置"银行存款"账户,进行总分类核算,它属于资产类盘存账户。

银行存款

借方	贷方
登:银行存款的存入数	登:银行存款的支出数
余额:企业存放于银行款项的实有数	

图 3-3　银行存款账户

为了逐日详细地反映银行存款收入来源、支出用途和结存情况,每一企业还要按不同资金的银行存款,分别设置银行存款日记账。

【案例 3-5】 2019 年 3 月 4 日,长江公司发生如下经济业务:

(1) 签发转账支票一张,计 2 000 元,支付前欠 A 公司供货款,填制付款凭证。会计分录为:

借:应付账款——A 公司　　　　　　　　　　　2 000

　　贷:银行存款　　　　　　　　　　　　　　　　2 000

（2）借入临时借款 3 200 元，已存入银行，凭据填制收款凭证。会计分录为：

借：银行存款   3 200

    贷：短期借款——临时借款   3 200

银行存款明细核算也采用日记账形式进行序时登记，其账簿采用订本式，逐日逐笔序时登记，每日业务终了结出余额。其格式如表 3 - 2 所示。

表 3 - 2 银行存款日记账

账户名称：人民币存款   单位：元

2019 年		凭证		结算凭证		摘要	对方科目	收入	付出	结余
月	日	字	号	种类	号数					
3	4					承前页				42 000.00
	4	略	略	转支	＊＊＊	付 A 公司账款	应付账款		2 000.00	
	4			转支	＊＊＊	收到临时借款	短期借款	3 200.00		43 200.00

三、银行存款的核对

企业所发生的资金收付，绝大部分是通过银行以转账结算方式进行的。由于企业与银行凭证传递和记账时间不一致，为了及时发现记账错误和银行存款收付业务中存在的问题，确保会计核算的正确，必须对银行存款进行定期清查。

清查的一般方法是企业与银行定期（每月至少一次）核对账目，其具体做法是将银行定期送来的"对账单"与企业的"银行存款日记账"逐笔核对。如果发现两者不一致，除记账错误（多记、漏记、重记）应及时纠正外，还可能由于双方有未达账项而造成。

未达账项，是指银行与企业之间，由于双方收付结算凭证传递和入账时间不一致，一方已入账而另一方尚未收到有关凭证而没有入账的收付款项。

未达账项一般有以下几种情况。

1. 企业的未达账项

（1）银行已收款入账，而企业尚未入账的款项。如存款利息、托收的货款等。

（2）银行已付款入账，而企业尚未入账的款项。如借款利息等。

2. 银行的未达账项

（1）企业已收款入账，而银行尚未入账的款项。如存入支票而银行尚未办妥转账手续。

（2）企业已付款入账，而银行尚未入账的款项。如开出支票而对方尚未送交银行办理转账。

对以上发生的未达账项，企业应编制"银行存款余额调节表"，具体编制方法见【案例 3 - 6】。

【案例 3 - 6】 长江公司 2019 年 3 月末银行存款日记账账面余额为 95 600 元，银行送来对账单余额为 97 100 元，经逐笔核对后，发现双方存在如下未达账项：

（1）银行已将一笔委托收款 4 800 元收到入账，而企业未接到收款通知；

（2）银行已付购货款 1 400 元，而企业未接到付款通知；

（3）企业送存银行的销货回笼款 4 500 元，银行尚未入账；

（4）企业签发转账支票一张，票面金额为 2 600 元，持票人尚未到银行办理转账手续。

根据以上资料编制银行存款余额调节表（如表 3 - 3）。

表 3 - 3　银行存款余额调节表

2019 年 3 月 31 日

项　目	金额（元）	项　目	金额（元）
企业银行存款账面余额	95 600	银行对账单余额	97 100
加：银行已收账，而企业未收账的款项	4 800	加：企业已收账，而银行未收账的款项	4 500
减：银行已付账，而企业未付账的款项	1 400	减：企业已付账，而银行未付账的款项	2 600
调整后的存款余额	99 000	调整后的存款余额	99 000

经过上述调整后的银行存款余额为 99 000 元，是企业可以动用的银行存款的实有数额，经过调整后双方余额相等，说明双方账目都没有错误。

如果调整后余额不相等，则可能银行或企业记账有误，应查明原因予以更正。

值得注意的是，对于企业未入账的未达账项，企业只能在收到有关结算凭证后再进行账务处理。而银行存款余额调节表不能作为记账的依据。

第四节　其他货币资金

一、其他货币资金及其内容

其他货币资金是指企业内由于汇解款项、结算等原因形成的，不同于库存现金和一般银行存款的那部分货币资金，主要包括企业的在途货币资金、外埠存款、银行汇票存款、银行本票存款、信用卡存款和信用证存款等。

（1）在途货币资金是指企业同所属单位之间以及同业务主管部门、其他企业之间发生的汇解款项中，至月终尚未到达的汇入款项。

（2）外埠存款是指企业到外地进行临时或零星采购时，汇往采购地银行开立的采购专户存放的款项。

（3）银行汇票存款是指企业为取得银行汇票按规定交纳或存入银行的等于汇票面值的款项。

（4）银行本票存款是指企业为取得银行本票按规定交纳或存入银行的等于本票面值的款项。

（5）信用卡是商业银行向个人和单位发行的，凭以向特约单位购物、消费和向银行存取现金。信用卡存款是单位为取得信用卡按规定存入银行的保证金。

（6）信用证存款是采用信用证结算方式的企业为取得信用证按规定存入银行的保证金。

二、其他货币资金核算

为了加强对其他货币资金的管理,保证会计核算的准确性,应将其从企业的库存现金以及一般银行存款中单列出来,设置资产类账户"其他货币资金"进行总分类核算,用来总括核算和监督企业其他货币资金的增减变动情况。

其他货币资金

借方	贷方
登:其他货币资金增加数	登:其他货币资金减少数
余额:表示企业各种其他货币资金结余数之和 (属于流动资金中的货币资金组成内容)	

图 3-4　其他货币资金账户

为了具体、详细地核算与监督各种其他货币资金的增减变动情况,可按其具体的种类分别设置"在途货币资金""外埠存款""银行汇票""银行本票""信用卡存款"等二级科目,并按在途货币资金的汇出单位、外埠存款的开户行、银行本(汇)票的收款单位、信用卡名称设置明细账户,对其他货币资金进行明细分类核算。

【案例 3-7】　长江公司 2019 年 3 月末收到所属 A 单位汇来股利 300 000 元,款尚未汇到。

借:其他货币资金——在途货币资金(A 单位)　　　　300 000
　　贷:投资收益　　　　　　　　　　　　　　　　　　　　300 000
该款 4 月初如数收讫。
借:银行存款　　　　　　　　　　　　　　　　　　300 000
　　贷:其他货币资金——在途货币资金(A 单位)　　　　300 000

外埠存款、银行本票、银行汇票、信用卡存款等其他货币资金的具体处理方法,参见下节。

第五节　结算业务

一、结算业务的管理

结算是指企业与外部单位和职工个人之间经济往来而引起的货币收付行为。由于收付款项的方式不同,结算业务分为现金结算和转账结算两种。现金结算是指收付双方直接使用现金进行款项收付;转账结算是指收付双方不直接使用现金,而通过银行以转账划拨方式进行款项收付,因而又称非现金结算。

现金管理制度规定,除少量按现金管理办法和有关规定可用现金结算外,都应通过银行办理转账结算。这有利于国家加强货币流通管理,加速资金周转;有利于银行集中社会闲散资金,扩大信贷资金来源,为生产和商品流通服务;也有利于压缩现金流通量,减少货币发行,稳定市场。

银行办理转账结算的原则是:守信用,履约付款;谁的钱进谁的账,由谁支付;银行不垫款。

为了正确处理企业与各方面的关系,维护财经纪律,加强企业内部资金管理和经济核算,在进行结算业务的核算时,应做到:

(1)正确、及时地反映各种应收、应付款项的增减变动情况,为加强管理提供会计核算资料;

(2)遵守结算纪律,及时清理债权、债务,防止相互拖欠、防止发生坏账损失,加速资金周转,提高经济效益。

二、转账结算方式及其核算

根据《中国人民银行结算办法》的规定,银行转账结算方法分为:支票和银行本票(用于同城结算),银行汇票、汇兑和异地托收承付(用于异地结算),商业汇票和委托收款(同城、异地结算都可用)共七种结算方式。

同城结算是指结算双方在同一城镇范围内的转账结算方式;而异地结算是指结算双方不在同一城镇范围内的转账结算方式。

(一)支票结算方式

支票是存款单位签发给收款单位办理结算或委托开户银行将款项支付给收款单位的票据。支票分为现金支票和转账支票两种。现金支票只能向银行提取现金;而转账支票只能用于转账,不能提取现金。支票上未印有"现金"或"转账"字样的普通支票,既可以向银行提取现金,也能用于转账。

支票使用应注意以下事项。

(1)支票应由财会部门统一管理并指定专人保管和签发。要用黑墨水写明收款单位、开票日期、用途和金额,并加盖预留银行的印鉴。支票上大小写金额和收款人不得更改。

(2)支票的金额起点为100元,付款期限为10天,节假日顺延(下同),收款人必须在规定的有效期内直接向银行办理结算手续,用于转账的支票在有效期内可在同城票据交换区域内背书转让。任何单位不得签发空头支票、远期支票和过期支票。

(3)支票必须按照编定的号码顺序签发。作废的支票不准撕毁或丢失,注销后应与存根一并保存。现金支票遗失,应及时向银行挂失。单位销户时,剩余支票应交回银行注销。

支票核算时,若开出支票,根据支票(存根联)及有关结算凭证,贷记"银行存款"账户;收到支票时,填写进账单连同支票一起到银行办理收款手续,借记"银行存款"账户。

(二)银行本票结算方式

银行本票是申请人将款项交存银行,由银行签发给其凭以办理转账结算或支取现金的票据,主要适用于单位、个人在同城范围内的商品交易、劳务供应及其他款项的结算。由于该票据由银行签发,资金具有绝对的兑现性,使用灵活,手续简便。

银行本票核算时,根据银行本票申请书(存根联)编制付款凭证,通过"其他货币资金——银行本票"账户进行账务处理。

（三）银行汇票结算方式

银行汇票是汇款人将款项交存当地银行，由银行签发给其持往异地办理转账结算或支取现金的票据，主要适用于单位或个人需要异地支付各种款项。该结算方式具有使用范围广、灵活方便、结算迅速、钱随人到、余款由银行退回的特点。

银行汇票核算时，根据银行汇票委托书（存根联）编制付款凭证，通过"其他货币资金——银行汇票"科目进行账务处理。

（四）汇兑结算方式

汇兑结算方式是汇款单位或个人委托银行将款项汇给异地收款单位或个人的一种结算方式。该结算方式具有使用范围广、手续简便、划转迅速的特点。

汇兑分为信汇与电汇两种。信汇是通过银行邮寄信汇凭证将款项汇给收款人；电汇则是通过银行拍发电报将款项汇给收款人。

汇兑一般直接通过"银行存款"核算。但是如果企业因临时零星采购需要，在外地汇入银行开立临时采购专户分次支取款项（该专户只付不收，付完清户，不计利息），则进行核算时还应设置"其他货币资金——外埠存款"账户。

【案例3-8】 2019年3月，长江公司发生如下经济业务：

（1）以存款20 000元，汇往南京开设采购专户。

借：其他货币资金——外埠存款　　　　　　　　　20 000
　　贷：银行存款　　　　　　　　　　　　　　　　　20 000

（2）收到在南京采购材料的账单，材料价16 000元，增值税税额2 080元，共计18 080元。材料已验收入库。

借：原材料　　　　　　　　　　　　　　　　　　16 000
　　应交税费——应交增值税（进项税额）　　　　　2 080
　　　贷：其他货币资金——外埠存款　　　　　　　18 080

（3）退回多余款项1 920元，结清南京采购户存款。

借：银行存款　　　　　　　　　　　　　　　　　1 920
　　贷：其他货币资金——外埠存款　　　　　　　　1 920

（五）异地托收承付结算方式

托收承付结算方式是根据购销合同由收款单位发货后委托银行向异地付款单位收取货款及代垫运杂费等，付款单位根据合同核对单证或验货后，向其开户银行承认付款的一种结算方式。它适用于异地订有合法经济合同单位间的商品交易和劳务供应款项的结算。

（六）商业汇票结算方式

商业汇票是由出票人签发，委托付款人在指定日期无条件支付确定金额给收款人或持票人的票据。商业汇票适用于在银行开立账户的法人以及其他组织之间，签发有合法的商品交易关系或债权债务关系，同城和异地结算均可使用。

商业汇票按承兑人不同，分为商业承兑汇票和银行承兑汇票两种。商业承兑汇票是由银行以外的付款人承兑的汇票；银行承兑汇票是由在承兑银行开立存款账户的存款人签发,由承兑银行承兑的票据。此外,按汇票是否带息,分为带息汇票和不带息汇票。带息汇票在该商业汇票到期支付时,应按票面面值和计算的应计利息,一并支付的汇票;不带息汇票到期仅支付票面面值。

未到期的商业汇票,可申请办理贴现。即符合条件的汇票的持有人在票据未到期前,为取得现款向银行贴付一定的利息而进行的票据转让行为。汇票持有人根据汇票填制"贴现凭证",连同汇票一并送交银行,办理贴现。

对商业汇票进行核算时,通过"应收票据""应付票据"账户进行账务处理,并按商业承兑汇票和银行承兑汇票进行明细核算。同时企业应设置"应收(付)票据备查账簿",分别对票据的收、付、贴现等情况进行详细登记。

(七)委托收款结算方式

委托收款是收款人委托银行向付款人收取款项的一种结算方式。它适用于在银行及其他金融机构开立账户的单位和个人的商品交易、劳务款项及其他应收款的结算。它不受金额起点限制,在同城和异地均可办理。委托收款的款项分邮寄和电报划回两种,由收款单位选用。

收款单位办理有关委托手续后,进行如下账务处理:

借:应收账款——××单位

　贷:主营业务收入等相关账户

收到付款单位的款项时,进行如下账务处理:

借:银行存款

　贷:应收账款——××单位

(八)信用卡结算方式

信用卡是银行、金融机构向信誉良好的单位、个人提供的,能在指定的银行提取现金,或在指定的商店、饭店、宾馆等购物和享受劳务时进行记账结算的一种信用凭证。我国目前发行的信用卡主要有牡丹卡、长城卡、万事达卡、金穗卡、龙卡、太平洋卡等。

1. 信用卡结算的特点

(1)方便。可以凭卡在全国各地大中城市的有关银行提取或存入现金或在同城、异地的特约商场、饭店、宾馆消费。

(2)通用性。可用于支取现金,进行现金结算,也可以办理同城、异地的转账业务,代替支票、汇票等结算工具,具有银行户头的功能。

(3)在存款余额内消费,可以善意透支。信用卡的持卡人取现或消费以卡内存款余额为限度,当存款余额减少到一定限度时,应及时补充存款。如急需,允许在规定限额内善意透支,并计付透支利息。

2. 信用卡的使用范围

凡在中国境内金融机构开立基本存款账户的单位可申领单位卡,单位卡可申领若干张,持卡人资格由申领单位法定代表人或其委托的代理人书面指定和注销。凡具有完全民事行为能力的公民可以申领个人卡。

【案例3-9】 (1)长城公司为本单位申领工商银行牡丹卡,公司卡主卡1张,附属卡3张,用转账支票存入信用卡存款10 000元,另交年费42元(主卡年费12元,附属卡每张年

费 10 元),财务部门根据银行盖章退回的进账单和结算业务收费凭证,编制银行存款付款凭证,会计分录为:

借:其他货币资金——信用卡存款(牡丹卡)　　　　　　10 000
　　财务费用　　　　　　　　　　　　　　　　　　　　　　42
　　贷:银行存款　　　　　　　　　　　　　　　　　　　　　　10 042

(2) 用信用卡存款支付所欠甲单位应付的货款 2 000 元,办公室人员持卡买办公用品,收到工商银行发送的账单计 1 200 元。会计分录为:

借:应付账款　　　　　　　　　　　　　　　　　　　　2 000
　　管理费用——办公费用　　　　　　　　　　　　　　1 200
　　贷:其他货币资金——信用卡存款(牡丹卡)　　　　　3 200

思考题

1. 什么是货币资金? 有有哪几种类型?
2. 简述现金管理制度的主要内容。
3. 什么是其他货币资金? 它包括哪几种类型? 为什么要将它从现金和银行存款中单独列出?
4. 备用金的管理有几种方法? 它们各应如何进行核算?
5. 什么叫未达账项? 它一般包括哪几种情况?
6. 同城与异地结算的种类有哪些? 它们各自的特点是什么?
7. 商业承兑汇票与银行承兑汇票的异同各有哪些?

实务题

1. 现金与银行存款的核算

光明公司 2019 年 4 月 30 日库存现金账户余额 150 元,银行存款账户余额 60 800 元,其他货币资金账户无余额。该公司为一般纳税人,增值税税率为 13%。5 月份发生以下经济业务:

(1) 2 日,开出现金支票(402♯)提取现金 400 元,以备零用。

(2) 2 日,派采购员王华北去北京进行零星采购,经批准借用差旅费 300 元,以现金支付。

(3) 2 日,销售废料收入现金 50 元。

(4) 2 日,企管科张永报销市内交通费 8.50 元,以现金支付。

(5) 2 日,公司办公室领取定额备用金 200 元,以现金支付。

(6) 3 日,向开户银行送交汇款委托书,要求在北京办理 1 800 元的采购专户,汇款手续已办妥,并取得汇款回单(201♯)。

(7) 5 日,开出转账支票(302♯),偿还前欠华新工厂材料款 34 000 元。

(8) 5 日,开户银行转来托收承付结算凭证收款通知联(253♯),收到天津红星厂承付的货款 32 000 元。

(9) 6 日,从海安电器厂购买材料,含税价款 48 000 元,银行转来托收承付结算凭证通知联(361#),承付期满,通知银行付款,材料已验收入库。

(10) 9 日,开出转账支票(303#),购买公司各科室使用的办公用品一批,价款 275 元。

(11) 15 日,去北京进行采购的王华北用异地采购专户完成采购任务后,寄回采购发票及运费凭证计 1 250 元(含税价),材料已验收入库。

(12) 25 日,销售给夏华商店产品一批,货款 1 860 元(含税价),收到转账支票一张(3677#),已办理进账。

(13) 28 日,收到红丹工厂偿还的前欠货款 1 500 元的转账支票一张(4423#),已办理进账。

(14) 29 日,从长江工厂购入材料一批计 1 300 元,增值税 169 元,开出转账支票(304#)一张支付,材料已验收入库。

(15) 31 日,企业销售产品一批计 2 500 元,增值税 325 元,收到转账支票一张(5432#),已办理进账。

5 月底开户银行结算账户对账单如表 3-4 所示。

表 3-4 银行结算户存款对账单

2019 年 5 月 31 日

户名:光明公司 　　　　　　　　　　　　　　　　　　　　　 账号:4576　　单位:元

2019 年		结算凭证		摘要	收入	付出	余额
月	日	种类	号数				
				上月结余			60 800
5	2	现支	0402	提取现金		400	
	3	银付	0201	外埠存款		1 800	
	5	转支	0302	偿还欠债		34 000	
	5	托收	0253	托收销货款	32 000		
	6	托付	0361	托收承付		48 000	
	9	转支	0303	购办公用品		275	
	26	转支	3677	收到销货款	1 860		
	28	转支	4423	收回欠款	1 500		
	28			短期借款利息		3 000	
	31	托收	0431	托收销货款	15 000		
				本月结存	50 360	87 475	23 685

要求:

(1) 设置"现金日记账"和"银行存款日记账",登记期初余额。

(2) 根据上述经济业务编制收款、付款及转账凭证。

(3) 根据收、付款凭证登记"现金日记账""银行存款日记账"和"其他货币资金明细账"。

(4) 根据"银行结算户存款对账单"和"银行存款日记账",对账后,编制"银行存款余额调节表"。

2. 其他货币资金的核算

光明公司 2019 年 6 月份有关其他货币资金业务如下：

(1) 5 日，向上海光华工厂采购材料，填制银行汇票委托书向开户银行办理签发 8 000 元汇票，取得银行汇票及解讫通知。

(2) 15 日，开出转账支票 15 000 元，并填具申请书，签发银行本票。

(3) 16 日，以银行存款签发的本票 5 000 元，偿付应付的购货款。

(4) 20 日，上月在北京开设的外埠存款专户 1 800 元，购回材料 1 250 元，对方开户银行将余额退回。

(5) 25 日，在上海采购材料 7 500 元，以 8 000 元银行汇票支付，余额对方银行退回，材料已验收入库，收到有关凭证。

(6) 28 日，收到上级主管部门通知已汇出款项 50 000 元。月末收到汇入款项。

要求：编制上述经济业务有关的会计分录。

第四章
应收及预付款项

应收及预付款项是指企业在生产经营活动中因商品、产品已经发出或劳务已经提供,以及因购买货物等应向其他单位或个人索取货物及劳务补偿的权利。这种要求权产生于企业的生产经营活动,包括应收账款、应收票据、预付账款和其他应收款等。

通过本章的学习,掌握应收款项确认、计量、发生和收回的核算;掌握应收账款中计提坏账准备的核算;掌握应收票据计价、贴现的处理,以及其他应收款核算的有关内容等。

第一节 应收账款

一、应收账款的概念

现代市场经济条件下,企业信用往来日益广泛,采用信用方式,对顾客给予信用或一般的赊销越来越多,这必然产生债权关系。应收账款是指企业因对外销售商品、产品、材料、提供劳务等而形成的债权,即企业因对外销售商品、产品、材料、提供劳务等应向购买单位或接受劳务的客户收取的款项或代垫的运杂费等。

二、应收账款的确认

应收账款作为一种债权应按未来可得货币资金的现值入账,即在发出产品、商品、提供劳务,同时取得索取价款的凭证时确认应收账款,并按买卖双方签订合同或成交时的实际金额记账。也就是说,在商品已交付、劳务已提供、合同已履行时,确认应收账款的入账金额。但是在实际工作中,如销售产品,往往发生买卖双方附加各种折扣优惠条件等不确定因素,在计算应收账款的入账金额、确认实际可能收回的应收账款价值时,必须考虑这些因素。

在会计实务中,折扣有两种类型,即商业折扣与现金折扣。

1. 商业折扣

商业折扣是指企业可以从货物价目单上规定的价格中扣减的一定数额。此项扣减常用百分数来表示,如10%、15%、20%等。扣减的净额才是实际销售价格(即发票价格)。商业折扣是企业最常用的促销手段。

2. 现金折扣

现金折扣是指企业为了鼓励客户在一定时期内早日偿还货款而给予客户的一种优惠。这种优惠是允诺在一定的还款期限内给予规定的折扣。这种折扣的条件,通常写成:"2/10,1/20,n/30",意指如在 10 天内付款,给予 2% 的折扣优惠;11～20 天内付款,给予 1% 的折扣优惠;21～30 天内则全额付款,最迟付款期限为 30 天。

在这种情况下,企业有两种会计处理方法:一是按未扣除现金折扣前的交易价格作为实际售价,对应收账款计价入账,这种会计处理方法称为总价法;另一种是按从交易价格中扣除现金折扣后的净额作为售价,对应收账款计价入账,这种会计处理方法称为净价法。我国现行的会计制度要求采用总价法。

三、应收账款的核算

为了反映和监督应收账款的发生、结算和结存情况,企业应单独设置"应收账款"账户,核算企业因对外销售商品、产品、材料、提供劳务等款项的发生和收回情况。应收账款账户应按不同的购货单位或接受劳务的单位设置明细账进行明细分类核算,反映和监督企业各种应收款项的发生和回收情况。它属于资产账户。

应收账款

借方	贷方
登:应收取的价款、税金及代垫运杂费等	登:已收回或已经转销的应收账款
余额:尚未收回或尚未转销的应收账款	余额:预收的款项

图 4－1 应收账款账户

(一) 应收账款主要业务核算方法

【案例 4－1】 长江公司售给外地甲公司 A 产品一批,交易价格 58 000 元,增值税税率为 13%。同时代垫运杂费 2 000 元,已办妥委托银行收款手续。

销项税额＝58 000×13%＝7 540(元)

根据产品发送单、发票及银行结算凭证等单据,会计分录为:

```
借:应收账款——甲公司                      67 540
  贷:主营业务收入                          58 000
    应交税费——应交增值税(销项税额)         7 540
    银行存款                              2 000
```

按银行通知,长江公司收到甲公司汇来的款项,会计分录为:

```
借:银行存款                              67 540
  贷:应收账款——甲公司                     67 540
```

若企业将应收账款改为商业汇票结算方式,收到对方开来的承兑汇票,会计分录为:

```
借:应收票据                              67 540
  贷:应收账款——甲公司                     67 540
```

(二) 销售折扣的账务处理

1. 商业折扣情况

在商业折扣情况下,应按扣除商业折扣后的金额入账。

【案例4-2】 长江公司的B产品为每件10元,甲公司一次购买B产品2 000件,由于是成批购买,按规定可得到企业10%的商业折扣,增值税税率为13%。

发票价格=10×2 000×(1-10%)=18 000(元)

根据发票金额及其他有关单据,会计分录为:

借:应收账款——甲公司　　　　　　　　　　　　20 340
　　贷:主营业务收入　　　　　　　　　　　　　18 000
　　　　应交税费——应交增值税(销项税额)　　　2 340

收到货款,会计分录为:

借:银行存款　　　　　　　　　　　　　　　　20 340
　　贷:应收账款　　　　　　　　　　　　　　20 340

2. 现金折扣情况

在现金折扣情况下,采用总价法入账,发生的现金折扣作为财务费用处理。

【案例4-3】 长江公司售给乙公司C产品500件,每件价格为40元,规定的付款期限为30天,现金折扣条件为"2/10,n/30",增值税税率为13%,产品交付并办妥托收手续。

根据发票等有关凭证,会计分录为:

借:应收账款——乙公司　　　　　　　　　　　　22 600
　　贷:主营业务收入　　　　　　　　　　　　　20 000
　　　　应交税费——应交增值税(销项税额)　　　2 600

收到货款时,根据乙公司实际付款时间作会计分录。

(1) 若乙公司在成交后10天内付款,则:现金折扣=20 000×2%=400(元)。会计分录为:

借:银行存款　　　　　　　　　　　　　　　　22 200
　　财务费用　　　　　　　　　　　　　　　　　400
　　贷:应收账款——乙公司　　　　　　　　　　22 600

(2) 若乙公司在成交后超过10天按全额付款,会计分录为:

借:银行存款　　　　　　　　　　　　　　　　22 600
　　贷:应收账款　　　　　　　　　　　　　　22 600

四、坏账损失的核算

(一) 坏账的概念及坏账损失的确认

坏账是指企业无法收回的应收账款,由此而导致的损失称为坏账损失。企业确认坏账损失应符合下列条件:

(1) 债务单位撤销,依照民事诉讼法进行清偿后,确实无法追回的部分;

(2) 债务人死亡,以其遗产清偿后,仍无法追回的部分。

（3）债务人逾期未履行义务超过3年依然不能收回的应收账款。

总之,确认坏账损失要有确凿证据表明无法收回或收回的可能性极小。

（二）坏账损失的核算

1. 坏账准备

应收账款计提坏账准备,按新准则应记入"资产减值损失"账户。坏账损失的核算一般有两种方法:直接转销法和备抵法。

（1）直接转销法

直接转销法是指在实际发生坏账时,确认坏账损失,计入期间费用,同时注销该笔应收账款。

【案例4-4】 甲公司欠长江公司的货款8 000元,已超过3年。乙公司屡催无效,断定无法收回,经批准作坏账处理,会计分录为:

借:资产减值损失　　　　　　　　　　　　　　　　8 000

　　贷:应收账款——甲公司　　　　　　　　　　　　　8 000

若已冲销的应收账款8 000元又如数全部收回,会计分录为:

借:应收账款——甲公司　　　　　　　　　　　　　8 000

　　贷:资产减值损失　　　　　　　　　　　　　　　　8 000

借:银行存款　　　　　　　　　　　　　　　　　　8 000

　　贷:应收账款——甲公司　　　　　　　　　　　　　8 000

直接转销法的优点是账务处理简单。但这种方法也存在缺点,即不符合权责发生制和收入与费用配比的会计原则。我国《企业会计准则》不允许使用此方法。

（2）备抵法

备抵法是按期估计坏账损失,形成坏账准备,当某一应收账款全部或部分被确认为坏账时,应根据其金额冲减坏账准备,同时转销相应的应收账款金额。

采用备抵法处理坏账,需要设置"坏账准备"账户。该账户是"应收账款"账户的备抵调整账户,其核算内容如图4-2所示。

坏账准备

借方	贷方
登:已确认并转销的坏账损失	登:提取的坏账准备或收回发生的坏账损失
	余额:已提取尚未转销的坏账准备

图4-2 坏账准备账户

采用备抵法处理坏账时,在会计期末需要对可能会于将来发生的坏账数额予以估计。对坏账的估计主要依据历史经验,并参考当前市场情况、销售情况、赊销方针变动等预测资料。

用备抵法估计坏账常见的方法有应收账款余额百分比法、账龄分析法和销货百分比法三种。

①应收账款余额百分比法

应收账款余额百分比法是根据会计期末应收账款的余额乘以估计坏账率即为当期应计的坏账损失,据此提取坏账准备。若提取的坏账准备大于其账面贷方余额的,按其差额补提;若提取的坏账准备小于其账面贷方余额的,按其差额冲减坏账准备;若坏账准备为借方余额,则按应提取的坏账准备与账面借方余额之和作为提取数入账。

我国企业财务制度规定:预计坏账的方法采用应收账款余额百分比法,各行业提取坏账的百分比分别为:农业、施工、企业、房地产业为1%,对外经济合作企业为2%,其他各行业为3%～5%。

【案例4-5】 长江公司2015年末应收账款余额为30 000元;第二年发生坏账损失1 000元,年末应收账款余额为25 000元;第三年发生坏账损失1 500元,年末应收账款余额为35 000元;第四年和第五年未发生坏账损失,应收账款年末余额分别为32 000元和40 000元。该企业提取坏账准备的比例为5%。会计分录为:

第一年年末提取坏账准备前,假定坏账准备账户无余额。计提坏账准备=30 000×5%=1 500(元)。

借:资产减值损失　　　　　　　　　　　1 500
　贷:坏账准备　　　　　　　　　　　　　　1 500

第二年冲销坏账时:

借:坏账准备　　　　　　　　　　　　　1 000
　贷:应收账款——××单位　　　　　　　　1 000

第二年年末按应收账款余额计提坏账准备。坏账准备余额=25 000×5%=1 250(元),应提坏账准备=1 250-500=750(元)。

借:资产减值损失　　　　　　　　　　　750
　贷:坏账准备　　　　　　　　　　　　　　750

第三年冲销坏账时:

借:坏账准备　　　　　　　　　　　　　1 500
　贷:应收账款——××单位　　　　　　　　1 500

第三年年末按应收账款余额计提坏账准备。坏账准备余额=35 000×5%=1 750(元),应提坏账准备=1 750+250=2 000(元)。

借:资产减值损失　　　　　　　　　　　2 000
　贷:坏账准备　　　　　　　　　　　　　　2 000

第四年年末按应收账款余额计提坏账准备。坏账准备余额=32 000×5%=1 600(元),应冲减坏账准备余额=1 600-1 750=-150(元)。

借:坏账准备　　　　　　　　　　　　　150
　贷:资产减值损失　　　　　　　　　　　　150

第五年年末按应收账款余额计提坏账准备。坏账准备余额=40 000×5%=2 000(元),应提坏账准备=2 000-1 600=400(元)。

借:资产减值损失　　　　　　　　　　　400
　贷:坏账准备　　　　　　　　　　　　　　400

② 账龄分析法

账龄分析法是根据应收账款入账时间的长短来估计坏账损失的方法。虽然应收账款能否收回以及能收回多少,不一定完全取决于时间的长短,但一般来说,账款拖欠时间越长,发生坏账的可能性越大。为了较精确地估计坏账损失,对不同时期的应收账款,应根据拖欠时间长短,确认不同估计损失的比率,最后计算估计损失的金额,作为计提的依据。

③ 销货百分比法

销货百分比法是根据赊销金额的一定百分比估计坏账损失的方法。

【案例 4-6】 长海公司 2019 年全年赊销金额为 500 000 元。根据以往资料和经验,估计坏账损失率为 1%。

年末估计坏账损失＝500 000×1%＝5 000(元)。会计分录为:

借:资产减值损失　　　　　　　　　　　　　　　5 000
　　贷:坏账准备　　　　　　　　　　　　　　　5 000

在采用销货百分比法的情况下,估计坏账损失的百分比可能由于企业生产经营情况的不断变化而不合适。因此,需经常检查百分比是否能足以反映企业坏账损失的实际情况,若发现过高过低的情况,应及时予以调整。

第二节　应收票据

一、票据及应收票据的概念

票据是指由出票人签发的,具有一定格式的,约定出票人或付款人向持票人无条件支付一定金额的凭证,包括支票、本票和汇票三种。

应收票据是指企业持有的,尚未到期兑现的商业汇票,会计上作为"应收票据"的仅指企业采用商业汇票结算方式进行产品、商品销售和提供劳务等交易中收到的商业汇票,即核算商业承兑汇票和银行承兑汇票。

二、应收票据的核算

应收票据因具有正式的书面证明作为收款依据,无论票据产生于交易活动,还是产生于抵换应收账款,也无论票据是附息还是无息,均应于收到票据或票据生效时予以确认,并按票面价值计价入账。

企业应设置"应收票据"账户,核算企业销售产品、商品或提供劳务等而收到的商业汇票以及商业汇票的兑现、转让等情况。该账户属资产类账户,其核算内容如图 4-3 所示。

应收票据

借方	贷方
登:收到的商业汇票	登:到期收回或贴现的商业汇票
余额:尚未到期的商业汇票	

图 4-3　应收票据账户

(一) 不带息应收票据的核算

不带息应收票据的到期价值等于应收票据的面值。企业收到商业汇票时,借记"应收票据"账户,贷记"主营业务收入""应收账款"账户。应收票据到期收回面值时,借记"银行存款"账户,贷记"应收票据"账户。如果商业承兑汇票到期而承兑人违约拒付或无力偿付票款时,收款企业应借记"应收账款"账户,贷记"应收票据"账户。

【案例 4 - 7】 长江公司向 A 公司销售产品一批,增值税专用发票上注明价款为 30 000元,增值税税额为 3 900 元,收到 A 公司签发并承兑的面额为 33 900 元的商业汇票一张,期限 5 个月,产品已发出。会计分录为:

借:应收票据　　　　　　　　　　　　　　　　　33 900

　　贷:主营业务收入　　　　　　　　　　　　　　　30 000

　　　　应交税费——应交增值税(销项税额)　　　　3 900

上述商业汇票到期,收回票面金额 33 900 元存入银行。会计分录为:

借:银行存款　　　　　　　　　　　　　　　　　　33 900

　　贷:应收票据　　　　　　　　　　　　　　　　　33 900

若上述商业汇票到期,A 公司无力偿付票据,长江公司应将到期票据的票面金额转入"应收账款"账户。会计分录为:

借:应收账款　　　　　　　　　　　　　　　　　　33 900

　　贷:应收票据　　　　　　　　　　　　　　　　　33 900

(二)带息应收票据的核算

带息应收票据到期金额,等于票据到期面额加到期利息。利息的计算公式为:

$$应收票据利息=应收票据面额 \times 利率 \times 期限$$

其中,利率一般以年利率表示;期限则用月或日表示。在实际业务中,为了计算方便,常把一年定为 360 天。

如果期限以日表示,则计算利息时必须采用精确的日数,即按实际天数计算到期日。如果期限按月计算,应以出票日为某月的到期日。

【案例 4 - 8】 长江公司销售给 B 公司产品一批,增值税专用发票上注明价款为100 000元,增值税税额为 13 000 元,收到 B 公司签发并承兑的面额为113 000元的商业承兑汇票一张,期限为 6 个月,年利率为 10%。会计分录为:

借:应收票据　　　　　　　　　　　　　　　　　113 000

　　贷:主营业务收入　　　　　　　　　　　　　　100 000

　　　　应交税费——应交增值税(销项税额)　　　13 000

上述票据到期收回面额 113 000 元和票据利息 5 650(113 000×10%×6/12)元,存入银行。会计分录为:

借:银行存款　　　　　　　　　　　　　　　　　118 650

　　贷:应收票据　　　　　　　　　　　　　　　　113 000

　　　　财务费用　　　　　　　　　　　　　　　　5 650

三、应收票据的贴现及其账务处理

(一)票据贴现的概念

应收票据到期前,如果企业需要货币资金,可持票据向其开户银行申请贴现。贴现实质上是融通资金的一种信贷形式。它是应收票据持有人将未到期的商业汇票交给银行,银行受理后,从票据到期价值中扣除按银行贴现率计算确定的贴现息,将余款付给贴现企业的一种短期信贷方式。

(二) 票据贴现的会计处理

企业用应收票据向开户银行贴现时,对贴现所得额与票面金额的差额作利息处理即增加或冲减财务费用。贴现后得到款项时借记"银行存款"账户,按面值贷记"应收票据"账户,如实收款项小于面值的差额,则借记"财务费用"账户。

【案例 4 - 9】 长江公司于 2019 年 3 月 13 日将本月 1 日从乙单位收到的面额为 200 000 元、60 天到期的商业承兑汇票向银行申请贴现,月贴现率为 0.9%。

贴现期(天)＝18(3 月份)＋30(4 月份)＝48(天)

贴现利息＝200 000×(0.9%÷30)×48＝2 880(元)

贴现值＝200 000－2 880＝197 120(元)

根据上述计算及贴现凭证收账通知,会计分录为:

借:银行存款 197 120

　财务费用 2 880

　贷:应收票据 200 000

4 月 30 日,因乙单位银行存款不足支付,长江公司收到银行退回的商业承兑汇票和支款通知,会计分录为:

借:应收账款——乙单位 200 000

　贷:银行存款 200 000

假设 4 月 30 日长江公司银行存款只有 150 000 元,银行把不足部分作为贷款处理,会计分录为:

借:应收账款——乙单位 200 000

　贷:银行存款 150 000

　　短期借款 50 000

第三节 预付账款

预付账款与应收账款同属于企业的债权,但两者产生的原因不同。预付账款是指企业按购销合同规定,预付给供应单位的货款。为了核算和监督预付账款的支出和结算情况,企业应设置"预付账款"账户,其核算内容如图 4 - 4 所示。

预付账款

借方	贷方
登:向供应单位预付的货款	登:结转的预付货款
余额:已预付尚未结转的预付货款	

图 4 - 4 预付账款账户

【案例 4-10】 长江公司与 C 公司签订购货合同,采购丙材料计 100 000 元(不含税),增值税税率 13%。合同规定,交货前长江公司预付价款的 50% 作为定金,余款在一个月后交货时付清。

用银行存款预付货款时,会计分录为:

借:预付账款——C 公司 50 000
　　贷:银行存款 50 000

收到 C 公司发来的丙材料时,会计分录为:

借:原材料 100 000
　　应交税费——应交增值税(进项税额) 13 000
　　贷:预付账款——C 公司 113 000

补付 C 公司货款 63 000 元时,会计分录为:

借:预付账款——C 公司 63 000
　　贷:银行存款 63 000

预付账款情况不多的企业也可以不单独设置"预付账款"账户,而将预付账款直接记入"应付账款"借方。

第四节　其他应收款

其他应收款是指企业除应收账款、应收票据、预付账款以外的各种应收、暂付款项。其他应收款的发生一般与企业的正常生产经营活动无直接联系,因而性质上属于非购销活动的应收债权。

常见的其他应收款有备用金,存出保证金,应收的各种赔款和罚款,应向职工收取的各种代垫款项、职工借支款,应收股利,应收利息等。

为了核算和监督其他应收款的结算情况,企业应设置"其他应收款"账户,进行总分类核算,同时应按不同的债务人设置明细账户进行明细分类核算。该账户属资产类账户,其核算内容如图 4-5 所示。

其他应收款

借方	贷方
登:发生的各项其他应收款	登:已收回的其他应收款
余额:应收未收的各项其他应收款	

图 4-5　其他应收款账户

【案例 4-11】 由于发生自然灾害,某企业机器设备毁坏,损失价值 3 000 元。企业在新华保险公司办理了财产险,按照规定应获赔 1 500 元。会计分录为:

借:其他应收款——新华保险公司 1 500
　　贷:待处理财产损溢 1 500

【案例 4-12】 (1)行政科职工李亚出差预借差旅费 800 元,企业以现金支票支付。作会计分录:

借:其他应收款——李亚　　　　　　　　　　　　　　　800
　　贷:银行存款　　　　　　　　　　　　　　　　　　　　800
(2) 行政科职工李亚报销差旅费 700 元,余款 100 元以现金退回,作会计分录:
借:管理费用　　　　　　　　　　　　　　　　　　　700
　　库存现金　　　　　　　　　　　　　　　　　　　100
　　贷:其他应收款——李亚　　　　　　　　　　　　　　800

思 考 题

1. 应收账款的入账时间和入账金额如何确认?
2. 什么是坏账和坏账损失? 坏账损失有哪几种核算方法? 它们分别是如何核算的?
3. 什么是应收票据贴现? 如何核算?
4. 其他应收款包括哪些内容? 如何核算?

练 习 题

1. 光明公司作为一般纳税人,2019 年上半年发生下列业务。

(1) 销售产品一批,开出的增值税发票上列明的售价为 100 000 元,增值税税额为 13 000 元,产品已发出,3 月 15 日收到刘方开出并承兑的商业汇票一张,面值 113 000 元,期限为 4 个月。

(2) 5 月 4 日,因资金需要,公司将上述未到期的商业汇票向银行申请贴现,贴现率为 10%,已收到贴现款。

(3) 6 月 6 日,向 A 厂赊销商品一批,专用发票上价款为 20 000 元,计收增值税税额 2 600 元,付款条件为"2/10,n/30"(按总价法核算)。

(4) A 厂在 6 月 14 日偿付货款,已收存银行。

要求:根据上述业务编制会计分录。

2. 光明公司坏账核算采用备抵法,坏账计提比率为 1%。

(1) 2016 年年末应收账款余额为 10 000 000 元,"坏账准备"账户余额为 20 000 元(贷方)。

(2) 2017 年 3 月发生一笔坏账计 10 000 元,2016 年末应收账款余额为 6 000 000 元。

(3) 2018 年 5 月收回已转销的坏账 10 000 元,已存入银行。

(4) 2019 年末应收账款余额为 5 000 000 元。

要求:根据上述业务编制会计分录。

第五章
存 货

> 存货是企业流动资产中所占比重较大的一项,它的占用合理与否是企业生产、销售能否连续进行的关键,同时其占用资金的比例也是企业加速资金周转、进行财务管理的主要内容之一。
>
> 通过本章的学习,掌握存货核算的基本原理;掌握采用实际计价法与计划计价法进行存货核算的区别和联系;掌握低值易耗品、包装物、委托加工材料的核算以及存货盘盈、盘亏及毁损的核算原理和具体的处理方法等。

第一节　存货概述

一、存货的概念与分类

1. 存货的概念

存货是指企业在生产经营中为销售或耗用而储备的资产,即在盘存日所有权属于企业的一切有形动产。它包括在途物资、原材料、包装物、在产品、低值易耗品、库存商品、产成品、委托加工物资、发出商品等。

企业为了保证生产经营活动连续不断地进行,必须不断地购入、耗用、销售存货。存货在流动资产中所占比重较大,对于存货的计量,直接关系到资产负债表上资产价值的确定和利润表上收益额的大小。因此,存货的核算不但要反映其期末的结存数量和金额,还要反映每期购进、消耗和售出的数量与金额。

2. 存货的分类

(1) 按来源划分,它可分为自制存货、外购存货、委托加工形成的存货、接受捐赠的存货、投资人投入的存货及盘盈的存货等。

(2) 按存放地划分,它可分为库存存货、在途存货、委托加工中的存货、已发出存货等。

二、存货的入账价值

《企业会计准则》规定:"各种存货应当按其取得的实际成本记账。"采用计划成本或定额成本方法进行日常核算的,应当按期结算其成本差异,将计划成本或者定额成本调整为实际成本。

存货的取得方式不同,存货实际成本的构成自然也不相同。

1. 外购存货

购入存货的成本是采购成本。采购成本一般由买价和采购费用组成。

(1)买价

买价指购入存货发票上所列的货款金额,不包括应负担的增值税,但小规模纳税人例外。

(2)采购费用

① 运杂费,它包括运输费、装卸费和运输保险费。

② 途中的合理损耗,它是指运输途中发生的定额内损耗。

③ 整理准备费,它是指购入存货,需经整理挑选后才能使用而发生的工费及必要的损耗。

④ 交纳的税金,它是指由买方支付并记入采购成本的税金,如资源税、城市维护建设税等价内税及进口关税等;对于增值税中不可抵扣的要记入存货成本,可抵扣的应记入"应交税费"账户。

以上所述外购存货的成本构成是以工业企业为例,不适用于商业企业。

2. 自制存货

自制存货的实际成本包括自制过程中实际发生的直接材料费、直接人工费、其他直接费用和应分摊的间接制造费用。

3. 委托外单位加工的存货

委托加工存货的实际成本包括:加工过程中耗用的材料或半成品的实际成本、加工费和往返运杂费及应负担的税金。其中,税金一般是指委托加工的应税消费品直接用于销售的其加工过程中支付的由受托方代缴的消费税金。

4. 接受捐赠的存货

接受捐赠的存货按照发票账单所列金额加企业负担的运输费、保险费、缴纳的税金等作为实际成本;无发票账单的,按照同类存货的市价计价。

5. 投资人投入的存货

投资人投入的存货,按协议确定的价值或者评估确认的价值作为实际成本。

6. 盘盈的存货

盘盈的存货按同类存货的实际成本入账。

由于存货是一种非货币性资产,具有实效性和发生潜在损失的可能性,存货销售所能取得的现金数额,受未来价格及转换时间的影响,故其现值、损失等不易预计。会计上只能用历史成本或现行成本以及成本与市价孰低法等来计量其价值。

三、存货的盘存方法

存货入账以后,会陆续被领出、耗用或者售出,处在不断的流转过程中。因此,企业的盘存制度主要有实地盘存制和永续盘存制。

（一）实地盘存制

实地盘存是指期末通过实物盘点来确定库存数量，并据以计算库存品成本和发出（销售或耗用）成本的一种方法。商品流通企业称该法为盘存计销制或以存计销制。

1. 实地盘存法的账务处理

【案例 5-1】 某企业对甲产品期末盘点结果为 200 件，出库发出展品 20 件，客户已交款未提货 10 件。

期末库存数量＝200＋20－10＝210（件）

假设该产品每件成本为 100 元，期初账面成本为 2 000 元，本期入库成本为 20 000 元，则：

本期销售成本＝2 000＋20 000－21 000＝1 000（元）

2. 实地盘存法的优点

（1）账户设置简单。库存商品只设总账或按大类设几个二级账，无须按品种开设明细账。

（2）记账简单。平时只记进货成本，可不计发出数量及成本，月末汇总计算，一次登账。

3. 实地盘存法的缺点

（1）不能随时反映收、发、存的信息。

（2）以存计销，不能随时结转成本，只能月末一次进行。

该法主要适用于品种多、价格低、收发频繁的商业企业、物资流通企业以及自然损耗大、数量不稳定的鲜活商品等。

（二）永续盘存制

永续盘存制又被称为账面盘存制，指对存货项目设置经常性库存记录，即分别品名规格设置存货明细账，逐笔或逐日地登记收入、发出的存货，并随时记列结存数量的一种方法。

永续盘存制的主要优点是有利于加强存货管理，主要表现在以下方面。

（1）在多种存货明细记录中，可以随时反映每一存货收入、发出和结存状态。通过账簿记录中的账面结存数，结合不定期的实地盘点，将实际盘存数与账存数相核对，可以查明溢余或短缺的原因。

（2）通过账簿记录可以随时反映出存货是否过多或不足，以便及时、合理地组织货源，加速资金周转。因为存货管理的目的就是在保证需要的前提下，尽可能地加速周转。

该方法的主要缺点是存货明细记录的工作量较大，特别是对于存货品种规格繁多的企业更是如此。

企业可根据存货类别和管理要求，分别采用不同的盘存方法，但无论采用何种方法，前后各期应保持一致。

四、存货的计价

在企业的生产经营活动中，存货收发业务频繁，包括外购材料、商品的入库；生产车间和管理部门领退材料；自制、委托加工材料的出入库；材料物资及废料的回收；材料、产品的外销;产成品验收入库、销售发出等,所有这些业务都必须严格按其收发数量,进行计价结算和办理入、出库手续,填制和审核收发凭证,登记账簿等。在这些环节中,计价方法对于管理的影响显得尤为突出。常用的计价方法有实际成本计价法、计划成本计价法等。这里介绍存货的实际成本计价法。

存货按实际成本计价法核算的特点是:从收发凭证到明细分类账和总分类账,全部按实际成本计价。

企业的存货品种不一,规格复杂,收发频繁。如果存货供应不足,生产就会受影响;相反,如果存货储备过多,又会造成存货积压,影响资金周转。因此,企业必须认真组织存货的明细核算。

1. 明细核算的凭证

（1）存货入库凭证及手续

存货入库最常见的是采购材料的入库。材料采购业务由企业供应部门负责办理。供应部门根据企业生产计划规定的生产数量和成本计划规定的单位产品消耗定额,结合材料库存情况编制材料供应计划,并据以组织材料供应。

企业外购材料时,必须依据外来凭证(银行提供的结算凭证、供货单位提供的发货票、运输单位提供的运单等)与自制凭证(入库单或收料单、交库单等)办理会计手续。常见的存货入库凭证如表5-1所示。

表5-1 存货入库单

年　月　日

存货类别：　　　　　　　　　　　　编　　号：
供货单位：　　　　　　　　　　　　收货仓库：
发票号码：　　　　　　　　　　　　收货日期：

存货编号	存货名称及规格	数量		实际成本（元）		计划成本（元）		备注
		应收	实收	单价	金额	单价	金额	

供应部门负责人：　　　记账：　　　　收料：　　　　制单：

入库单(收料单)一般一式三联,由仓库保管员根据发票上的品种、规格、数量等与实物核对后填写,并签字盖章。

（2）存货出库凭证及手续

仓库发出的存货,主要是发给各生产车间或管理部门使用。此外还包括外销及委托加工材料的发出等。

发料凭证主要为自制凭证。常见的领料凭证如表5-2所示。

表 5－2　存货领料单

计量单位：

领料部门：　　　　　　　　　　　　　　　年　月　日　　　　出库单号：

用　　途：　　　　　　　　　　　　　　　　　　　　　　发料仓库：

货号	品名	规格	领发数量		实际成本（元）	
			请领数	实发数	单价	金额
备注						

领料单位负责人：　　　　　　　　领料人：　　　　　　　　发料人：

对于经常使用并有消耗定额的材料，一般采用"限额领料单"办理领料手续。限额领料单为多次使用凭证，具体格式如表 5－3 所示。

表 5－3　存货限额领料单

领料单位：　　　　　　　　　　　　　　　年　月　日　　　　出料单号：

用　　途：　　　　　　　　　　　　　　　　　　　　　　发料仓库：

存货	货号	品名	规格	计量单位	领用限额	全月实发		
						数量	单价（元）	金额（元）

日期	请领		实发		退回			限额结余（元）
	数量	领料单位负责人签章	数量	发料人签章	领料人签章	数量	发料人签章	退库单号码	

供应部门负责人：　　　　　　　生产部门负责人：

限额领料单一般一式三联，由领料单位根据格式所列内容如实填写，并经保管员签字盖章。它是存货发出核算的原始凭证。

2. 明细核算的方式

存货明细分类核算应包括数量核算和价值核算两部分。数量核算由仓库人员负责，价值核算由财会人员负责。

仓库应设置存货卡片。存货卡片是登记存货收发存数量的明细记录。其格式如表 5－4 所示。

存货明细分类账又称数量金额式明细账,由会计部门按存货品种、规格设置,采用收、发、余三栏式。登记方法是:根据入库凭证序时逐笔登记"收入"栏,根据出库凭证登记"发出"栏。从该明细账中,不仅可以取得各种存货的数量资料,而且可以取得各种存货的资金增减和占用的金额资料。其格式如表 5-5 所示。

表 5-4 存货卡片

材料二级户:原料及主要材料   卡片编号:07418

材料类别:黑色金属   存放地点:2 号库

材料编号:185267   最高储备量:50

材料名称及规格:25MM 圆钢   最低储备量:25

    计量单位:吨

2019 年		摘　要	编号	收入 数量	发出 数量	结存 数量	稽核 日期	签章
月	日							
4	1					40		
	5	购入		5		45		
	10	甲车间领			20	25		
	15	购入		10		35		
	20	乙车间领			2	33		
	25	购入		5		38		
	30	合计		20	22	38		

表 5-5 存货明细账

存货类别:原材料   计量单位:千克

存货编号:23002   最高存量:1 200

存货名称及规格:塑脂   最低存量:200

2019 年		凭证 编号	摘　要	收 入			发 出			结 存		
月	日			数量	单价	金额	数量	单价	金额	数量	单价	金额
1	1		期初余额							300	50	15 000
	10		购入	900	60	54 000				300	50	15 000
										900	60	54 000
	11		发出				300	50	15 000	400	60	24 000
							500	60	30 000			
	18		购入	600	70	42 000				400	60	24 000
										600	70	42 000
	20		发出				400	60	24 000	200	70	14 000
							400	70	28 000			
	23		购入	200	80	16 000				200	70	14 000
										200	80	16 000
	31		本月发生及月末余额	1 700		112 000	1 600		97 000	200	70	14 000
										200	80	16 000

3. 存货发出的计价方法

采用实际成本计价法时,由于企业的各种存货是分次分批购进的,而每次购进的存货,单价又往往不同,因此,在每次发出存货时,就存在究竟按哪一批单价计价的问题,这就是存货成本流转假设中提到的所谓计价方法。

(1) 先进先出法

先进先出法是以先购入的存货先发出这样一种存货实物流转假设为前提,对发出存货进行计价的一种方法。采用这种方法,先购入的存货成本在后购入的存货成本之前转出,据此确定发出存货和期末存货的成本。

【案例 5-2】 某企业 2019 年 1 月份的存货明细账见表 5-5。在该明细账中,采用的就是先进先出法。

采用先进先出法,期末存货成本是按最近购货成本确定的,比较接近现行市价。其优点是使企业不能随意调整存货计价以调整当期损益;缺点是工作量大,特别是对于存货收发比较频繁的企业,更是如此。

(2) 加权平均法

加权平均法也被称为全月一次加权平均法,即(本月全部收货成本+月初存货成本)/(本月全部收货数量+月初存货数量)。计算出存货的加权平均单位成本,从而确定存货的发出和库存成本的一种计价方法。

【案例 5-3】 续【案例 5-2】。

存货平均单价成本 $=(15\,000+54\,000+42\,000+16\,000)/(300+900+600+200)=63.5$(元)

本月发出存货成本 $=1\,600\times63.5=101\,600$(元)

月末库存成本 $=400\times63.5=25\,400$(元)

加权平均法的优点是:由于只在月末一次计算加权平均单价,因而工作量较小;又因为单位成本是平均成本,在整个会计期间无论市场价格或涨或跌,对存货成本的分摊都较为折中。其缺点是账上不能随时反映存货的发出和结存情况,不利于加强存货管理。

(3) 移动平均法

移动平均法即移动加权平均法,是指本次收货的成本加原有库存成本,除以本次收货数量加原有收货数量,据以计算加权单价,并对发出存货进行计价的一种方法。

【案例 5-4】 仍以表 5-5 基础数字为例。

第一批收货后的平均单位成本 $=\dfrac{15\,000+54\,000}{300+900}=57.5$(元)

第一批发货的存货成本 $=800\times57.5=46\,000$(元)

第一批发货后的结存成本 $=400\times57.5=23\,000$(元)

第二批平均单位成本 $=\dfrac{23\,000+42\,000}{400+600}=65$(元/千克)

发货成本 $=800\times65=52\,000$(元)

结存成本 $=200\times65=13\,000$(元)

第三批以此类推,则:

平均单位成本 $=\dfrac{13\,000+16\,000}{200+200}=72.5$(元/千克)

结存成本 $=400\times72.5=29\,000$(元)

全月累计发货成本＝46 000＋52 000＝98 000(元)。

该方法应用时每次新进一批存货就要计算一次存货的单位成本,并使用至下一批新购进存货结算成本之前。

移动加权平均法的优点在于能使企业管理层及时了解存货的结存情况,而且计算的平均单位成本以及发出和结存的存货成本比较客观;缺点是每次收货都要计算一次单价,工作量大。

(4) 个别计价法

个别计价法,又被称为个别认定法、具体辨认法、分批实际法等。它是假设存货的成本流转与实物流转相一致,按照各种存货,逐一辨认各批发出存货和期末存货所属的购进批别或生产批别,分别按其购入或生产时所确定的单位成本作为计算各发出存货和期末存货成本的方法。

这种方法的优点是:计算发出存货的成本和期末存货的成本比较合理、准确。但应用该方法的前提必须对发出和结存存货的批次进行具体认定,以辨认其实际单价,实务操作难度较大。因此,该方法只适用于易识别、数量少、单位成本高的存货计价,如房产、船舶、珠宝、名画等。

(5) 后进先出法

后进先出法对成本流转的假设与先进先出法恰好相反。它是以后收进的存货先发出为假设前提,对发出存货按最近收进的单价进行计价的一种方法。我国目前不使用该种方法。

第二节 原 材 料

一、按实际成本计价核算

(一) 账户设置

总分类核算反映的是某类原材料的整体收、发、存情况,所以一般都按大类设置。相关的主要账户如图5－1所示。

原材料		在途物资	
借方	贷方	借方	贷方
登:外购自制、委托加工、盘盈等原因而增加的原材料实际成本	登:发出、领用、外售盘亏、毁损等原因而减少的原材料的实际成本	登:已付款或已开出商业汇票但货未运达企业的原材料实际成本	登:已验收入库的原材料实际成本
余额:库存原材料的实际成本		余额:在途材料的实际成本	

图 5－1 原材料核算的主要账户

应注意以下几个问题。

(1)原材料是指工业企业库存的各种材料,包括原料及主要材料、辅助材料、外购半成品、修理用备件、包装材料、燃料等。在生产中形成的各种废料、不可修复废品的残料、固定资产清理形成的残料和低值易耗品报废的残料等,如能回收再用,应按其用途归于上述各类。

（2）这里的原材料账户的借、贷方及余额采用的都是实际成本。注意其同计划成本计价法下"原材料"账户的区别。

（3）"在途物资"账户一般只在实际成本计价法中才使用。

（二）账务处理

（1）结算凭证、单据与材料同时到达且验收入库的采购业务,因结算方式不同,账务处理也有不同。

【案例 5-5】　某企业为一般纳税人,采用实际成本计价,于 7 月 1 日从本地购入材料一批,价款 10 000 元,增值税税额 1 300 元,材料已验收入库,全部款项已通过银行支付。会计分录为:

借:原材料	10 000
应交税费——应交增值税(进项税额)	1 300
贷:银行存款	11 300

若款项未付,会计分录为:

借:原材料	10 000
应交税费——应交增值税(进项税额)	1 300
贷:应付账款	11 300

若为签发商业汇票,会计分录为:

借:原材料	10 000
应交税费——应交增值税(进项税额)	1 300
贷:应付票据	11 300

如上述款项已全部预付,会计分录为:

借:原材料	10 000
应交税费——应交增值税(进项税额)	1 300
贷:预付账款	11 300

（2）对于采购存货的所有权已属企业,但尚未运达企业或未验收入库的,依不同结算方式处理。

【案例 5-6】　续【案例 5-5】,如上述材料尚未到货,会计分录为:

借:在途物资	10 000
应交税费——应交增值税(进项税额)	1 300
贷:银行存款(款已付)	11 300
或应付账款(款未付)	
应付票据(签商业汇票)	
预付账款(款预付)	

上述材料经验收合格入库,会计分录为:

| 借:原材料 | 10 000 |
| 贷:在途物资 | 10 000 |

（3）对于那些收料在先,而结算凭证未到或尚未支付款项的采购业务,可按如下方式

处理：

① 结算在月内即当期进行的，为简化核算，可只根据有关合同等记明细账，总账上不做处理；

② 月末，账单发票仍未到的已入库材料，为加强管理，一般按暂估价入账。下月初，再用红字做同样的记账凭证，予以冲回，以便结算时按正常程序再进行处理。

【案例 5-7】 某企业从外地购入某材料一批，货已入库，但有关凭证未到，款项未付，暂估价 10 000 元。月末暂估入账，会计分录为：

借：原材料　　　　　　　　　　　　　　　　　　　10 000
　　贷：应付账款　　　　　　　　　　　　　　　　　10 000

下月初以红字冲回，会计分录为（方框代表红字）：

借：原材料　　　　　　　　　　　　　　　　　　 10 000
　　贷：应付账款　　　　　　　　　　　　　　　 10 000

收到凭证并据实支付货款 10 500 元，按 13% 的税率缴纳增值税，会计分录为：

借：原材料　　　　　　　　　　　　　　　　　　　10 500
　　应交税费——增值税　　　　　　　　　　　　　 1 365
　　贷：银行存款　　　　　　　　　　　　　　　　 11 865

（4）对于生产中回收的废料，应根据废料交库单或所收回款项（如直接出售）冲减有关生产成本。

借：原材料
或库存现金
　　贷：生产成本

（5）对于自产完工的原材料，应按其实际成本处理。

借：原材料
　　贷：生产成本

发料的核算见计划成本计价法。

二、按计划成本计价核算

原材料按计划成本计价方法核算的特点是：从收发凭证到总分类账和明细分类账，全部按计划成本计价；实际成本与计划成本的差异，通过"材料成本差异"账户进行核算。

（一）计划成本计价法下的明细核算

1. 明细核算的凭证

材料的出、入库凭证和实际计价法基本相同，不同的是由于收发都按固定的计划成本计价，故凭证上只标出计划单价即可。

2. 明细核算的方式

按计划成本计价的明细核算一般应设置三种明细账。

（1）原材料明细账

仓库应按材料的品种和规格设置一套既有数量又有金额的材料明细账，或材料卡片。

企业财会部门也按仓库的同一分类口径设置只记金额的材料明细账。这样,两者之间可以起到相互核对和相互控制的作用。

（2）材料采购明细账

材料采购明细账是用来提供外购材料的实际成本与计划成本的详细核算资料的账户。

材料采购明细账采用横线登记法,根据审核后的有关凭证,序时登记。借方金额根据付款凭证等有关单据,按实际成本登记;贷方金额根据计划成本计价的收料单登记。月末,将借方合计数与贷方合计数对比的差异,一次结转到材料成本差异明细分类账中去。对于只有借方金额而无贷方金额,即已付款但尚未验收入库的在途材料,应逐笔转入下月的材料采购明细分类账中,以便材料入库时进行账务处理。具体格式见表5-6。其中,"成本差异"栏数字,也可以不必逐条登记,在月末登记一笔总数。

表5-6 材料采购明细账

明细账户:原材料

××××年		凭证发票	发票号数	供应单位名称或采购人员姓名	摘要	供方（实际成本）				××××年		凭证字号	入库单号数	摘要	贷　方			
月	日					买价	运输费	其他	合计	月	日				计划成本	成本差异	其他	合计
3	5			太原钢厂	生铁	80 000	5 000		85 000	4	12			入库	86 000	-1 000		85 000
	10			太原钢厂	圆钢	68 000	4 000		72 000									
	16			上海钢厂	钢材	75 000	4 000		79 000	4	25			入库	80 000	-1 000		79 000
	20			太原钢厂	钢板	8 400	1 600		10 000	4	29			入库	8 500	1 500		10 000
					本月合计	231 400	14 600		246 000					本月合计	174 500	-500		174 000
					月末余额（在途材料）				72 000									

（3）材料成本差异明细账

该账户用来反映各类材料的实际成本与计划成本之间的差异额和差异率。该账户随着材料存货的入库而形成,包括外购、自制、委托加工等的入库,同时也随着材料存货的出库而减少,如领用、出售等,为调整发出材料计划成本提供了依据,其设置口径应与材料采购明细账的设置保持一致。具体格式见表5-7。

表5-7 材料成本差异明细账

明细账户:原材料

××××年		凭证号	摘要	收　入		差异率	发　出		结　存	
月	日			计划成本	成本差异		计划成本	成本差异	计划成本	成本差异
3	1		月初结存						171 000	3 955
	31		本月收入	174 500	-500	1%			345 500	3 455
	31		本月发出			1%	52 000	520	293 500	2 935
	31		月结	174 500	-500		52 000	520	293 500	2 935

3. 原材料按计划成本的发出与调整

采用计划成本计价,由于事先已经制定好了合理的计划单价,平时的原材料发出只需依据有关的出库凭证,按计划成本登记原材料明细账户,月末,再根据有关期初和入库的材料成本差异,以及原材料期初和入库的计划成本,计算出差异率,并根据差异率及发出材料的计划成本算出发出材料应负担的差异额,再进行相应的账务处理,将材料的计划成本调整为实际成本。计算公式如下:

$$材料成本差异率 = \frac{月初结存材料成本差异额 + 本月收入材料成本差异额}{月初结存材料计划成本 + 本月收入材料计划成本}$$

材料成本差异额借方为正数,贷方为负数。材料成本差异率是正数,则为超支材料成本差异率;反之,则为节约材料成本差异率。

$$发出材料应负担的材料成本差异 = 发出材料的计划成本 × 材料成本差异率$$

【案例 5 - 8】 企业月初结存原材料的计划成本为 50 000 元,本月收入原材料的计划成本为 100 000 元,本月发出材料的计划成本为 8 000 元;原材料成本差异的月初数为 1 000 元(贷方即节约)。本月收入材料的成本差异为 4 000 元(借方即超支)。

材料成本差异率 = (-1 000 + 4 000) ÷ (50 000 + 100 000) = 2%

发出材料应负担的成本差异 = 8 000 × 2% = 160(元)

发出材料的实际成本 = 8 000 + 160 = 8 160(元)

(二)计划成本计价法下的总分类核算

1. 账户设置

计划成本计价法与实际成本计价法的不同之处在于:

(1)同实际成本计价法相比,计划成本计价法下在途材料的成本是用"材料采购"账户来反映,而不是"在途物资"账户。

原材料		材料采购	
借方	贷方	借方	贷方
登:因各种原因增加的原材料的计划成本	登:减少的原材料的计划成本	登:材料采购的实际成本及月末转出的节约成本	登:入库材料的计划成本及月末转出的超支成本
余额:库存材料的计划成本		余额:在途材料的实际成本	

材料成本差异	
借方	贷方
登:采购过程中入库材料的超支差	登:采购过程中入库材料的节约差;发出材料应担负的超支差(蓝字)或节约差(红字)
余额:库存材料超支差额	余额:库存材料的节约差额

图 5 - 2 总分类核算账户设置

（2）由于计划成本计价法涉及存货差异的结转，因此，即使是货物同有关凭证一并到达的，仍然要通过"材料采购"账户，这一点不同于实际成本计价法。

（3）原材料账户虽然同实际成本计价法的原材料账户名称相同，但在此反映的是材料的计划成本。

2. 账务处理

（1）结算凭证、单据与材料同时到达且验收入库的采购业务。

【案例 5-9】 某企业购入甲材料一批，价款 50 000 元，增值税税额 6 500 元，材料已验收入库，发票账单已收到，货款已通过银行支付，该批材料的计划成本为52 000 元。会计分录为：

```
借:材料采购                                       50 000
   应交税费——应交增值税（进项税额）               6 500
   贷:银行存款                                          56 500
借:原材料——甲材料                                 52 000
   贷:材料采购                                          52 000
```

（2）付款在先，收料在后的采购业务。

续【案例 5-9】，企业收到银行转来太原钢铁厂委托收款凭证，发来圆钢 20 吨，每吨 3 400 元，代垫运杂费 4 000 元，增值税税额 8 840 元，贷款与运费均已通过银行付清，但材料尚未到达。会计分录为：

```
借:材料采购                                       71 670
   应交税费——应交增值税（进项税额）               9 170
   贷:银行存款                                          80 840
```

注:运费中的增值税按 10% 从运费中扣除。

（3）上述圆钢到货，经验收合格入库，其计划成本为 70 000 元。会计分录为：

```
借:原材料——圆钢                                  70 000
   贷:材料采购                                          70 000
```

（4）月末，根据（1）、（3）编制收料凭证汇总表，并结转入库材料的成本差异额。

表 5-8 收料凭证汇总表

年　　月

单位:元

材料名称	原材料及主要材料				辅助材料		合　计	
	计划成本	实际成本	计划成本	实际成本	计划成本	实际成本	计划成本	实际成本
甲材料 圆钢	52 000 70 000	50 000 71 600						
合　计	122 000	121 600					122 000	1 216 000
差异额	—400							

```
借:材料采购                                         400
   贷:材料成本差异                                       400
```

（5）据本月"发料凭证汇总表"资料:生产领用 100 000 元，辅助车间领用20 000 元，车间管理部门一般耗用 1 800 元，厂部领用 200 元材料。进行材料发出的账务处理。

借:生产成本——基本生产　　　　　　　　　　　100 000

　　　　　——辅助生产　　　　　　　　　　　　20 000

　　制造费用　　　　　　　　　　　　　　　　　1 800

　　管理费用　　　　　　　　　　　　　　　　　　200

　贷:原材料　　　　　　　　　　　　　　　　　122 000

（6）结转发出原材料存货应负担的成本差异额。

续【案例 5-9】，若原材料期初余额为 78 000 元，材料成本差异贷方金额为 1 600 元。则差异率＝－（1 600＋400）÷（78 000＋122 000）＝－10％。会计分录为（方框代表红字）：

借:生产成本——基本生产　　　　　　　　　 $\boxed{1\ 000}$

　　　　　——辅助生产　　　　　　　　　　 $\boxed{200}$

　　制造费用　　　　　　　　　　　　　　　 $\boxed{18}$

　　管理费用　　　　　　　　　　　　　　　 $\boxed{2}$

　贷:材料成本差异——原材料　　　　　　　 $\boxed{1\ 220}$

（7）对于那些收料在先，而结算凭证未到或尚未支付款项的采购业务，同实际成本计价基本相似，这里不再重复。

三、两种计价方法的适用范围

按实际成本计价，可以直接提供存货资金的结存数额，并为计算产品成本直接提供实际材料费用数据。在某些规模较小，收发业务比较少的企业，可以起到简化核算程序的作用。其缺点是，如企业规模较大，收发业务频繁，其计价工作过于繁重。因此，在采购业务比较多的大中型企业，大多按计划成本进行计价。

第三节　周转材料

一、周转材料

周转材料是指企业可以多次使用，逐渐转移其价值，仍可保持其原有的形态，不能确认为固定资产的材料，如低值易耗品、包装物等。

二、低值易耗品的核算

低值易耗品是指使用期限不满 1 年或单位价值在规定标准以下，易于损耗不能列作固定资产的各种用具物品，如工具、劳保用品、管理工具等。低值易耗品具有价值低、使用时间短、使用时仍保持其原有的实物形态等特点。

1. 账户设置

为了反映低值易耗品的收入、发出和结存情况，企业应在设置的"周转材料"账户（见图

5-3)下设"低值易耗品"明细账户。

周转材料——低值易耗品

借方	贷方
登:入库的低值易耗品实际或计划成本	登:发出的低值易耗品实际或计划成本
余额:反映库存低值易耗品的实际或计划成本	

图 5-3 低值易耗品账户

采用五五摊销法的企业,还应再设"在库低值易耗品""在用低值易耗品"及"低值易耗品摊销"三个明细账户,分别核算其库存的计划或实际成本、出库使用的成本(即未报废前全部的计划或实际成本)和已摊销的计划或实际成本。如果企业采用计划成本计价,月末要结转已摊销成本应负担的材料成本差异。

2. 主要的账务处理

(1)购入低值易耗品,无论采用哪种方式计价,都可以比照"原材料"账户的有关方法进行核算,这里不再复述。

(2)领用低值易耗品,由于摊销方法不同,其核算方法也略有不同。

① 一次摊销法

在领用时,将全部成本摊入有关的成本费用账户,根据其所领用途的不同,分别借记"制造费用""管理费用"或"其他业务支出"等账户,贷记"低值易耗品"账户;报废时,根据收回残料的价值分别冲减其领用时的成本费用,借记"原材料"账户,贷记"制造费用"等账户。

【案例 5-10】 企业管理部门本月领用低值易耗品一批,实际成本 1 000 元,一次摊入成本。

借:管理费用　　　　　　　　　　　　　　　1 000
　　贷:周转材料——低值易耗品　　　　　　　　　1 000

② 五五摊销法

五五摊销法又被称为五成摊销法,即在领用低值易耗品时,先将其价值的 50% 摊入有关成本费用,报废时再将另一半扣除残值后的净额摊入有关成本费用。

【案例 5-11】 (1)企业生产车间领用工具一批,实际成本为 4 000 元。

借:周转材料——在用低值易耗品　　　　　　　4 000
　　贷:周转材料——在库低值易耗品　　　　　　　4 000

(2)月末摊销时:

借:制造费用　　　　　　　　　　　　　　　2 000
　　贷:周转材料——低值易耗品摊销　　　　　　　2 000

(3)工具报废残值为 50 元,残料已入库。残料入库时:

借:原材料　　　　　　　　　　　　　　　　50
　　贷:周转材料——在用低值易耗品　　　　　　　50

(4)摊销其另一半扣除残值后的净额时:

借:制造费用(4 000×50%-50)　　　　　　　1 950
　　贷:周转材料——低值易耗品摊销　　　　　　　1 950

(5)同时注销在用低值易耗品的实际成本及摊销额：

借：周转材料——低值易耗品摊销　　　　　　　3 950

　　贷：周转材料——在用低值易耗品　　　　　　　　3 950

上述过程如图5-4所示。

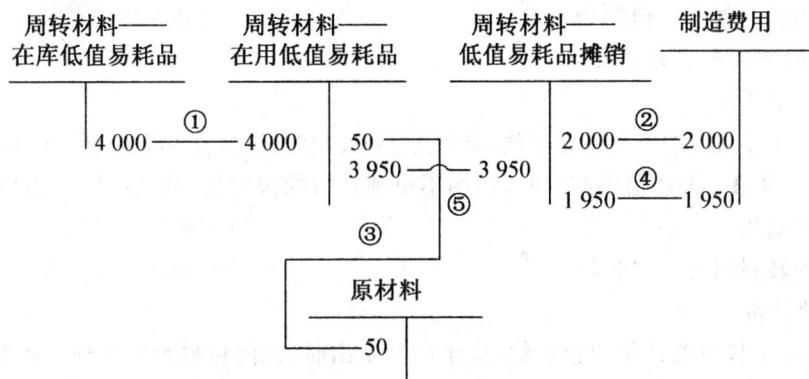

图5-4　五五摊销法

三、包装物的核算

包装物是指为了包装本企业产品并随同产品一起出售的，以及在销售过程中借给或租给购货单位使用的各种包装物品，如各种箱、桶、瓶、袋等。

1. 账户设置

为了反映和监督包装物的收入、发出和结存情况，企业应在"周转材料"账户下设置"包装物"明细账户，如图5-5所示。

周转材料——包装物

借方	贷方
登：外购、自制、委托加工、盘盈等原因增加的包装物计划或实际成本	登：发出，领用发出的包装物实际或计划成本，外销、盘亏等原因减少的包装物的计划或实际成本
余额：反映库存包物装的计划或实际成本	

图5-5　周转材料——包装物账户

对于出租、出借等周转使用包装物，可以比照低值易耗品采用五五摊销法进行核算。在此情况下应在"周转材料——包装物"账户下分设"库存未用""库存已用""出租""出借""包摊销"五个明细账户。

2. 主要的账务处理

(1)包装物采购入库

包装物的入库包括外购、自制、委托加工等，其账务处理方法无论是采用实际成本计价或计划成本计价，均与原材料的采购、入库相同。

（2）生产领用包装物

生产领用包装物用于包装产品构成产品实体的，应计入产品成本。

【案例5-12】 生产领用包装物一批，实际成本2 000元。

借：生产成本   2 000

 贷：周转材料——包装物   2 000

（3）随同产品出售的包装物

① 不单独计价

随同产品出售不单独计价的包装物，应于包装物发出时，作为包装成本，计入产品销售费用。

【案例5-13】 企业销售产品时，领用不单独计价的包装物，其实际成本为1 000元。

借：销售费用   1 000

 贷：周转材料——包装物   1 000

② 单独计价

随同产品出售单独计价的包装物，应于产品发出时，视同材料销售处理。因此应将其成本计入"其他业务支出"。

【案例5-14】 企业销售产品时领用单独计价的包装物，实际成本500元。

借：其他业务支出   500

 贷：周转材料——包装物   500

（4）出租、出借包装物

出租包装物，一般都要求客户支付租金，该租金应作为企业的其他业务收入，相应的包装物的损耗及修理等支出也就列入其他业务支出。

出借包装物，一般不收取租金，没有其他业务收入，相应的包装物损耗等支出一并列入"销售费用"。

无论是出租还是出借包装物，为了督促其使用单位能按时归还，一般都要收取客户一定数额的押金，押金应计入"其他应付款"账户核算。

【案例5-15】 出借包装物一批，实际成本3 000元，收取押金4 000元，款已存入银行。

① 领用时：

借：销售费用   3 000

 贷：周转材料——包装物   3 000

② 收取押金时：

借：银行存款   4 000

 贷：其他应付款   4 000

【案例5-16】 企业发出出租包装物一批，实际成本4 000元；收到当月租金1 130元，款已存入银行。

① 领用出租包装物时：

借：其他业务支出   4 000

 贷：周转材料——包装物   4 000

② 收取租金时：

借：银行存款   1 130

 贷：其他业务收入   1 000

  应交税费——应交增值税（销项税额）   130

第四节 委托加工存货

委托加工存货是指企业委托外单位加工的各种存货,如将圆木锯成木板,烟叶加工成烟丝,生铁制成铸件等。

一、委托加工存货的分类

1. 按用途划分
(1) 收回后出售的存货。
(2) 收回后继续加工的存货。

2. 按所负税种划分
(1) 只负担增值税的委托加工存货。
(2) 属于应税消费品的委托加工存货。

3. 其他分类
此外,委托加工存货又可分为委托加工材料、委托加工商品等。

二、委托加工存货的核算

1. 账户设置
为了反映和监督加工合同的执行和加工材料的管理,以工业企业为例,企业应设置"委托加工物资"账户,如图 5-6 所示。

委托加工物资

借方	贷方
登:发出物资的实际成本(或计划成本及其应分的成本差异)、加工费、运输费以及委托加工用于直接出售的应税消费品所负的消费税	登:加工完成入库物资的实际成本
余额:尚未加工完成的物资实际成本	

图 5-6 委托加工物资账户

2. 账务处理
(1) 只负担增值税的委托加工存货的核算
【案例 5-17】 企业发出材料一批,其计划成本 400 元,材料成本差异率为 1%,委托 A 厂加工成某零件。

借:委托加工物资　　　　　　　　　　　404
　贷:原材料　　　　　　　　　　　　　　　400
　　材料成本差异　　　　　　　　　　　　　　4

通过银行支付加工费用,受托方开来的增值税专用发票上注明加工费800元,增值税税额104元。

借:委托加工物资　　　　　　　　　　　　　800

　　应交税费——应交增值税(进项税额)　　　104

　　贷:银行存款　　　　　　　　　　　　　　　904

月末,上述材料加工完成入库,根据"委托加工材料入库单",计划成本为1 250元。

借:原材料　　　　　　　　　　　　　　　　1 250

　　贷:委托加工物资　　　　　　　　　　　　　1 204

　　　　材料成本差异　　　　　　　　　　　　　　46

(2)委托加工应税消费品的核算

【案例5-18】　甲企业交给乙企业烟叶10吨(每吨实际成本500元),委托加工成烟丝。甲企业提货时以银行存款支付乙企业加工费3 000元,增值税税额390元,及所承担的消费税3 428.57元。

发出委托加工材料的会计处理略。支付加工税费的核算如下。

如甲企业将收回的烟丝直接销售,则:

借:委托加工物资　　　　　　　　　　　　　6 428.57

　　应交税费——应交增值税(进项税额)　　　390.00

　　贷:银行存款　　　　　　　　　　　　　　6 818.57

如甲企业收回烟丝后继续加工,则:

借:委托加工物资　　　　　　　　　　　　　3 000.00

　　应交税费——应交增值税(进项税额)　　　390.00

　　应交税费——应交消费税　　　　　　　　3 428.57

　　贷:银行存款　　　　　　　　　　　　　　6 818.57

第五节　库存商品

一、库存商品的概念

库存商品是指企业已经完成全部生产过程并验收入库,可以作为外销的商品。

工业企业的库存商品不仅包括自制的商品、外购商品,还包括企业接受外来原料加工制造的代制品和外单位加工修理的代修品,以及生产过程中产生的可以降价出售的不合格品等。

二、账户设置

为总括反映产成品、商品的收发、结存情况,需设置"库存商品"账户进行核算,如图5-7所示。

库存商品

借方	贷方
登:验收入库的产成品、商品的计划或实际成本	登:结转已销售（发出）产成品、商品的计划或实际成本
余额:库存产成品的计划或实际成本	

图 5-7 库存商品账户

三、账务处理

1. 完工入库的处理

【案例 5-19】 月末,根据"产成品入库单"及"产品成本计算单",编制"产成品入库汇总表",该表显示本月入库产成品 1 000 件,实际总成本为 1 200 000 元。会计分录为:

借:库存商品　　　　　　　　　　　　1 200 000
　　贷:生产成本　　　　　　　　　　　　　　1 200 000

2. 销售成本的结转处理

【案例 5-20】 本月销售产品 800 件,其实际总成本为 960 000 元,产品已全部外运,有关手续都已办妥。月末结转其销售成本。

借:主营业务成本　　　　　　　　　　960 000
　　贷:库存商品　　　　　　　　　　　　　　960 000

上述如为计划成本计价,请注意有关差异的结转。

第六节　存货的盘盈、盘亏及毁损

企业的存货品种多,收发频繁。在日常的存货收发保管过程中,由于计量错误、管理不善、自然损耗等原因,常常会发生存货的盘盈、盘亏和毁损现象,从而造成存货的账实不符。为了保护流动资产的安全与完整,企业必须对存货进行定期或不定期的清查。

一、存货清查的意义

（1）查清账实不符的原因,找出工作中的薄弱环节,采取措施加以改进。
（2）可以摸清家底,挖掘企业内部资源,盘活存量资产,加速资金的周转。
（3）保护材料物资的安全与完整。

二、存货清查的凭证及手续

盘点时,首先根据"存货目录"复核存货的名称、规格等,而后再盘点数量并检查质量。为了明确责任,盘点时,实物保管员必须在场并参加盘点。对盘点的结果,盘点人应如实地登记到"存货盘存表"上,由盘点人和实物保管人分别盖章。具体格式见表5-9。

表5-9　盘存表

盘存时间:　　　　　年　月　日　　　编号:

存货类别:　　　　　　　　　　　　　存货地点:　　　　单位:元

编　号	名　称	规　格	计量单位	数量	单价	金额	备注

盘点人:　　　　　　　　实物保管员:

三、存货清查的核算

1.核算原则

对于存货清查的结果,无论是盘盈、盘亏或毁损,首先都要根据有关"存货盘存表"调整账项,使之达到账实相符;其次,根据上报审批的结果,做出相应的账务处理。

2.账户设置

为了总括地核算各种存货的盘盈、盘亏和毁损情况,会计部门应设置"待处理财产损溢"账户,如图5-8所示。

待处理财产损溢

借方	贷方
登:待处理财产的损失数;待处理财产溢余的转销数	登:待处理财产的盘盈数;待处理财产损失的转销数
余额:尚未处理的各种财产的净损失	余额:尚未处理的各种财产的净溢余

图5-8　待处理财产损溢账户

3.账务处理

(1)存货盘盈

【案例5-21】　长江公司经财产清查,发现盘盈钢材500千克。经查,由于收发计量上的错误造成,该批钢材的实际成本为2 000元。会计分录为:

① 批准处理前:

借:原材料　　　　　　　　　　　　　　　　2 000

　贷:待处理财产损溢　　　　　　　　　　　　　　2 000

② 批准处理以后,冲减管理费用:

借:待处理财产损溢　　　　　　　　　　　　2 000

　贷:管理费用　　　　　　　　　　　　　　　　2 000

(2)存货盘亏及毁损

① 属于定额内损耗的计入"管理费用"。

【案例5-22】　长江公司发生盘亏甲产成品10千克,单位实际成本100元。经查,属于定额内损耗。会计分录为：

批准处理前：

借：待处理财产损溢　　　　　　　　　　　　　　　1 000

　贷：库存商品　　　　　　　　　　　　　　　　　　1 000

批准处理后，计入管理费用：

借：管理费用　　　　　　　　　　　　　　　　　　　1 000

　贷：待处理财产损溢　　　　　　　　　　　　　　　1 000

如产成品含有外购材料所负担的增值税，也应该从进项税中转出，计入"管理费用"。

② 超定额损耗或毁损的，应向过失人或保险公司索赔，扣除过失人或保险公司赔款和残料价值后，计入"管理费用"。

【案例 5-23】 长江公司盘亏 A 材料 10 吨，每吨计划成本 200 元，材料成本差异（节约差）200 元。经查，是由于过失人造成的，应向其索赔 1 000 元，毁损材料的残值 100 元，且该批材料全部为外购。会计分录为：

批准处理前，调整存货数，使之账实相符（方框代表红字）：

借：待处理财产损溢　　　　　　　　　　　　　　　2 034

　贷：原材料　　　　　　　　　　　　　　　　　　　2 000

　　材料成本差异　　　　　　　　　　　　　　　　 200

　　应交税费——应交增值税（进项税额转出）　　　 234

其中，应交增值税税额＝（2 000－200）×13%＝234（元）。

批准处理后，分别不同情况进行处理：

借：其他应收款　　　　　　　　　　　　　　　　　　1 000

　原材料　　　　　　　　　　　　　　　　　　　　　 100

　管理费用　　　　　　　　　　　　　　　　　　　　 934

　贷：待处理财产损溢　　　　　　　　　　　　　　　2 034

③ 属于非常损失（自然灾害等原因）所造成的存货毁损，扣除保险公司赔款和残料价值后，计入"营业外支出"。

【案例 5-24】 长江公司盘亏 B 材料一批，实际成本 5 000 元。经查，属于非常事故造成的损失，保险公司应赔偿 3 000 元。会计分录为：

批准处理前：

借：待处理财产损溢　　　　　　　　　　　　　　　5 650

　贷：原材料　　　　　　　　　　　　　　　　　　　5 000

　　应交税费——应交增值税（进项税额转出）　　　 650

批准处理后：

借：营业外支出　　　　　　　　　　　　　　　　　　2 650

　其他应收款——保险公司　　　　　　　　　　　　 3 000

　贷：待处理财产损溢　　　　　　　　　　　　　　　5 650

第七节　存货跌价准备

一、计提存货跌价准备的范围

《企业会计制度》中规定:"企业应当定期或者至少每年年度终了,对存货进行全面检查,如由于存货遭受毁损、全部或部分陈旧过时或销售价格低于成本等原因,使存货成本不可收回的部分,应当提取存货跌价准备。"

二、计提存货跌价准备的方法

按照新会计制度的规定,存货发生跌价损失时要计提存货跌价准备。在实际核算工作中由于存货品种多,各个企业可以根据会计核算的重要性原则以及其对企业实现利润的影响程度,来规定计提存货跌价损失余额的范围,可以用绝对数表示,存货跌价损失多少金额以上的,需要计提,否则不提;也可以用相对数表示,存货跌价损失金额超过本企业实现利润规定百分比的多少,需要计提,否则不提。

计提存货跌价准备的计算公式:

$$存货跌价准备＝库存数量×(单位成本价－不含税的市场价)$$

计算结果如为正数,说明存货可变现价值低于成本价,存在损失,就按此数计提存货跌价准备;如为负数,就无须计提。

上述公式中,库存数量和单位成本价可以从账上找到,而如何确定不含税的市场价就成了计提多少存货跌价损失金额的关键。因此,要根据存货不同的状态,用不同的方法来确定存货的不含税市场价,力求做到准确,并符合实际。此项工作需要取得本企业销售部门的支持和配合。

三、账务处理

计提存货跌价准备按新准则记入"资产减值损失"账户,资产负债表日通过计算若需在计提的"存货跌价准备"金额范围内调整多入账的损失时,借记"存货跌价准备"账户,贷记"资产减值损失"账户。此外,新准则明确说明领用存货时,应一并结转领用材料应负担且已计提的存货跌价准备。

思 考 题

1. 什么是存货? 它怎样分类?
2. 各种存货取得时应怎样计价入账?
3. 企业发出存货,有哪几种计价方法? 试比较它们的优缺点及适用性。
4. 对存货盘存的结果应如何进行账务处理?

5. 如果企业将代销品作为期末存货,在实地盘存制下会对当期的资产负债表和利润表造成怎样的影响?

实 务 题

1. 光明公司 2019 年 1 月份 A 种材料的收发情况如表 5-10 所示。

表 5-10 光明公司 A 种材料收发情况

收发日期	收发数量(千克)	购入价格(元/千克)
1 月初结存	500	121
1 月 2 日购入	1 000	124
1 月 5 日发出	900	
1 月 12 日购入	1 000	127.8
1 月 15 日发出	1 200	

要求:分别按先进先出法、一次加权平均法计算发出材料及期末库存材料的成本。

2. 光明公司作为一般纳税人企业,存货采用实际成本计价法,2019 年 1 月份有关材料采购及收发业务如下:

(1) 1 日,收到银行转来本市 A 企业委托收款凭证,要求支付所购材料款和增值税税款 11 300 元。

(2) 4 日,上项货款 11 300 元已转账付讫,材料已验收入库。

(3) 5 日,签发商业汇票从小规模纳税人 B 企业购买材料,取得的普通发票金额 5 310元,材料尚未运达。

(4) 5 日,基本生产车间领用材料 3 200 元。

(5) 6 日,从本市 A 企业又购入材料,用转账支票支付货款 1 512 元和增值税税款 196.56 元,材料当即验收入库。

要求:编制有关会计分录。

3. 光华公司作为一般纳税人企业,存货采用计划成本计价法,有关账户 2019 年 4 月初余额如图 5-9 所示。

原材料		材料采购——B 厂		材料成本差异	
借方	贷方	借方	贷方	借方	贷方
22 160		2 800			400

图 5-9 光明公司有关账户情况

4 月份发生如下业务:

(1) 收到 A 厂发来增值税专用发票一张,货款 3 700 元,增值税税额为 481 元,当即开出转账支票支付(货已于上月验收入库,计划成本为 3 560 元)。

(2) 从 B 厂采购的上月在途材料到达,已验收入库,计划成本 2 700 元。

(3) 本月原材料领用情况如下:基本生产车间领用 4 000 元,车间一般性消耗领用 1 000

元，行管部门领用 500 元。

要求：计算并结转发出材料负担的材料成本差异，并编制相关会计分录。

4. 某小规模纳税人 2016 年 12 月份在存货清查中，发生如下经济业务：

(1) 10 日，盘盈甲材料 106 千克，计划成本为 13 元/千克，原因待查。

(2) 经查，10 日盘盈材料乃发料差错所致，报批后冲减当期管理费用。

(3) 12 日，盘亏乙材料 800 千克，计划成本为 5 元/千克，原因待查。

(4) 经查，12 日盘亏乙材料是由于意外灾害造成的，可收回残值 400 元。

(5) 该企业材料成本差异率为 2%。

要求：逐笔编制会计分录。

第六章
投　资

企业对外投资是通过调节暂时不需要的资产,获得本企业主要经营业务以外的经济利益或为了控制其他企业的经济活动,提高本企业竞争能力。根据国家法律、法规的规定,可用货币资产、实物资产或无形资产向其他单位投资,也可通过购买股票、债券的方式对外投资。

通过本章的学习,掌握对外投资的原则及短期投资和长期投资的目的;掌握交易性金融资产的核算;掌握长期股权投资的成本法与权益法的核算,以及持有至到期投资购入、到期收回本息的核算;了解其他投资的核算。

第一节　投资概述

一、投资的概念和分类

(一) 投资的概念

投资是指企业为了达到经营上的各种目的,在其主要的经营业务之外,将本身的资产投放于证券或其他单位的行为。

(二) 投资的分类

1. 按投资持有的目的划分

投资可分为交易性金融资产、准备持有至到期的金融资产、可供出售的金融资产以及长期股权投资等。

2. 按投资回收时间划分

投资可分为交易性投资和长期投资。

(1) 交易性投资是指各种能够随时变现,持有时间不超过1年的有价证券及其他投资,又称短期投资。

(2) 长期投资是指不可能或者不准备在1年内收回的投资,包括股权投资、债券投资和其他投资。

3. 按投资形式划分

投资可分为股权投资、债券投资和其他投资。

(1) 股权投资包括直接投资和间接投资中的购买股票和股权证。股权投资的投资者是通过认购股票而成为股份有限公司的股东,并对被投资企业的净资产具有所有权。股份有限公司将其全部资本分成若干等额股份,以股票形式发行,供投资者认购。

(2) 债券投资是指以购买债券的形式对外投资。债券是债务人向债权人出具的一种债务证书。企业购入债券后,作为债权人所关心的是定期收取规定的利息及债券到期收回本金,即有要求被投资企业到期还本付息的权利。

(3) 其他投资是指除股权投资和债券投资以外的其他长期投资。一般指联营投资。国家有关法规规定,企业投出资金与其他单位联合经营,要办理有关手续,所获权利和承担的义务受国家法律保护和监督。

4. 按投资方式划分

投资可分为直接投资和间接投资。

(1) 直接投资是指将货币资金、实物和无形资产直接注入被投资企业,由被投资企业向投资者出具出资证明书,确认其股权。直接投资方式实际上是非证券投资,主要属于企业长期投资。

(2) 间接投资是指投资者投资于某企业时,一是通过购买被投资企业发行的股权证;二是通过在证券市场上购买该企业发行的股票和债券来达到投资的目的。可见,间接投资实际上主要是证券投资。

二、对外投资的原则

(1) 合法性原则。对外投资必须遵守国家有关投资政策、法规和制度。

(2) 效益性原则。对外投资所获得的投资报酬率应高于企业内部投资的报酬率,应有利于企业的长远发展规划和利益。

(3) 量力而行的原则。企业对外投资所使用的资金,不应影响企业正常生产经营所需的资金周转。

第二节　交易性金融资产

交易性投资是指企业为了充分利用企业资金,提高资金的效益,把暂时多余的资金用于购入能随时变现的有价证券,如股票、债券等,以便在生产经营中随时补充货币资金,并在短期内创造一定的投资收益。

《企业会计准则第22号——金融工具确认和计量》用交易性金融资产替代了原会计准则中的短期投资。本节主要对交易性金融资产的会计核算进行介绍。

一、交易性金融资产的概念

交易性金融资产主要是指企业为了近期内出售而持有的金融资产,例如,企业以赚取差价为目的从二级市场购入的股票、债券、基金等。

二、账户设置

企业为核算和监督交易性金融资产的变动情况,应设置"交易性金融资产""投资收益"和"公允价值变动损益"等账户。

1."交易性金融资产"账户

该账户核算企业为交易目的所持有的债券投资、股票投资、基金投资等交易性金融资产的公允价值。企业持有的以公允价值计量且其变动计入当期损益的金融资产也在"交易性金融资产"账户核算。

交易性金融资产

借方	贷方
登:交易性金融资产的取得成本、资产负债表日其公允价值高于账面余额的差额	登:资产负债表日其公允价值低于账面余额的差额、企业出售交易性金融资产时结转的成本
余额:期末企业持有的交易性金融资产的公允价值	

图 6 - 1　交易性金融资产账户

企业在核算交易性金融资产的取得、收取现金股利或利息、处置等业务时,应当按照交易性金融资产的类别和品种,分别设置"成本""公允价值变动"等账户进行明细核算。

2."投资收益"账户

该账户为损益类账户,核算企业在持有交易性金融资产期间取得的投资收益以及处置交易性金融资产等实现的投资收益或投资损失。

投资收益

借方	贷方
登:企业处置交易性金融资产等实现的投资损失	登:企业持有交易性金融资产等期间取得的投资收益、处置交易性金融资产等实现的投资收益
余额:投资净损失	余额:投资净收益

图 6 - 2　投资收益账户

3."公允价值变动损益"账户

该账户为损益类账户,核算企业交易性金融资产等因公允价值变动而形成的利得或损失。当交易性金融资产公允价值高于其账面价值时,应按其差额,借记"交易性金融资产——公允价值变动",贷记"公允价值变动损益";反之,应按其差额做相反会计分录。

三、账务处理

【案例 6 - 1】　长江公司 2018 年 3 月 10 日从证券交易所购入丙公司发行的股票 10 万

股准备短期持有,以银行存款支付投资款 458 000 元,其中含有 3 000 元相关交易费用。2018 年 5 月 10 日,丙公司宣告发放现金股利,长江公司分得 4 000 元。2018 年 12 月 31 日该股票的市价为 5 元/股。2019 年 2 月 18 日,长江公司将所持的丙公司股票的一半出售,共收取款项 260 000 元。假定长江公司无其他投资事项。

(1) 长江公司取得投资的会计分录。取得交易性金融资产时,应当按照该金融资产取得时的公允价值作为其初始确认金额。会计分录为:

借:交易性金融资产——成本   455 000
  投资收益   3 000
  贷:银行存款   458 000

(2) 确认持有期间享有的股利、利息,收取现金股利的会计核算。

① 确认持有期间享有的股利、利息。会计分录为:

借:应收股利   4 000
  贷:投资收益   4 000

② 收到买价中包含的股利、利息。会计分录为:

借:银行存款   4 000
  贷:应收股利   4000

(3) 2019 年资产负债表日按公允价值(500 000 元)调整账面余额(455 000 元)。会计分录为:

借:交易性金融资产——公允价值变动   45 000
  贷:公允价值变动损益   45 000

若资产负债表日公允价值<账面余额,会计分录为:

借:公允价值变动损益
  贷:交易性金融资产——公允价值变动

(4) 计算长江公司 2019 年出售的丙公司股票应确认的投资收益。

长江公司 2019 年出售的丙公司股票应确认的投资收益＝260 000－(455 000÷2)＝32 500(元)。

处置交易性金融资产时,应当将该金融资产出售时的公允价值与其初始入账金额之间的差额确认为投资收益,同时调整公允价值变动损益,即分步确认投资收益。

① 按售价与账面余额之差确认投资收益。会计分录为:

借:银行存款   260 000
  贷:交易性金融资产——成本   227 500
           ——公允价值变动   22 500
  投资收益   10 000

② 按初始成本与账面余额之差确认投资收益/损失。公允价值变动损益＝45 000÷2＝22 500(元)。会计分录为:

借:公允价值变动损益   22 500
  贷:投资收益   22 500

第三节 长期股权投资

一、长期股权投资概述

（一）长期股权投资的概念

长期股权投资是指企业投出的、期限在一年以上的各种股权性质的投资，分为长期股票投资和其他股权投资两部分。长期股票投资是以购买股票的方式进行的长期投资，为了长远利益而影响、控制在经济业务上相关联的其他企业。

（二）长期股权投资的分类

依据对被投资公司的影响，长期股权投资可以分为四种类型。

1. 控制

有权决定受资单位的财务和经营决策，并能据以从该企业的经营活动中获取收益。直接拥有 50％以上的表决权资本，或虽直接拥有 50％或以下的表决权资本，但具有实质控制权。

2. 共同控制

按合同约定对某项经济活动进行共同控制。

3. 重大影响

对一个企业的财务和经营政策有参与决策的权力，但并不决定这些政策。拥有 20％～50％的表决权资本。

4. 无控制、无共同控制、无重大影响

直接拥有 20％以下的表决权资本，或虽直接拥有 20％以上的表决权资本，但实质上"三无"。

二、长期股权投资的初始计量

长期股权投资包括：企业合并取得长期股权投资，以及非企业合并取得长期股权投资。

（一）企业合并取得的长期股权投资初始计量

1. 同一控制下的企业合并

同一控制下的企业合并是指参与各方在合并前后均受同一方或相同多方最终控制，且该控制并非暂时性的。例如：甲公司为 A 公司和 B 公司的母公司，甲公司将其持有的 B 公司 60％的股权转给 A 公司，转让后 A 公司持有 B 公司 60％的股权，但 A 公司和 B 公司仍由甲公司所控制。在合并日取得对其他参与合并公司控制权的一方为合并方，参与合并的其他公司为被合并方。而合并日是指合并方实际取得对被合并方控制权的日期。

（1）合并方以支付现金、转让非现金资产或承担债务方式作为合并对价取得对方股权

长期股权投资应在合并日按取得被合并方所有者权益账面价值的份额作为初始成本，

借记"长期股权投资"账户;合并方以支付现金、转让非现金资产或承担债务方式作为合并对价与初始投资成本之间差额,借记或贷记"资本公积——资本溢价或股本溢价"账户。投资企业取得长期股权投资时,如果支付的价款中含有已宣告但尚未发放的现金股利,应借记"应收股利"账户。

【案例6-2】 长江公司和A企业均为淮都集团的下属单位。在淮都集团组织下,长江公司同A企业合并。长江公司付出150万元,拥有A企业60%的权益(长江公司和A企业均为淮都集团控制)。合并日A企业所有者权益账面价值为280万元。长江公司合并A企业时确认初始投资成本为168(280×60%)万元。会计分录为:

借:长期股权投资——A企业(成本)　　　　　　1 680 000
　　贷:银行存款　　　　　　　　　　　　　　　　　　1 500 000
　　　　资本公积——资本溢价　　　　　　　　　　　　　180 000

需要注意的是,若为借方差额,则借记"资本公积——资本溢价"账户。若"资本公积——资本溢价"账户余额不足冲减的,调整留存收益(即依次借记"盈余公积""利润分配——未分配利润"账户)。合并方为进行合并发生的各项直接费用,如支付的审计费用、评估费用、法律服务费等,应借记"管理费用"账户。合并发行债券、承担其他债务支付的手续费、佣金等,应当计入发行债券及其他债务的初始成本。合并中发行权益性证券支付的手续费、佣金等,应当抵减权益性证券的溢价收入,其余额不足冲减的,冲减留存收益。

(2)合并方以发行权益性证券作为合并对价

按取得被合并方所有者权益账面价值的份额,借记"长期股权投资"账户;按发行股份的面值总额,贷记"股本"账户;差额,借记或贷记"资本公积——资本溢价或股本溢价"账户。

【案例6-3】 长海公司和B企业均为希望集团的下属单位。长海公司向B企业的原股东定向增发1 000万股普通股票(每股面值为1元,市价为14.02元),取得B企业100%的股权,并于当日能对B企业实施控制。合并后B公司仍维持独立法人资格继续经营,合并日B企业所有者权益账面价值为1 100万元。长海公司的有关会计分录为:

借:长期股权投资——B企业　　　　　　11 000 000
　　贷:股本　　　　　　　　　　　　　　　　10 000 000
　　　　资本公积——资本溢价　　　　　　　　1 000 000

2. 非同一控制下的企业合并

非同一控制下的企业合并,参与合并的各方在合并前后不属于同一方或相同的多方最终控制。相对于同一控制下的企业合并而言,非同一控制下的企业合并各方是自愿进行的一种公平交易行为,应当以公允价值为基础进行计量。在购买日取得对其他参与合并企业控制权的一方为购买方。购买方进行长期股权投资发生的各项直接相关费用计入其投资的合并成本。

$$\text{企业合并成本} = \text{支付的全部价款} + \text{放弃非现金资产的公允价值} + \text{发生或承担的负债的公允价值} + \text{应支付的相关税费} - \text{垫付的现金股利}$$

(1)按企业合并成本,应借记"长期股权投资"账户;支付的价款中含有已宣告但尚未发放的现金股利,应借记"应收股利"账户。

(2)按企业合并付出的资产、放弃非现金资产的公允价值、发生或承担的负债的账面价值以及支付的相关费用,贷记有关资产、负债账户;其差额,借记或贷记当期损益账户("营业外收入"账户或"营业外支出"账户)。

【案例6-4】 长江公司于2019年1月31日取得C公司70%的股权。为核实C公司的资产价值,长江公司聘请专业资产评估机构对C公司的资产进行评估。支付评估费用150万元。合并中,长江公司支付的有关资产在购买日的账面价值与公允价值如表6-1所示。

表6-1 长江公司支付的有关资产

2019年1月31日 单位:万元

项 目	账面价值	公允价值
银行存款	2 500	2 500
土地使用权(自用)	5 000	9 000
合 计	7 500	11 500

假定合并前长江公司和C公司不存在任何关联关系,长江公司的会计分录为:

借:长期股权投资——C公司 116 500 000
　　贷:银行存款 26 500 000
　　　　无形资产 50 000 000
　　　　营业外收入 40 000 000

(二)非企业合并取得的长期股权投资初始计量

非企业合并形成的长期股权投资,其初始成本的确定与非同一控制下企业合并取得的长期股权投资成本的确定方法相同。

1. 以支付现金取得的长期股权投资

长期股权投资初始成本=实际支付的购买价款+与取得长期股权投资直接相关的税费

【案例6-5】 长江公司于2019年2月10日,自公开市场中买入乙公司30%的股份,实际支付价款9 000万元。另外,在购买过程中支付手续费等相关费用200万元。长江公司取得该部分股权后,能够对乙公司的生产经营决策施加重大影响。

长江公司应当按照实际支付的购买价款作为取得长期股权投资的成本。会计分录为:

借:长期股权投资 92 000 000
　　贷:银行存款 92 000 000

2. 以发行权益性证券(如股票等)取得的长期股权投资

长期股权投资的初始投资成本=发行权益性证券的公允价值

需要注意的是,为发行权益性证券支付给有关证券承销机构的手续费、佣金等与权益性证券发行直接相关的费用,不构成取得长期股权投资的成本,应从权益性证券的溢价发行收入中扣除。权益性证券的溢价收入不足冲减的,应冲减盈余公积和未分配利润。

【案例6-6】 2019年3月,长江公司通过增发8 000万股本公司普通股(每股面值1元)取得B公司20%的股权,按照增发前后的平均股价计算,该8 000万股股份的公允价值为12 600万元。为增发该部分股份,长江公司向证券承销机构支付了400万元的佣金和手续费。假定长江公司取得B公司20%的股权后,能够对B公司的生产经营决策施加重大影响。长江公司应以所发行股份的公允价值作为取得长期股权投资的成本。会计分录为：

借：长期股权投资　　　　　　　　　　126 000 000

　　贷：股本　　　　　　　　　　　　　　80 000 000

　　　　资本公积——股本溢价　　　　　46 000 000

发行权益性证券过程中支付的佣金和手续费，应冲减权益性证券的溢价发行收入。

借：资本公积——股本溢价　　　　　　4 000 000

　　贷：银行存款　　　　　　　　　　　4 000 000

3. 投资者将其持有的对第三方的投资作为出资投入企业形成的长期股权投资

长期股权投资初始投资成本＝投资合同或协议约定的价值

【案例6-7】 A公司设立时，其主要出资方之一长江公司以其持有的对B公司的长期股权投资作为出资投入A公司。投资各方在投资合同中约定，作为出资的该项长期股权投资作价5 000万元。该作价是按照B公司股票的市价并考虑相关调整因素后确定的。A公司注册资本为24 000万元。长江公司出资占A公司注册资本的20%。取得该项投资后，长江公司根据其持股比例，能够派人参与A公司的财务和生产经营决策。长江公司的有关会计分录为：

借：长期股权投资　　　　　　　　　　50 000 000

　　贷：实收资本　　　　　　　　　　　48 000 000

　　　　资本公积——资本溢价　　　　　2 000 000

三、长期股权投资取得后续计量

长期股权投资在持有期间，根据投资企业对受资企业的影响程度及是否存在活跃市场、公允价值能否可靠取得等，分别采用成本法及权益法核算。两者对比见表6-2。

表6-2　长期股权投资核算方法的对比

方法	长期股权投资的成本法	长期股权投资的权益法
适用范围	(1) 企业能够对被投资单位实施控制股权投资 (2) 企业对被投资单位不具有控制、共同控制或重大影响，且在活跃市场没有报价、公允价值不能可靠计量的长期股权投资	(1) 共同控制 (2) 重大影响
比较	注重的是初始投资成本，受资企业的其他变动，投资企业一般不做调整	注重受资企业的所有者权益，只要受资企业的所有者权益变动了，投资企业也随之进行调整

（一）成本法

成本法是指投资按成本计价的方法。

1. 特点

(1) "长期股权投资"账户的账面价值始终反映该投资的初始投资成本，除追加投资或收回投资外。

(2) 当被投资单位报告净利润或净亏损时，不做会计处理。

（3）投资持有期内分得的现金股利或投资利润确认为收益，仅限于投资后产生的累计利润的分配额，超过被投资单位在接受投资后产生的累积净利润的部分，作为初始投资成本的收回，冲减长期股权投资的账面价值。

2. 适用条件

（1）控制。投资企业对子公司的长期股权投资应当采用成本法核算，编制合并财务报表时，应当按照权益法进行调整。

（2）无共同控制、无重大影响，并且在活跃市场中没有报价、公允价值不能可靠计量。

3. 账务处理

【案例6-8】（1）长江公司2018年4月2日购入B公司股份6万股（占B公司总股份150万股的4%），每股价格12元，另付相关税费3800元，准备长期持有。长江公司计算初始投资成本为72.38（6×12＋0.38）万元，采用成本法核算。长江公司购股时，会计分录为：

借：长期股权投资——B股票 723 800
　　贷：银行存款 723 800

（2）2018年5月2日，B公司宣告分配2018年度现金股利30万元，每股0.2元。这是清算性股利（即指企业累计实际收到的股利大于购买日起受资企业累计净收益中本企业所占份额的差额，属于购入日以前的受资企业未分配利润），长江公司应收股利＝0.2×60 000＝12 000（元），作长期投资的收回，会计分录为：

借：应收股利 12 000
　　贷：长期股权投资——B股票 12 000

（3）2019年4月24日，B公司公布2018年度实现净利润300万元，每股盈余2元，并宣告分配2018年度股利360万元，每股2.4元。则长江公司在2019年4—12月持有期分摊的利润，即长江公司购股后B公司累计实现的净利润＝300×9/12＝225（万元）

应收股利＝2.4×60 000＝144 000（元）
B公司2018年度共分配股利＝30＋360＝390（万元）
B公司2018年度发放的清算性股利＝390－225＝165（万元）
长江公司2018年收到的清算性股利＝165×4%＝6.6（万元）
应冲减长期股权投资账面价值＝6.6－1.2＝5.4（万元）（其中的1.2万元为长江公司在2018年5月已冲减的长期股权投资成本）

根据上述计算，会计分录为：

借：应收股利 144 000
　　贷：长期股权投资——B股票 54 000
　　　　投资收益——B股票收益 90 000

（二）权益法

权益法是指股票投资的账面价值最初以初始投资成本计量，以后则根据投资企业享有受资企业股东权益份额的变动，对股票投资的账面价值进行调整，使股票投资账户始终反映投资企业在受资企业股东权益中所占份额的一种会计处理方法。

1. 特点

股权投资的账面价值随受资企业净资产（形成净利润、发生亏损、分配现金股利、接受捐赠等）的变化而调整。

股权投资的账面价值（"份额"）＝受资企业净资产×持股比例

2. 适用条件

具有共同控制、重大影响时。

3. 账务处理

（1）账户设置

在"长期股权投资"账户下分别设"成本""损益调整""其他权益变动"三个明细账户，对权益法下的长期股权投资变动情况分别进行核算。

（2）初始投资成本的调整

影响受资企业净资产的因素不同，投资人调整股权投资账面价值的含义亦不同。采用权益法核算长期股权投资时，若初始投资成本大于应享有的投资份额，不调整"长期股权投资——成本"账户；若初始投资成本小于应享有的投资份额，调整"长期股权投资——成本"账户，同时计入"营业外收入"。

其中：

应享有的投资份额＝受资企业的可辨认净资产的公允价值×投资比例

即权益法下取得投资时，"长期股权投资——成本"账户的入账价值应根据初始投资成本和应享有的投资份额两者中较高者确定。

【案例 6-9】 长江公司 2018 年 4 月 1 日支付 920 万元购买长浩公司普通股票 10 万股，占长浩公司有表决权股份的 40%，采用权益法核算。由于权益法要确认投资份额，长江公司 4 月 1 日购股时了解到长浩公司账面可辨认净资产公允价值（即 3 月 31 日可辨认资产公允价值扣除可辨认负债公允价值后的余额，含 2018 年 1—3 月实现的净利润）为 2 000 万元。长江公司购股时应享有长浩公司可辨认净资产公允价值的份额为 800（2 000×40%）万元，产生股权投资差额 120（920－800）万元。

① 长江公司 4 月 1 日购股时，初始投资成本 920 万元＞应享有的投资份额 800 万元。会计分录为：

借：长期股权投资——长浩股票（成本）　　　　　9 200 000
　　贷：银行存款　　　　　　　　　　　　　　　　　9 200 000

若长江公司购股时应享有长浩公司可辨认净资产公允价值的份额不是 800 万元，而是 1 000 万元（即有表决权股份的 50%）。会计分录为：

借：长期股权投资——长浩股票（成本）　　　　10 000 000
　　贷：营业外收入　　　　　　　　　　　　　　　　　800 000
　　　　银行存款　　　　　　　　　　　　　　　　　9 200 000

② 根据受资单位实现的净利润计算应享有的份额，确认投资收益。

借：长期股权投资——××股票（损益调整）
　　贷：投资收益

若为亏损，会计分录则相反。

（3）受资单位以后宣告发放现金股利的处理

宣告发放现金股利时，企业计算应分得的现金股利。

① 分得的现金股利低于或等于本年已确认投资收益，则应抵减长期股权投资的账面价值。会计分录为：

借：应收股利

贷:长期股权投资——××股票(损益调整)

② 分得的现金股利超过本年已确认投资收益的部分,但未超过投资以后受资单位实际的账面净利润中本企业享有的份额,应作为投资收益处理。受资单位宣告分派现金股利或利润时,按照应分得的现金股利或利润额,借记"应收股利",按照应分得的现金股利或利润未超过账面已确认投资收益的金额,贷记"长期股权投资——××股票(损益调整)",差额,贷记"投资权益"。

③ 分得的现金股利超过本年已确认投资收益,同时也超过了投资以后受资单位实际的账面净利润中本企业按持股比例应享有的部分,该部分金额应作投资成本收回,借记"应收股利",贷记"长期股权投资——××股票(损益调整)",差额,贷记"长期股权投资——××股票(成本)"。

【案例6-10】 续【案例6-9】,2018 年 12 月 31 日,长浩公司实现净利润2 400万元。长江公司拥有长浩公司 40% 的股份。投资企业与受资单位均以公历年度作为会计年度,两者采用的会计政策相同。由于投资时受资单位各项资产、负债的账面价值与其公允价值相同,不需要对受资单位实现的净损益进行调整。投资企业应确认的投资收益=2 400×40% =960(万元)。公计分录为:

借:长期股权投资——长浩公司(损益调整)　　　　　9 600 000

　　贷:投资收益　　　　　　　　　　　　　　　　　　　　9 600 000

【案例6-11】 2019 年 4 月 25 日,长浩公司宣告分配 2018 年现金股利 100 万元。分配 2018 年现金股利 100 万元≤2018 年实现净利润 2 400 万元。长江公司可分得现金股利=100×40% =40(万元)。会计分录为:

借:应收股利　　　　　　　　　　　　　　　　　400 000

　　贷:长期股权投资——长浩公司(损益调整)　　　　　400 000

【案例6-12】 2019 年 5 月 5 日,长江公司收到股利 40 万元。会计分录为:

借:银行存款　　　　　　　　　　　　　　　　　400 000

　　贷:应收股利　　　　　　　　　　　　　　　　　　　400 000

(4) 被投资单位除净损益以外所有者权益其他变动的处理

如:持股比例不变,企业按持股比例计算应享有的增加份额,会计分录为:

借:长期股权投资——××股票(其他权益变动)

　　贷:资本公积——其他资本公积

若减少份额,则会计分录相反。

四、长期股权投资的处置

按实际取得的价款与长期股权投资账面价值的差额确认为投资损益,并应同时结转已计提的长期股权投资减值准备。

【案例6-13】 2018 年 1 月,A 企业向 B 企业投资,B 企业的可辨认资产公允价值为 100 万元,A 企业占有表决权股份的 30%。2018 年末 B 企业获利 10 万元,并且 B 企业资本公积增加 20 万元。2019 年 8 月 A 企业以 38 万元将此股权卖出。长期股权投资的账面价值=100×30% +10×30% +20×30% =30+3+6=39(万元)。会计分录为:

借:银行存款　　　　　　　　　　　　　　　　　380 000

　　投资收益　　　　　　　　　　　　　　　　　　　10 000
　　　贷:长期股权投资——成本　　　　　　　　　　300 000
　　　　　　　　　　——损益调整　　　　　　　　 30 000
　　　　　　　　　　——其他损益变动　　　　　　 60 000

如果是以 45 万元卖出,则投资收益＝45－39＝6(万元)。会计分录为:

　　借:银行存款　　　　　　　　　　　　　　　　450 000
　　　贷:长期股权投资——成本　　　　　　　　　 300 000
　　　　　　　　　　——损益调整　　　　　　　　 30 000
　　　　　　　　　　——其他损益变动　　　　　　 60 000
　　　　投资收益　　　　　　　　　　　　　　　　 60 000

需要注意的是,若原有计入资本公积的相关金额,还应同时结转,借记或贷记"资本公积——其他资本公积"账户,贷记或借记"投资收益"账户。

五、长期股权投资减值

1. 长期股权投资减值金额的确定

期末应该进行减值测试,将长期股权投资的账面价值与可收回金额进行比较。如果账面价值低于可收回金额,应计提减值准备。

需要注意的是,长期股权投资减值准备一经确认,不得转回,以防止肆意调节利润。

2. 长期股权投资减值的会计处理

借记"资产减值损失"账户,贷记"长期股权投资减值准备"账户。

六、其他投资的账务处理

作为企业长期股权投资中的其他投资,主要是企业与其他企业联合经营,向其他企业投资转出的固定资产、无形资产等。其他投资的会计核算问题主要是资产评估及评估确定的资产价值与账面价值的差额的处理。

1. 对外投资输出的资产账务处理

企业与其他企业联营,对外投资转出的资产应按其评估确认的价值作为"长期股权投资——其他投资"账户的入账价值,评估确认的价值与资产账面价值的差额,通过"资本公积"账户进行核算。

【案例 6-14】　宏达公司与飞华公司联营,投出非货币资产账面价值 100 万元(为了简化,不考虑折旧因素),评估作价确认价值 110 万元。会计分录为:

　　借:长期股权投资——其他投资　　　　　　　 1 100 000
　　　贷:有关资产账户　　　　　　　　　　　　 1 000 000
　　　　资本公积　　　　　　　　　　　　　　　 100 000

需要指出的是,联合经营,投资转出的资产,应视具体情况选择成本法或权益法进行核算。

采用成本法进行其他投资核算的企业,收到联营方转来的按规定应分得的利润时,会计分录为:

　　借:银行存款

贷:投资收益

采用权益法核算的企业,比照股票投资进行会计处理。

2. 长期投资收回的账务处理

企业进行长期投资,除债券到期、联合经营期满可收回投资外,一般情况下不能收回投资。但是,企业急需资金或继续持有某种股票、债券不能带来预期的经济效益时,除不能变现的债券外,也可以将股票、债券转让出去。转让所获得的价款中,含有已宣告发放但未领取的股利时,应在注销应收股利后,再计算转让损益。转让股票、债券取得的价款与其账面价值的差额,作投资损益处理。

【案例6-15】 宏达公司因经营所需转让华兴公司普通股股票90万元,取得价款108万元,其中应收股利5万元,应做如下会计分录:

借:银行存款　　　　　　　　　　　　　　　　1 080 000
　　贷:长期股权投资　　　　　　　　　　　　　　900 000
　　　　应收股利　　　　　　　　　　　　　　　　50 000
　　　　投资收益　　　　　　　　　　　　　　　130 000

企业按规定收回其他投资时,其收回的投资数额与账面价值的差额,作为投资损益处理。

【案例6-16】 江河公司与其他单位联营,投出资产260 000元,其中:货币资金205 000元,固定资产55 000元。联营企业因无法经营而解散,江河公司收回投资180 000元,其中:固定资产价值原值60 000元,已提折旧30 000元,收回材料100 000元,货币资金50 000元。江河公司收到这些资产时,会计分录为:

借:固定资产　　　　　　　　　　　　　　　　　60 000
　　原材料　　　　　　　　　　　　　　　　　100 000
　　银行存款　　　　　　　　　　　　　　　　　50 000
　　投资收益　　　　　　　　　　　　　　　　　80 000
　　贷:长期股权投资——其他投资　　　　　　　260 000
　　　　累计折旧　　　　　　　　　　　　　　　　30 000

这表明,企业收回投资时,投资损失80 000元。

第四节　持有至到期投资

一、持有至到期投资概述

1. 持有至到期投资的概念

持有至到期投资是指到期日固定、回收金额固定或可确定,且企业有明确意图和能力持有至到期的非衍生金融资产,基本相当于原长期债权投资。通常情况下,企业持有的、在活跃市场上有公开报价的国债、企业债券、金融债券等,可以作为持有至到期投资。

2. 账户设置

持有至到期投资账户核算企业持有至到期投资的价值。应当按照持有至到期投资的类别和品种,分设"成本(面值)""利息调整""应计利息"(对于到期一次还本付息债券的利息)、

"应收利息"(对于分次付息、一次还本债券的利息)等账户进行明细核算。其核算内容如图
6-3所示。

持有至到期投资

借方	贷方
登:(1)企业取得的持有至到期投资的公允价值与交易费用之和(投资面值/成本、溢价)。(2)到期一次还本付息的债券在持有期间内按摊余成本计算确定的利息收入(应计利息)。(3)持有至到期投资在持有期间计算确定的折价摊销额等	登:(1)企业取得的持有至到期投资的折价。(2)收到取得持有至到期投资支付的价款中包含的已宣告发放债券利息。(3)持有至到期投资在持有期间计算确定的溢价摊销额。(4)出售持有至到期投资的账面余额
余额:企业持有至到期投资的摊余成本	

图6-3　持有至到期投资账户

二、持有至到期投资的取得

(一) 持有至到期投资初始成本

持有至到期投资应按照购入时实际支付的价款作为初始投资成本,包括取得投资时支付的全部价款、手续费等交易费用。但实际支付的价款中如果包含已到付息期但尚未领取的利息,按照重要性原则,应作为短期债权处理,不计入债券的初始投资成本。作为应收项目单独核算购入的债券,有的已过发行期或中途认购,实际支付的价款中含有自发行日或付息日到购买日的利息,其账务处理如下:借记"持有至到期投资"的明细账户"成本"(指票面上标明的金额和相关交易费用)、"应收利息"(已到付息期但尚未领取的利息,单独确认)账户,贷记"银行存款"(实际支付的款项)账户,其差额记入"持有至到期投资——利息调整"(现在没有溢价与折价之说,此账户可在借方,可在贷方)账户。

【案例6-17】　长恒公司于2019年7月1日购入某公司于2019年1月1日发行的2年期债券,面值100 000元,年利率为15%,付经纪人佣金等附加费用1 000元,截止到购买日(已发行半年)利息为7 500(100 000×15%×6/12)元,实际支付全部价款为105 500元。
会计分录为:
(1) 分期付息的账务处理
借:持有至到期投资——成本(债券面值)　　　　　100 000
　　应收利息　　　　　　　　　　　　　　　　　　7 500
　贷:银行存款　　　　　　　　　　　　　　　　　105 500
　　　持有至到期投资——利息调整(溢折价)　　　　2 000
(2) 到期一次付息的账务处理
借:持有至到期投资——债券面值　　　　　　　　100 000
　　　　　　　　　——应计利息　　　　　　　　　7 500
　贷:银行存款　　　　　　　　　　　　　　　　　105 500

　　　持有至到期投资——利息调整（溢折价）　　　　2 000

（二）持有至到期投资的收益及摊余成本

　　持有期间主要是在资产负债表日计算利息。

1. 应收利息计算

$$应收利息＝债券面值×票面利率×期限$$

2. 利息收入计算

$$利息收入＝持有至到期投资摊余成本×实际利率×期限$$

3. 账务处理

借：应收利息（若是分期付息一次还本，用此账户）

或：持有至到期投资——应计利息（若是到期一次还本付息，用此账户）

　　持有至到期投资——利息调整（两者的差额）

　　贷：投资收益（按持有至到期投资摊余成本×实际利率算出）

【案例6-18】长江公司2015年1月1日购买债券，年利率10%，期限5年，用银行存款按照面值100 000元购入。每年7月1日和1月1日各付息一次。会计分录为：

（1）购买债券时：

借：持有至到期投资——成本　　　　　　　　　　100 000

　　贷：银行存款　　　　　　　　　　　　　　　　　100 000

（2）2015年7月1日，应收利息＝100 000×10%×6/12＝5 000（元）

借：银行存款　　　　　　　　　　　　　　　　　5 000

　　贷：投资收益　　　　　　　　　　　　　　　　　5 000

（3）2015年12月31日，计息时：

借：应收利息　　　　　　　　　　　　　　　　　5 000

　　贷：投资收益　　　　　　　　　　　　　　　　　5 000

（4）2016年1月1日、2016年7月1日、2017年1月1日、2017年7月1日、2018年1月1日、2018年7月1日，收息时：

借：银行存款　　　　　　　　　　　　　　　　　5 000

　　贷：应收利息　　　　　　　　　　　　　　　　　5 000

（5）2019年1月1日，到期收回本金和最后一期的利息时：

借：银行存款　　　　　　　　　　　　　　　　　105 000

　　贷：持有至到期投资——成本　　　　　　　　　　100 000

　　　应收利息　　　　　　　　　　　　　　　　　5 000

（三）持有至到期投资的处置

　　企业因持有意图或能力发生改变，要对持有至到期投资进行处置，分两种情况。

1. 到期时的处置

　　出售持有至到期投资，应按实际收到的金额，借记"银行存款"等账户，按其账面余额，贷记"持有至到期投资——面值（成本）""持有至到期投资——利息调整""持有至到期投资——应计利息"账户,按其差额,贷记或借记"投资收益"账户。若已计提减值准备,还应同时结转减值准备。账务处理为:借记"银行存款"账户,贷记"持有至到期投资——成本""持有至到期投资——应计利息(一次还本付息时用)"账户。

2. 未到期时的处置

如果没有持有至到期,就出售且不属于企业会计准则的例外情况,应将剩余部分重分类为可供出售金融资产,并以公允价值进行后续计量。借记"可供出售金融资产"账户,按其账面余额,贷记"持有至到期投资——成本""持有至到期投资——利息调整""持有至到期投资——应计利息"账户,按其差额,贷记或借记"资本公积——其他资本公积"账户。已计提减值准备的,还应同时结转减值准备。

(1) 出售一部分时:

借:银行存款(实际收到的款项)

　　贷:持有至到期投资——成本(按面值×出售的百分比)

　　　　投资收益(差额)

(2) 把剩余的部分转为可供出售金额资产时:

借:可供出售金融资产——成本(按公允价值入账)

　　贷:持有至到期投资——成本(债券面值)(出售一部分后的账面价值)

　　　　资本公积——其他资本公积(差额转入资本公积)

(3) 如果全部出售,则差额直接计入资本公积。

3. 账务处理

【案例 6-19】 甲公司 2017 年 1 月 3 日购入某公司于 2017 年 1 月 1 日发行的 3 年期债券,作为持有至到期投资。该债券票面金额为 10 万元,票面利率为 10%,甲公司实际支付 10.6 万元。该债券每年付息一次,最后一年还本金并付最后一次利息,假设甲公司按年计算利息。会计分录为:

(1) 2017 年 1 月 3 日购入债券时:

借:持有至到期投资——成本(债券面值)　　　　100 000

　　　　　　　　　——利息调整(溢价)　　　　6 000

　　贷:银行存款　　　　　　　　　　　　　　106 000

(2) 2017 年 12 月 31 日计算应收利息和确认利息收入时:

2017 年应收利息＝10×10%＝1(万元)

经测算,该债券实际利率为 7.68%(计算过程略)。

① 利息收入＝持有至到期投资摊余成本×实际利率＝摊余成本 10.6 万元×实际利率 7.68%＝8 141(元)

② 24 000－8 141－7 998＝7 861(元)

溢价购入债券作为持有至到期投资计算,见表 6-3(表中采用实际利率摊销法)。

表 6-3 利息调整摊销表
（实际利率为 7.68%）

日 期	借:应收利息	贷:投资收益（利息收入）	贷:持有至到期投资——利息调整（溢价摊销）	摊余成本
2017 年 1 月 1 日				106 000
2017 年 12 月 31 日	10 000	8 141	1 859	104 141
2018 年 12 月 31 日	10 000	7 998	2 002	102 139
2019 年 12 月 31 日	10 000	7 861	2 139	100 000
合 计	30 000	24 000	6 000	—

```
借:应收利息                                                    10 000
  贷:投资收益(利息收入)                                          8 141
    持有至到期投资——利息调整(即溢价摊销,还本额)                  1 859
借:银行存款                                                    10 000
  贷:应收利息                                                  10 000
```

（3）2018 年 12 月 31 日计算应收利息和确认利息收入时：

```
借:应收利息                                                    10 000
  贷:投资收益(利息收入)                                          7 998
    持有至到期投资——利息调整(即溢价摊销,还本额)                  2 002
借:银行存款                                                    10 000
  贷:应收利息                                                  10 000
```

（4）2019 年 12 月 31 日计算应收利息和确认利息收入,还本时：

```
借:应收利息                                                    10 000
  贷:投资收益(利息收入)                                          7 861
    持有至到期投资——利息调整(即溢价摊销,还本额)                  2 139
借:银行存款                                                   110 000
  贷:持有至到期投资——成本(债券面值)                            100 000
    应收利息                                                  10 000
```

【案例 6-20】 宏达公司 2015 年 1 月 1 日购入科达公司于 2014 年 1 月 1 日发行的 5 年期年利率为 10%的债券,面值 100 000 元,实际支付的价款为 114 000 元。

（1）购入债券时,包括在价款中的应计利息=100 000×10%×1=10 000(元)。扣除应计利息后购入债券的实际成本=114 000-10 000=104 000(元)。会计分录为：

```
借:持有至到期投资——成本(债券面值)                            100 000
            ——应计利息                                      10 000
            ——利息调整                                       4 000
  贷:银行存款                                                114 000
```

（2）2015 年年末计算应计利息时,假定债券按直线摊销,每年应分摊的债券溢价=(104 000-100 000)÷4=1 000(元),每年应计利息=100 000×10%=10 000(元),每年实得利息=10 000-1 000=9 000(元)。会计分录为：

```
借:持有至到期投资——应计利息                                    10 000
```

　　贷:持有至到期投资——利息调整　　　　　　　　　　　　　　　1 000
　　　　投资收益　　　　　　　　　　　　　　　　　　　　　　　　9 000

2016—2018年,每年年末结账计算应计利息时,会计分录同上,此处略。

(3) 第5年债券到期时,"持有至到期投资"账户余额为100 000元,与其面值相等,"持有至到期投资——应计利息"账户余额50 000元,与按票面值和票面规定的利率计算的应得利息相等。债务到期时,企业能够获得连本带息150 000元,兑付债券本息。会计分录为:

　　借:银行存款　　　　　　　　　　　　　　　　　　　　　　　　150 000
　　贷:持有至到期投资——成本(债券面值)　　　　　　　　　　　100 000
　　　　　　　　　　　　——应计利息　　　　　　　　　　　　　　50 000

思 考 题

1. 企业对外投资的目的是什么?投资可分为哪几类?
2. 短期投资与长期投资有什么区别?
3. 试述长期债券折价和溢价购入的原因以及对收益的影响。
4. 试比较债券溢价与折价的摊销方法。
5. 试述股票投资核算的成本法与权益法的区别。

实 务 题

1. 短期投资核算

(1) 宏达企业于2019年5月1日购入丽华公司普通股股票4 000股,每股面值10元,购买价为12元,成交时另付手续费1 000元。丽华公司已于2019年4月20日宣布分派股息,每股股息0.5元,根据2019年5月5日的股东名册在5月25日至6月5日支付。宏达企业于5月30日收到股利,10月10日将所持的丽华公司股票4 000股全部售出,价格为每股12.5元,成交时付手续费1 050元。

(2) 华英公司于2018年5月1日,购入华丰公司同年1月1日发行的债券1 000张作为短期投资,每张债券面值100元,年利率12%,每年12月31日付息一次。成交时付佣金300元。2018年10月1日华英公司出售该债券500张,得款55 000元,2019年2月1日又出售500张,得款51 500元。

要求:(1) 编制宏达企业购入股票、收到股利和出售股票时的会计分录。

(2) 编制华英公司2018年5月1日至2019年2月1日有关短期债券投资的会计分录。

2. 长期股票投资成本法的核算

华新公司在2019年1月5日购入天山公司发行在外普通股股票500万股的20%,每股市价20元,购买时付佣金20 000元,均已通过银行存款支付。

(1) 假定天山公司2019年度净收益为100万元,发放现金股利60万元,华新公司已收到股利。

(2) 假定天山公司2019年度净收益为40万元,发放现金股利60万元,华新公司已收到股利。

要求:编制购买股票的会计分录,并根据上述资料编制华新公司的有关会计分录。

3. 长期股票投资权益法的核算

天龙公司 2019 年 4 月 1 日购入长宏公司发行在外 1 000 万股普通股的 60% 作为长期投资,每股面值 1 元,每股购入成本 6 元。2018 年长宏公司的净利润为 100 万元,分配其中的 60 万元作为当年的现金股利。天龙公司于 2019 年 4 月 20 日收到现金股利。

要求:编制天龙公司的有关会计分录。

4. 长期债券投资的核算

(1) 华丰公司 2019 年 1 月 1 日购入江山公司当日发行的面值 80 000 元债券,购入价为 83 000 元,期限 5 年,票面利率 12%,每年 1 月 1 日和 7 月 1 日各付息一次。

(2) 立达公司 2019 年 1 月 1 日购入宏伟公司当日发行的 100 000 元债券,购入价 92 418 元,期限 5 年,票面利率 8%,市场利率 10%,每年底付息一次。

要求:(1) 编制华丰公司购入债券,计提利息,收到利息,溢价摊销和到期债券收回的会计分录(摊销用直线法)。

(2) 编制立达公司债券购入与计息,收到利息,折价摊销与债券到期收回的会计分录(采用实际利率法摊销折价)。

5. 其他长期投资的核算

乐华企业 2018 年 1 月 1 日向兴华公司长期投资,其投出:① 现金 50 000 元;② 固定资产原值 75 000 元(已提折旧 30 000 元),双方商定价格为 50 000 元。兴华公司该年末税后利润 40 000 元,于 2019 年 1 月 15 日分给乐华公司利润 10 000 元,2019 年年末按协议规定乐华公司收回全部投资,实际收回现款 120 000 元。

要求:假设乐华投资占全部资本的 20% 或 40%,请分别按成本法和权益法,编制乐华公司的有关会计分录。

第七章
固定资产与无形资产

　　企业为保证正常的生产经营活动,除需要储备一定数量的材料等流动资产外,还必须拥有一定数量的固定资产、无形资产及其他资产。固定资产一般是所有资产中所占比重最大的资产之一,它形成的是企业的生产能力,因而加强其管理的意义就显得特别突出。本章主要介绍固定资产、无形资产的核算方法。

　　通过本章的学习,掌握固定资产的价值构成及相应的增减核算,影响折旧的基本因素及折旧的计提方法等;了解无形资产的特点,熟悉无形资产的经济内容和计价方法,掌握无形资产的会计核算方法。

第一节　固定资产概述

一、固定资产的概念及特征

1. 固定资产的概念

　　固定资产是指使用期限长、单位价值较高并在使用过程中始终保持原有实物形态的资产。按我国《企业会计准则》规定:"固定资产是指使用期限在 1 年以上,单位价值在规定标准以上,并在使用过程中保持原来物质形态的资产。"

　　目前,按国家有关规定,固定资产是指使用年限超过一年的房屋、建筑物、机器、机械、运输工具及其他与生产经营有关的设备、器具、工具等。不属于生产经营主要设备的物品,单位价值在 2 000 元以上,并且使用年限超过两年的也作为固定资产。上述标准,随着经济的发展,有可能会被调整。

2. 固定资产的特征

　　(1) 固定资产属于有形资产。

　　(2) 固定资产是指为生产商品、提供劳务、出租或经营管理而持有的,也就是说企业持有固定资产的主要目的不是为了出售。

　　(3) 固定资产使用寿命超过一个会计年度。

二、固定资产的分类

企业的固定资产种类繁多,为加强管理考核资产的利用情况和便于核算计提折旧等,企业应当选择适当的分类标准,对其进行科学的分类。常见的分类标准有以下几种。

1. 按经济用途划分

固定资产可分为生产用固定资产和非生产用固定资产。生产用固定资产是指直接服务于企业生产经营过程的固定资产。非生产用固定资产是指不直接服务于生产经营过程的固定资产。

2. 按使用情况划分

可分为使用中的固定资产、未使用的固定资产和不需用的固定资产。

使用中的固定资产是指正在使用的经营性和非经营性固定资产。包括季节性经营或修理等原因暂时停止使用的固定资产、出租给其他单位使用的固定资产以及内部替换使用的固定资产。

未使用的固定资产是指已完工或已购建的尚未交付使用的固定资产以及因进行改建、扩建等原因停止使用的固定资产。

不需用的固定资产是指本企业多余或不适用,需要调配处理的固定资产。

3. 按所有权划分

固定资产可分为自有固定资产和租入固定资产。自有固定资产是指企业拥有的可供企业自由支配使用的固定资产。租入固定资产是指企业采用租赁方式从其他单位租入的固定资产。

4. 按经济用途和使用情况划分

固定资产可分为生产经营用固定资产、非生产经营用固定资产、租出固定资产、不需用固定资产、未使用固定资产、土地、融资租入固定资产。

土地主要是指已经估价单独入账的土地。因征地而支付的补偿费,应计入与土地有关的房屋、建筑物的价值内,不单独作为土地价值入账。企业取得的土地使用权不能作为固定资产管理。

融资租入固定资产是指企业采取融资租赁方式租入的固定资产,在租赁期内,应视同自有固定资产进行管理。

企业应根据实际情况和经营管理需要,选择适合本企业的分类标准,进行固定资产的会计核算。

三、固定资产的计价基础

对于固定资产的计价,传统上大都以历史成本为基础,但是由于盘盈或接受捐赠等原因增加的固定资产,因无法确定其历史成本,就要采取重置成本计量。此外,考虑到固定资产价值大,其价值会随服务能力的下降而逐渐减少,还需要揭示固定资产折余价值。

固定资产计价基础有三种,分别用于不同目的。

1. 按原始价值计价

原始价值(亦称历史成本)是指企业购建某项固定资产达到可使用状态前所发生的一切

合理的、必要的支出。它是固定资产计价标准,也是计提折旧的依据。但这一计价方法也有明显的不足,当经济环境和物价水平发生变化时,它不能反映固定资产的真实价值。

2. 按重置完全价值计价

重置完全价值也被称为现时重置成本,它是指在现有生产技术条件下,重新购建同样的固定资产所需要的全部支出。采用这种方法计价,虽弥补了企业原始成本计价方法的不足,但现时重置成本的经常变化使操作变得既复杂,又特殊。这种方法只适用于盘盈固定资产的计价,或对报表进行补充、附注时的说明。

3. 按净值计价

固定资产净值也被称为折余价值,是指固定资产原始价值或重置完全价值减去已提折旧后的净额。它可以反映企业实际占用在固定资产上的资金数额和固定资产的新旧程度。该方法主要在盘盈、盘亏或毁损等原因导致的固定资产清理时使用。

四、固定资产的入账价值

固定资产的价值构成是指固定资产价值所包括的范围。从理论上讲,它应包括企业为购建某项固定资产达到可使用状态前所发生的一切合理的、必要的支出,这些支出既有直接发生的,如购置固定资产的价款、运杂费、包装费和安装成本等;也有间接发生的,如应分摊的借款利息、外币借款折合差额以及应分摊的其他间接费用等。

第二节 固定资产增加

一、总分类核算

固定资产增加核算中使用的账户主要有"固定资产""在建工程"等。

固定资产

借方	贷方
登:增加的固定资产的原始价值、重置价值或合同价值	登:减少的固定资产的原始价值、重置价值或合同价值
余额:现有固定资产的原始价值、重置价值或合同价值	

图7-1 固定资产账户

在建工程

借方	贷方
登:自营或出包工程的实际成本	登:交付使用或其他原因转出的工程成本
余额:尚未完工的工程成本	

图7-2 在建工程账户

二、固定资产的明细核算

为了反映固定资产的明细资料,企业应设置"固定资产登记簿"和"固定资产卡片",按固定资产类别、使用部门和每项固定资产进行明细核算。

三、账务处理

由于固定资产的来源渠道不同,其价值构成亦有所不同。

1. 购入的固定资产

按实际支付的买价及增值税或售出单位的账面原价(扣除原安装成本)加上支付的运杂费、包装费和安装成本等作为入账价值。从 2019 年 1 月 1 日开始实施的增值税转型改革,允许企业抵扣新购入设备所含的增值税。

【案例 7-1】 某公司购入一台不需安装的新设备,货款 100 000 元,增值税税额 13 000 元,款已转账付讫。会计分录为:

```
借:固定资产                          100 000
    应交税费——应交增值税(进项税额)      13 000
    贷:银行存款                              113 000
```

【案例 7-2】 某公司从 A 工厂购入旧汽车一辆,该汽车在 A 厂的账面原值为 160 000 元,已提折旧 20 000 元,现双方协议作价 150 000 元,款已通过银行支付。会计分录为:

```
借:固定资产                          160 000
    贷:银行存款                              150 000
        累计折旧                              10 000
```

2. 自行建造的固定资产

按建造过程中实际发生的全部支出作为入账价值。

【案例 7-3】 (1) 某公司购建一套新设备。购入设备时,设备价款及增值税税额共计 226 000 元;购买工程材料一批,价款 10 000 元,增值税 1 300 元,款已转账付讫。

```
借:在建工程                          200 000
    工程物资                           10 000
    应交税费——应交增值税(进项税额)      27 300
    贷:银行存款                              237 300
```

(2) 支付安装人员工资 10 000 元,领用工程材料 10 000 元。

```
借:在建工程                           20 000
    贷:应付职工薪酬                           10 000
        工程物资                               10 000
```

(3) 设备安装完毕,验收合格,现交付使用。

```
借:固定资产                          220 000
    贷:在建工程                              220 000
```

3. 其他单位投资转入的固定资产

如为新增资产则按其实际的成本支出入账;如为旧资产则按国际惯例,应按公允价值记账,一般要考虑同类资产的市场价格,由专职的评估师独立做出评估。但鉴于目前我国市场体系,社会公证尚不完善,所以现行会计制度规定以协议、合同约定的价值或评估确认价值作为投入资本记账。

(1) 评估确认的价值小于或等于投出单位的账面原值,按投出单位的账面原值借记"固定资产"账户,以评估确认价值贷记"实收资本"账户,两者差额贷记"累计折旧"账户。

【案例 7-4】 A 公司接受 B 公司投入一项不需安装的固定资产,该资产在 B 公司的账面原值为 100 000 元,已提折旧 20 000 元,经双方协议定价为 90 000 元,该资产已交付 A 公司。A 公司会计分录为:

借:固定资产 100 000
　贷:实收资本 90 000
　　累计折旧 10 000

若评估确认价值为 80 000 元,则会计分录为:

借:固定资产 100 000
　贷:累计折旧 20 000
　　实收资本 80 000

(2) 评估确认的价值大于投出单位的账面原值,按评估确认的价值分别记入"固定资产"账户和"实收资本"账户。

【案例 7-5】 续【案例 7-4】,现双方确定的价格为 110 000 元。A 公司会计分录为:

借:固定资产 110 000
　贷:实收资本 110 000

4. 固定资产租赁

固定资产租赁是指一定期限内的固定资产使用权有偿转让的经济行为。按与租赁资产有关的风险和报酬归属的不同,可分为经营租赁和融资租赁两种。在我国,一般则更直接的以期满后的所有权归属作为其分类的标准。

(1) 经营租赁

一般是为了满足临时季节性需要而租赁的固定资产,发生的租赁费列入企业的管理费用、制造费用,租入的固定资产不作为自有固定资产入账核算,租入的固定资产由出租方提取折旧。双方只需在各自的固定资产备查簿上加以登记,并对租金的收支做出处理。

【案例 7-6】 某企业生产车间租入一大型设备,每月需付租金 2 000 元,租期 1 年(假设款项以银行存款支付),则每月付款时的账务处理为:

借:制造费用 2 000
　贷:银行存款 2 000

(2) 融资租赁

按国际惯例,固定资产融资租赁是指固定资产出租后,与固定资产所有权有关的风险和利益基本上都转移给承租人的租赁行为。一般是将租赁期满后,固定资产所有权转归承租方的租赁行为,视为固定资产的融资租赁。因此,融资租赁除同经营租赁一样具有有偿转让资产使用权的性质外,还具有融通资金的性质。与经营租赁相比其特点主要有:

① 租赁期限长(一般达到租赁资产使用年限的 75% 以上);

② 支付的租金包括设备的价款、租赁费等;

③ 租约一般不能取消;

④ 按照规定应计提折旧;

⑤ 在租赁期满后,承租人优先选择廉价购买租赁资产的权利。

融资租入的固定资产,按租赁开始日租赁资产公允价值与最低租赁付款额(按租赁协议确定的设备价款、运费等)的现值两者中较低者作为入账价值。

【案例7-7】 某企业以融资方式租入设备一台,按协议规定总租金为200 000元。企业已将其投入使用。会计分录为:

借:固定资产——融资租入固定资产 200 000
　　贷:长期应付款 200 000

对于融资租入固定资产的更详细核算,见长期应付款核算中的有关内容。

5. 盘盈的固定资产

按重置完全价值作为其入账价值。

【案例7-8】 某企业年终盘点时,发现账外设备一台,其重置完全价值为50 000元。会计分录为:

借:固定资产 50 000
　　贷:待处理财产损溢 50 000

6. 已投入使用但尚未办理移交手续的固定资产

可比照存货的处理方法,先按估价入账,待实际价值确定后,再将原估价冲回并重新记账。

第三节　固定资产折旧

一、固定资产折旧的意义

固定资产折旧是指固定资产在使用过程中,因技术或自然的原因逐渐损耗而转移到有关产品中去的那部分价值。

在固定资产的有效使用期限内计提折旧的意义,在于为了保证企业将来有能力重置固定资产,同时把固定资产的成本分配到各个受益期,实现期间收入与费用的正确配比。因此,正确地计算和计提折旧,不仅是正确计算产品成本的一个前提条件,也是保证固定资产再生产正常进行的重要措施。

二、固定资产计提折旧的范围及依据

1. 固定资产计提折旧的范围

一般而言,凡使用中的固定资产都应计提折旧;未使用和不需用的固定资产不提折旧。具体地讲,可计提折旧的固定资产主要包括:① 房屋和建筑物(无论使用与否均应计提);② 在用的机器设备等固定资产;③ 季节性停用或大修理停用的固定资产;④ 经营租出的和融资租入的固定资产。

不计提折旧的固定资产主要包括:① 未使用和不需用固定资产(房屋、建筑物除外);② 经营租入的固定资产;③ 工程交付使用前的固定资产;④ 已提足折旧继续使用的固定资产,未提足折旧提前报废的固定资产;⑤ 破产、关停企业的固定资产;⑥ 国家规定不提折旧的其他固定资产(如过去已单独入账的土地等)。

2．固定资产计提折旧的依据

（1）折旧基数

折旧基数一般为取得固定资产的原始成本，即固定资产的账面原值。

在实际工作中，一般以月初的固定资产账面价值作为当月计提折旧的依据。也就是说，当月增加的固定资产当月不提折旧，当月减少的固定资产当月照提折旧。

（2）固定资产的净残值

固定资产的净残值是指固定资产报废时，预计可收回的残值扣除预计清理费用后的数额。由于残值和清理费用都是预计的，为避免人为调整净残值而引起的折旧额的调整，我国规定：净残值比例在原价的 5％ 以内，由企业自行确定，并报主管财政机关备案；特殊情况需调整的，应报主管税务机关备案。

（3）固定资产的使用年限

由于固定资产使用年限的长短直接影响到各期应提的折旧额，因此，在确定固定资产使用年限时，不仅要考虑固定资产的有形损耗，还要考虑其无形损耗。由于固定资产使用年限的确定同净残值的确定一样具有主观随意性，有鉴于此，现行会计制度对各类固定资产的使用年限均做出了明确的规定。

三、固定资产的折旧方法

1．平均年限法

平均年限法是指按固定资产的使用年限平均计算折旧的一种方法。由于按照这种方法计提的折旧额各期都是相等的，折旧的累积额呈直线上升的趋势，因此这种方法也被称为直线法。具体计算公式如下：

$$年折旧率 = \frac{1 - 预计净残值率}{预计使用年限} \times 100\%$$

$$月折旧率 = 年折旧率 \div 12$$

$$月折旧额 = 固定资产原值 \times 月折旧率$$

【案例 7-9】　某企业有厂房一幢，原值为 1 000 000 元，预计可用 10 年，预计净残值率为 5％，则：

$$年折旧率 = \frac{1 - 5\%}{10} = 9.5\%$$

$$月折旧率 = 9.5\% \div 12 = 0.79\%$$

$$月折旧额 = 1 000 000 \times 0.79\% = 7 900（元）$$

2．工作量法

工作量法是指按固定资产的实际工作量计提折旧的一种方法。该法主要适用于某些机器设备和运输工具、设备的折旧计算。基本计算公式为：

$$每一工作量折旧额 = \frac{固定资产原值 \times (1 - 净残值率)}{预计总工作量}$$

$$月折旧额 = 该项固定资产月工作量 \times 每一工作量折旧额$$

【案例 7-10】　某公司有货运卡车一辆，原值为 200 000 元，预计净残值率为 4％，预计总行驶里程为 1 000 000 公里，本月行驶里程 4 000 公里。

该项固定资产的本月折旧额 $=4\,000\times\dfrac{200\,000\times(1-4\%)}{1\,000\,000}=768$（元）

3. 双倍余额递减法

双倍余额递减法是指不考虑固定资产残值的情况下，用固定资产每期期初的折余价值乘以双倍的直线折旧率来确定各期折旧额的一种方法。由于开始计提折旧时不考虑固定资产的残值收入，临近期末时就可能会出现固定资产的账面折余价值小于它的预计残值收入的情况，为避免这种情况的发生和便于操作，现行会计制度规定：采用双倍余额递减法计提折旧的企业，在其固定资产折旧年限到期前的两年内，改用直线法计提折旧。

【案例 7-11】　某项设备的原值为 200 000 元，预计使用年限为 5 年，预计净残值率为 4%，用双倍余额递减法计算的各年折旧如表 7-1 所示。

表 7-1　双倍余额递减法计算表　　　　　　　　　　单位：元

年限	账面净值	年折旧率	年折旧额	累计折旧
1	200 000	2×(1÷5)=40%	80 000	80 000
2	120 000	40%	48 000	128 000
3	72 000	40%	28 800	156 800
4	43 200	最后两年改	(43 200−8 000)÷2=17 600	174 400
5	—	为直线法	17 600	192 000

4. 年限总和法

年限总和法又被称为折旧年限积数法或级数递减法，是将固定资产尚可使用年限与使用年数的逐年数字总和之比作为固定资产的年折旧率，进而确定固定资产折旧的一种方法。其计算公式为：

$$年折旧率=\dfrac{尚可使用年数}{预计使用年限的年数总和}$$

$$月折旧率=年折旧率÷12$$

$$月折旧额=（固定资产原值-预计净残值）\times月折旧率$$

【案例 7-12】　某项固定资产的原值为 50 000 元，预计使用年限为 5 年，预计净残值 2 000 元，采用年限总和法计算的折旧额如表 7-2 所示。

表 7-2　年限总和法计算表　　　　　　　　　　单位：元

年限	尚可使用年限	原值−净残值	变动折旧率	每年折旧额	累计折旧
1	5	48 000	5/15	16 000	16 000
2	4	48 000	4/15	12 800	28 800
3	3	48 000	3/15	9 600	38 400
4	2	48 000	2/15	6 400	44 800
5	1	48 000	1/15	3 200	48 000

上述四种固定资产的折旧方法中，后两种属于加速折旧法。采用加速折价法的目的是使固定资产的成本能尽早收回，促进设备的更新，主要适用于科技、航天、医疗等高新产业。加速折旧法的理论依据是：固定资产使用的总费用应包括折旧和修理两部分。因修理费用随着资

产的磨损是逐年递增的,如果各期的折旧额相等,那么固定资产的总使用费必然也是逐年递增的;但如果折旧额是逐期递减的,那么总费用必然会保持比较平均的趋势,这样更符合配比会计原则的要求。

四、固定资产折旧的核算

为了反映和监督企业固定资产折旧的计提及累计折旧额的增减变动情况,企业应设置"累计折旧"账户予以全面核算。

累计折旧

借方	贷方
登:因投资或清理等原因减少固定资产时转出的折旧	登:当期应提取的折旧及增加旧固定资产时转入的折旧
	余额:期末固定资产的累计折旧

图 7 - 3　累计折旧账户

企业计提固定资产的折旧时,应根据固定资产的使用部门不同,分别借记有关账户,贷记"累计折旧"账户,账务处理的依据为固定资产折旧计算表。

【案例 7 - 13】　某企业 1 月份的折旧计算表显示,A 生产车间当月计提的折旧为 20 000元,厂管理部门为 4 000 元。会计分录为:

借:制造费用——A 车间　　　　　　　　　20 000
　　管理费用　　　　　　　　　　　　　　4 000
　　贷:累计折旧　　　　　　　　　　　　　　　24 000

第四节　固定资产的后续支出

一、固定资产后续支出的概念

固定资产后续支出是固定资产经初始计量并入账后又发生的与固定资产相关的支出。在核算过程中,首先应根据其具体内容做出资本性支出和收益性支出会计确认;其次应依据支出效用是否有利于固定资产寿命和经营的原则进行相应的核算。核算内容包括在原有固定资产基础上进行的改建扩建、改良支出以及修理、装修支出。

二、固定资产后续支出的核算

(一) 固定资产的修理费

固定资产因长期使用,必然不断磨损,可能导致固定资产的局部损坏,为恢复固定资产原有性能,并使之经常处于良好状态的维护行为,就是固定资产的修理。此类维修的目的是保证固定资产达到正常工作状态,并不导致固定资产性能的改变。因此,维修费用在发生时一次记入当期损益。

【案例 7-14】　长江公司管理部门的车辆委托某修理厂进行正常保养,正常保养费为250 元,车间设备维修费为 750 元,用银行存款支付修理费 1 000 元。会计分录为:

```
借:管理费用                            250
   制造费用                            750
   贷:银行存款                            1 000
```

(二) 固定资产的改、扩建或改良支出的核算

1. 固定资产改、扩建或改良的特点

固定资产改、扩建或改良,是在原有固定资产规模的基础上,通过追加固定资产投资而改良或增加固定资产的总体规模。

2. 固定资产改、扩建或改良的核算

(1) 固定资产改、扩建或改良支出时,企业首先要将固定资产的原值、已计提的累计折旧和固定资产减值准备注销,转入在建工程,即借记"在建工程""累计折旧""固定资产减值准备"账户,贷记"固定资产"账户。

(2) 固定资产发生可资本化的后续支出时,通过"在建工程"核算。

(3) 在固定资产发生的后续支出完工并达到预定可使用状态时,借记"固定资产"账户,贷记"在建工程"账户。

【案例 7-15】　长江公司将原生产车间现改造为成品库,生产车间原账面价值为500 000元,已提 200 000 元折旧;全部改造支出 160 000 元,已转账付讫,现已重新交付使用。会计分录为:

① 车间交付改造时,将固定资产账面值转至"在建工程"账户。

```
借:在建工程                            300 000
   累计折旧                            200 000
   贷:固定资产                            500 000
```

② 支付改造支出时:

```
借:在建工程                            160 000
   贷:银行存款                            160 000
```

③ 竣工验收交付使用时,增加固定资产原值。后续支出全部资本化后的固定资产账面价值=300 000+160 000=460 000(元)。经确认,该固定资产改扩建后未超过预计可收回的金额,所以可将其后续支出全部资本化。会计分录为:

```
借:固定资产                            460 000
   贷:在建工程                            460 000
```

【案例 7-16】　某企业对租期为 2 年的经营租入的固定资产以出包方式进行改良,一次支付给某建筑公司改良款项 200 000 元,款已转账付讫。会计分录为:

```
借:长期待摊费用——固定资产改良支出        200 000
   贷:银行存款                            200 000
```

（三）固定资产装修费用的核算

固定资产装修费用如果符合固定资产的确认条件，则后续支出应当计入固定资产账面价值，否则，后续支出应当确认为当期费用，在"固定资产"账户下单设"固定资产装修"明细账户进行核算，并在两次装修期间与固定资产尚可使用年限两者中较短的期间内，采用合理的方法单独计提折旧。如果在下次装修时，该项固定资产相关的"固定资产装修"明细账户仍有余额，应将该余额一次全部计入当期营业外支出。

第五节　固定资产的盘点与处置

一、固定资产的盘点

固定资产盘点是指企业为维护固定资产的安全和达到账实相符的目的而进行的定期清查。固定资产盘点核算的原始依据为固定资产盘点表和有关盘点的处理文件。处理原则同存货盘点一样，仍然是先调整账实，后结转盘盈、盘亏；账户设置也需在"待处理财产损溢"账户下另设"待处理固定资产损溢"明细账户。同存货盘点处理所不同的是，盘盈、盘亏结转的方向为营业外收支。

【案例 7-17】　某企业在财产清查中，盘盈设备一台，其重置完全价值为50 000元，估计已提折旧 15 000 元。

① 据盘点表调整账实，使其相符。

借：固定资产　　　　　　　　　　　　　　　　　　　　　　　50 000
　贷：累计折旧　　　　　　　　　　　　　　　　　　　　　　 15 000
　　　待处理财产损溢——待处理固定资产损溢　　　　　　　 35 000

② 据有关批准文件，结转盘盈资产。

借：待处理财产损溢　　　　　　　　　　　　　　　　　　　　35 000
　贷：营业外收入　　　　　　　　　　　　　　　　　　　　　 35 000

【案例 7-18】　某企业在财产清查中，盘亏设备一台，账面原值为 100 000 元，累计折旧为 30 000 元。

① 据盘点表调整账实。

借：待处理财产损溢——待处理固定资产损溢　　　　　　　　70 000
　　累计折旧　　　　　　　　　　　　　　　　　　　　　　　30 000
　贷：固定资产　　　　　　　　　　　　　　　　　　　　　 100 000

② 据批准文件进行结转。

借：营业外支出　　　　　　　　　　　　　　　　　　　　　　70 000
　贷：待处理财产损溢——待处理固定资产损溢　　　　　　　 70 000

二、固定资产的处置

固定资产的处置主要是指固定资产的报废和出售，以及由于各种不可抗力而导致的固定资产毁损。应通过"固定资产清理"账户核算。

1. 固定资产清理的概念

固定资产清理的概念是指固定资产因报废、出售或不可抗力造成的毁损引起的固定资产减少方面的清查处理。为了综合反映固定资产因上述原因所引起的清理核算,及时掌握清理过程中的有关收支及结算情况,企业应设置"固定资产清理"账户进行核算(见图 7 - 4)。

固定资产清理

借方	贷方
登:清理过程中发生的所有成本及费用,包括固定资产净值、清理费、应交税金等,以及转出到"营业外收入"的净收入	登:清算过程中发生的所有收入,包括固定资产出售的价款,残值收入,保险公司或过失人的赔款等,以及转出到"营业外支出"的净损失
余额:表示清理后未结转的净损失	余额:表示清理后未结转的净收益

图 7 - 4　固定资产清理账户

2. 固定资产处置时增值税缴纳的有关规定

一般纳税人和小规模纳税人销售使用过的物品增值税的税务处理通过表格的形式呈现出来,如表 7 - 3 所示。

表 7 - 3　销售使用过的物品增值税的处理

应税行为		一般纳税人	小规模纳税人
销售自己使用过的(是指纳税人根据财务会计制度已经计提折旧的固定资产。)	固定资产	① 按规定允许抵扣进项税额的固定资产再转让 销项税额＝含税销售额÷(1＋税率)×税率(按照适用税率征收增值税,如 17%) ② 按规定不得抵扣且未抵扣过进项税额的固定资产再转让 应纳税额＝含税销售额÷(1＋3%)×2%	应纳税额＝含税销售额÷(1＋3%)×2%

3. 固定资产清理核算中的一般步骤

(1)固定资产报废

固定资产报废一般可分为两类。一类为正常报废,包括磨损报废和因技术进步的提前报废;一类为非正常报废,主要是指因自然灾害或责任事故所致的报废,即固定资产的毁损。两类报废的核算基本相同。

【案例 7 - 19】　长江公司有旧厂房一栋,原值 500 000 元,已提折旧 450 000 元,因使用期满批准报废。清理过程中,以银行存款支付清理费用 2 000 元,残料入库,估价为 10 000 元,拟作维修之用。账务处理如下:

① 固定资产转入清理,冲销其原值及累计折旧时:

借:固定资产清理　　　　　　　　　　　　　　50 000

　　累计折旧　　　　　　　　　　　　　　　 450 000

　　贷:固定资产　　　　　　　　　　　　　　　　　　500 000

② 支付清理费用时:

| 借:固定资产清理 | 2 000 | |
| 贷:银行存款 | | 2 000 |

③ 残料入库时：

| 借:原材料 | 10 000 | |
| 贷:固定资产清理 | | 10 000 |

④ 结转固定资产清理的净损益 42 000 元时：

| 借:营业外支出 | 42 000 | |
| 贷:固定资产清理 | | 42 000 |

上述报废清理,如不是自然报废,而是人为所致,经企业研究决定,应由责任人赔偿 20 000元,款项暂时未收。则在结转固定资产清理净损益前会计分录为：

| 借:其他应收款——×× | 20 000 | |
| 贷:固定资产清理 | | 20 000 |

然后结转固定资产净损益 22 000 元。

| 借:营业外支出 | 22 000 | |
| 贷:固定资产清理 | | 22 000 |

（2）固定资产出售

企业因调整经营方针或因考虑技术进步等因素,可以将不需用的固定资产出售给其他企业。出售过程中的固定资产清理核算同报废清理核算大致相同,唯一不同的是,企业需按照有关规定,按销售额计算出售不动产应缴纳的增值税。

【案例 7-20】 长江公司出售一设备,该设备原值 100 000 元,已累计提折旧 20 000 元,现作价 90 000 元售给某乡办工厂,款已存入银行,同时又以银行存款支付清理费用 4 000元。该设备购入时不能抵扣进项税额,相应的会计处理如下：

① 固定资产转入清理时：

借:固定资产清理	80 000	
累计折旧	20 000	
贷:固定资产		100 000

② 支付清理费用时：

| 借:固定资产清理 | 4 000 | |
| 贷:银行存款 | | 4 000 |

③ 收到出售的固定资产价款时：

| 借:银行存款 | 90 000 | |
| 贷:固定资产清理 | | 90 000 |

④ 计算应缴纳的增值税时：

应交增值税 $=90\,000\div(1+3\%)\times2\%=1\,747.57$（元）

| 借:固定资产清理 | 1 747.57 | |
| 贷:应交税费——应交增值税（未交增值税） | | 1 747.57 |

⑤ 结转固定资产清理后的净损益时：

| 借:固定资产清理 | 4 252.43 | |
| 贷:营业外收入 | | 4 252.43 |

该案例的账务处理过程如图 7-5 所示。

```
                              ①
固定资产          固定资产清理              累计折旧
100 000      80 000    90 000          20 000

应交税费          4 000
1 747.57    ④  1 747.57        ③
营业外收入          4 252.43              银行存款
4 252.43    ⑤                      90 000    4 000

                              ②
```

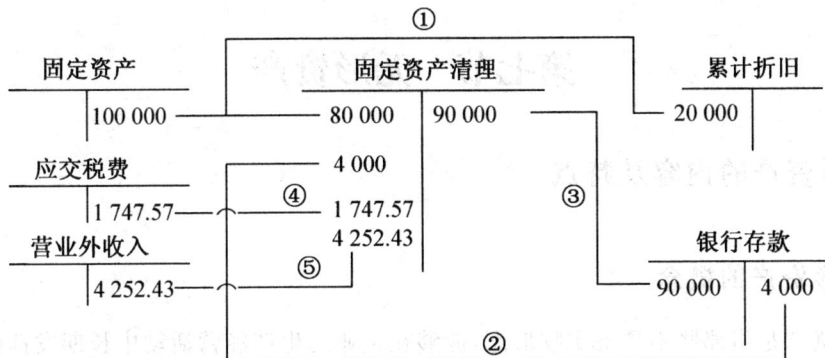

图 7 – 5　固定资产出售的财务处理

综上所述,固定资产清理核算中的一般步骤为:

① 固定资产转入清理。② 发生清理费用的处理。③ 出售收入及所负税金或残值入库及变卖的处理。④ 保险赔偿的处理。⑤ 清理净损益的结转。

第六节　固定资产与在建工程减值准备

一、固定资产减值准备

1. 固定资产减值准备的概念

企业的固定资产在使用过程中,由于存在有形损耗(如自然磨损等)和无形损耗(如技术陈旧等)以及其他的经济原因,导致其可收回金额低于其账面价值,对于已经发生的减值如果不予以确认,必将导致虚夸资产的价值,这不符合真实性原则。因此,《企业会计制度》规定:"企业应当在期末对固定资产逐项进行检查,如果由于市价持续下跌,或技术陈旧、损坏、长期闲置等原因,导致其可收回金额低于账面价值的,应当计提固定资产减值准备。"

这里的账面价值是指固定资产原值扣减已提累计折旧和固定资产减值准备后的净额;可收回金额是指固定资产的销售净价与预期从固定资产的持续使用和使用寿命结束时的处置中形成的预计未来现金流量的现值两者之中的较高者。

在资产负债表中,固定资产减值准备应当作为固定资产净值的减项反映。

2. 固定资产减值准备的账务处理

在资产负债表日,企业根据资产减值准则确定固定资产发生减值时,按应减记的金额,借记"资产减值损失"账户,贷记"固定资产减值准备"账户。处置固定资产时,应同时结转已计提的固定资产减值准备。固定资产减值准备一经计提,在以后的会计期间不得转回。

二、在建工程减值准备

新准则规定资产负债表日,企业根据资产减值准则确定在建工程发生减值的,按应减记的金额,借记"资产减值损失"账户,贷记"在建工程——减值准备"账户。在建工程减值准备一经计提,在以后的会计期间不得转回。

第七节　无形资产

一、无形资产的内容及特点

（一）无形资产的概念

无形资产是指那些不具备实物形态，能够在企业的生产经营活动中长期发挥作用，使企业获得额外收益的资产。无形资产是企业的长期资产，企业取得了无形资产，表明企业拥有了一种法定或特殊权利，或者企业拥有能够取得高于一般水平的获利能力。无形资产尽管没有实体，但可能具有较大的价值，并且能在较长的时间为企业使用。

（二）无形资产的内容

1. 专利权

专利权是指政府对发明者在某一产品的造型、配方、结构、制造工艺或程序的发明创造上给予其制造、使用和出售等方面的专门权利，即专利权是经政府依法批准的发明者对其发明的成果制造、使用和出售等方面在一定年限内享有的独占权或专用权。我国《专利法》明确规定：专利权人拥有的专利受到国家法律的保护。

由于有的专利价值很小或者没有经济价值，有的专利会被另外更有经济价值的专利所淘汰，因此企业并不一定将其所拥有的一切专利权都予以资本化，作为无形资产核算，只有那些能够给企业带来较大经济效益的，并且企业为取得该项专利权花费较大代价的才能作为无形资产核算。

2. 专有技术

专有技术是指企业在生产经营中实际应用的未经公开也未申请过专利权的专门技术、工艺流程经验和产品设计等的总称，亦称非专利技术、技术诀窍等。它是企业经过多年实践总结出来的技术成果，但它没有专门的法律予以保护。

专有技术具有效益性、保密性、传授性、动态性的特征。

企业的专有技术，有些由企业自己开发研究形成，有些是按合同规定，从外部购入的。如果是企业自己开发研究，发生的研究开发费用，一般列作当期费用处理，不作为无形资产核算。企业从外部购入的非专利技术，应将实际发生的一切支出予以资本化，作为无形资产入账。

3. 商标权

商标权是指企业拥有在某类指定的商品或产品上使用特定的名称或图案的权利。我国《商标法》明确规定，经商标局核准注册的商标为注册商标，商标注册人享有商标专用权，受法律保护。

企业自创商标并将其注册登记，所花费用不大，一般不将其资本化。但对购入的或其他单位作为资产投入的商标权，应作为无形资产核算。

4. 著作权

著作权又被称为版权，是指著作（如专著、论文、文艺品、软件等）所有者对其著作所拥有的特殊权利。按我国《著作权法》有关规定,著作所有者拥有的著作权受法律保护,未经著作所有者许可或转让,他人不得占有或转让。

企业的著作权如是自制的,由于申请著作权的费用不大,因此,此项费用可不作为无形资产核算,而直接计入当期管理费用。企业因业务经营管理需要,外购著作权,或费用开支较大,或接受著作权投资时,应予以资本化,作为无形资产入账。

5．土地使用权

土地使用权是指国家准许某一企业在一定期限内对国有土地享有开发、利用、经营的权利。我国颁布了《中华人民共和国土地管理法》,按该法规定,我国的土地实行社会主义公有制,任何单位和个人不得侵占、买卖或以其他形式非法转让土地。国有土地和集体所有的土地的使用权可以依法转让。

企业领取土地使用证,取得土地使用权时,应作无形资产核算;或投资方用已拥有的土地使用权作价投资转让,企业接受其投入的土地使用权,在这种情况下应按规定评估作价,作为无形资产。

6．经营特许权

经营特许权又被称为专营权,指政府(或企业)准许某一企业(或另一企业)在一定地区内享有经营某种业务或销售某种特定商品的专有权利。

不花任何代价无偿获取的经营权,例如,政府批准授予的烟草专卖权等,不能作为无形资产入账。花费较大代价取得的经营特许权,应将取得时的各种费用连同办理法律手续的费用予以资本化,作为无形资产核算。

7．商誉

商誉是指企业由于所处地理位置优越,或由于服务、信誉卓著,或由于技术先进、生产效率高、经验丰富、经营出色等种种有利因素,使企业经营情况特别优良而取得高于同行业正常经营利润率的能力所形成的价值。

商誉可以自建,也可以是外购。企业通过自身经营管理而建立的商誉不能作为无形资产入账,只有从外购入的商誉才能作为无形资产入账。

(三) 无形资产的特点

综上所述,无形资产不仅具有长期资产所共有的特征,而且还具有自身的特点,具体如下。

(1) 无实体。无形资产本身不存在实物形态,不具有物质实体,看不见,摸不着,不是人们直接可以触摸到的,是隐形存在的资产。

(2) 不确定性。无形资产所提供的未来经济效益具有很大的不确定性。有些无形资产(如商誉)只是在某个特定的企业存在并发挥作用,有些无形资产的受益期难以确定,随着市场竞争,将被新技术发明而替代。

(3) 无形资产随着使用年限的增长,其提供和获取收入的潜力随之减少。

二、无形资产的分类

1．按是否有使用有效期划分

(1) 有期限的无形资产。这类无形资产的有效期为法律或合同所规定,例如专利权、商标权、专营权、土地使用权等。我国《专利法》规定:发明专利有效期为 20 年。《商标法》规定：注册商标的有效期 10 年。

（2）无期限的无形资产。这类无形资产的有效期限在法律上并无规定，如专有技术、商誉等。

2. 按能否确切辨认划分

（1）可辨认的无形资产。这类无形资产具有专门的名称，可以个别地取得，或作为资产组成的一部分取得，或作为整个企业的一部分买进，如专利权、商标权、专营权等。

（2）不可辨认的无形资产。这类无形资产无法具体辨认，不能单独取得，必须连同企业全部净资产一并购入或转让，如商誉等。

3. 按取得渠道划分

（1）外购的无形资产。这是指从外单位或个人购入的无形资产，例如外购的专利权、商标权等。

（2）自创的无形资产。这是指企业通过自身努力创造的无形资产，例如商誉及自行研制的专利等。

（3）接受投资转让的无形资产。这是指外单位作为资本投入的无形资产，例如接受投入的土地使用权等。

三、无形资产的核算

（一）无形资产核算的账户设置

为了总括反映和监督无形资产的取得和摊销，成本的形成和价值的消逝，企业应设置"无形资产"账户进行核算，该账户属资产类账户。

无形资产

借方	贷方
登：(1) 企业自制、购入并按法律程序取得的无形资产实际成本；(2) 接受其他单位投资转入的无形资产的协议价值	登：企业以无形资产对外投资，以及无形资产转让、出售、退出等冲减无资产的初始成本
余额：企业拥有的无形资产价值	

图 7-6 无形资产账户

企业可根据自身的特点和需要，按无形资产的类别（如专利权、商标权等），设置明细分类账户，进行明细分类核算。

（二）无形资产的计价

企业取得的无形资产均应按实际成本入账。

（1）企业购入和按法律程序申请取得的各项无形资产，按实际支出数入账。

（2）自行开发、创造的无形资产，按开发过程中研究阶段支出与开发阶段支出分别核算。

① 研究阶段企业实际发生的支出应予以费用化。发生时：借记"研发费用——费用化

支出"账户,贷记有关账户;期末根据发生的全部研究支出,借记"管理费用"账户,贷记"研发费用——费用化支出"账户。

② 开发阶段企业实际发生的支出应予以资本化。由于已经完成了研究阶段的工作,实施研究项目开发所发生的支出,符合无形资产的条件,并能可靠的计量。发生资本化支出时,借记"研发费用——资本化支出"账户,贷记有关账户;在确认为无形资产时,应根据发生的全部开发支出,借记"无形资产"账户,贷记"研发费用——资本化支出"账户。

(3) 其他单位投资转入的无形资产,应按双方协商确定的价值或评估确认的价值入账。

由于无形资产的价值具有不确定性的特点,为慎重起见,只有能够确定为取得无形资产而发生的支出,才能作为无形资产的成本入账,否则,即使企业确实拥有某项无形资产,也不能将其资本化,作为无形资产入账。

(三) 无形资产取得的核算

企业无形资产取得的渠道主要有外购、自创、接受其他单位投资转入等。

【案例 7-21】 长江公司购入一项专有技术,双方议定价格 500 000 元,价款已通过银行支付。会计分录为:

借:无形资产——专有技术　　　　　　　500 000
　贷:银行存款　　　　　　　　　　　　　　500 000

【案例 7-22】 长江公司自行开发某技术项目已申请获得专利权,该项目研制开发费共计 450 000 元。其中:材料费用 250 000 元,设计、试验及其他费用200 000 元,以银行存款支付。获得成功经注册后,转作无形资产入账。会计分录为:

(1) 发生各项支出时:

借:研发费用——资本化支出　　　　　　450 000
　贷:原材料　　　　　　　　　　　　　　250 000
　　银行存款　　　　　　　　　　　　　　200 000

(2) 研发成功,注册登记后:

借:无形资产——专利权　　　　　　　　450 000
　贷:研发费用——资本化支出　　　　　　450 000

【案例 7-23】 某企业收到 A 公司以场地使用权进行的投资,双方联营协议,作价400 000 元,有关事项均已办妥。会计分录为:

借:无形资产——土地使用权　　　　　　400 000
　贷:实收资本　　　　　　　　　　　　　400 000

注:企业接受无形资产投资时,应按照双方协商确认的价值计价,如果确认的价值大于投资方在企业注册资本中所占有的份额,其差额应贷记"资本公积"账户。

【案例 7-24】 某企业接受一项专有技术的捐助,该项专有技术有关凭据表明其价值35 000 元。会计分录为:

借:无形资产——专有技术　　　　　　　35 000
　贷:营业外收入　　　　　　　　　　　　35 000

注:如果捐赠者没有提供有关凭据给企业,则应按同类或类似无形资产的市场价格估计或按其未来预计现金流量的现值计价。

（四）无形资产摊销的核算

无形资产从开始使用之日起，按有效使用期限摊入管理费用。

无形资产的摊销，通常采用直线法，即按期限平均摊销，摊完为止，不留余额（无残值），以简化计算。其每期的摊销额为：

$$每期摊销额＝无形资产原始成本÷无形资产预计有效使用期限$$

无形资产摊销的价值，不直接冲减无形资产账面价值，而通过"累计摊销""管理费用"等账户核算。

累计摊销

借方	贷方
登：因无形资产减少转出的累计摊销的价值	登：当期应提取的摊销额
	余额：期末无形资产的累计摊销额

图 7-7　累计摊销账户

【案例 7-25】　续【案例 7-22】中的资料，若本项专利的有效期限为 15 年。每月可摊销费用＝450 000÷（15×12）＝2 500 元。会计分录为：

借：管理费用——无形资产摊销　　　　　　　　2 500

　贷：累计摊销　　　　　　　　　　　　　　　　2 500

（五）无形资产转让出售的核算

企业购入及自创的无形资产，可以依法转让出售。但其他单位投入的无形资产，由于企业只拥有使用权，无处置权，故不能自行出售。

无形资产的出让方式有两种：一是出售所有权；二是出租使用权。①出售无形资产的净收益，贷记"营业外收入"，若为净损失，借记"营业外支出"。②出租所取得的收入均记入"其他业务收入"账户的贷方；转让出售无形资产的成本记入"其他业务支出"账户的借方。若无形资产报废出现净损失，记入"营业外支出"。

按相关规定，企业转让无形资产时，一般纳税人销售无形资产适用的税率为 6%；小规模纳税人销售无形资产的征收率为 3%。

【案例 7-26】　长江公司为增值税一般纳税人，购入一项专利权，价款为 500 000 元，有效期限 10 年，年摊销额 50 000 元，现已使用 4 年，摊余价值为 300 000 元。根据实际需要，出售给 B 公司，双方协商作价 340 000 元，已收妥。

应交增值税＝34 0000×6%＝20 400（元）

借：银行存款　　　　　　　　　　　　　　　340 000

　累计摊销　　　　　　　　　　　　　　　200 000

　贷：无形资产——专利权　　　　　　　　　　　500 000

　　应交税费——应交增值税（销项税额）　　　　20 400

　　营业外收入　　　　　　　　　　　　　　　19 600

若该案例为出租专利使用权给 B 公司。合同规定，出让方提供咨询服务，受让方每销售1件使用该技术生产的产品,需给出让方支付50元的使用费。本月受让方销售用该项技术生产的产品1000件,出让方以银行存款支付各项服务费用1000元。

(1) 收取使用费时:1000×50=50000(元),并按6%的税率收取增值税3000元。

借:银行存款　　　　　　　　　　　　　　　　　53000
　　贷:其他业务收入　　　　　　　　　　　　　　　　50000
　　　　应交税费——应交增值税(销项税额)　　　　　3000

(2) 支付各项服务费用时:

借:其他业务支出　　　　　　　　　　　　　　　　1000
　　贷:银行存款　　　　　　　　　　　　　　　　　1000

(3) 按月对专利使用权进行摊销:

(50000÷12=4166.67)

借:其他业务支出　　　　　　　　　　　　　　　4166.67
　　贷:累计摊销　　　　　　　　　　　　　　　　4166.67

(六) 无形资产投资转出的核算

按国家有关规定,根据实际需要,企业可以用无形资产向外投资。对于投资转出的无形资产核算分三种情况。

1. 以已入账的无形资产所有权对外投资

这种情况下,应按双方评估确认的价值作为长期投资入账,记入相关账户的借方;按无形资产账面净值贷记"无形资产"账户;按二者之差作为"资本公积"入账。

【案例7-27】　长江公司以其自身拥有的一项专利权的所有权作价向A股份公司投资,该项专利权账面价值130000元,已累计摊销20000元。双方评估确认价值为120000元,则该企业投资转出时,会计分录为:

借:长期股权投资——其他投资　　　　　　　　　120000
　　累计摊销　　　　　　　　　　　　　　　　　　20000
　　贷:无形资产——专利权　　　　　　　　　　　　130000
　　　　资本公积　　　　　　　　　　　　　　　　　10000

2. 以已入账的无形资产使用权对外投资

这种情况下,企业出让无形资产使用权后,仍然拥有该项无形资产的所有权,企业仍有继续使用、转让该项无形资产的权利。以无形资产使用权对外联营投资的,在取得出让收入时,直接作为其他业务收入处理,核算应按前述出让无形资产使用权的方法处理,不作为长期投资核算。

3. 以未入账的无形资产对外投资

企业以未入账的无形资产对外投资时,首先要将无形资产作价入账,然后按已入账的无形资产对外投资的情况进行账务处理。

【案例7-28】　某企业以某项专利权(该专利由外商捐赠,尚未入账)对外投资,双方协商价为200000元。会计分录为:

(1) 将未入账的专利权登记入账时:

借:无形资产——专利权　　　　　　　　　　　　200000
　　贷:营业外收入　　　　　　　　　　　　　　　　200000

（2）用已入账的专利权对外投资时：

借：长期股权投资——其他投资　　　　　　　　　200 000
　　贷：无形资产——专利权　　　　　　　　　　　　　 200 000

（七）无形资产的减值核算

1. 无形资产的减值

如果无形资产将来为企业创造的经济利益不足以补偿无形资产成本（摊余成本），说明无形资产发生了减值。即无形资产将来为企业创造的经济利益（可收回金额）＜无形资产净额（账面原值－累计摊销），无形资产发生了减值，按照无形资产净额与可收回金额的差额计提减值准备。

2. 账务处理

（1）无形资产的可收回金额

每年年末，企业应当对无形资产的账面价值进行检查。如果出现减值迹象，应对无形资产的可收回金额进行估计。可收回金额应当根据无形资产的公允价值减去处置费用后的净值与无形资产预计未来现金流量的现值两者之间较大者确定。

（2）无形资产的减值损失

企业应当对无形资产的可收回金额进行估计后，其可收回金额低于其账面价值的，应当将无形资产的账面价值减记至可收回金额，借记"资产减值损失"账户，贷记"无形资产减值准备"账户。同时减值后的无形资产的摊销费用应当在未来期间作相应的调整，以使该项无形资产在剩余的使用寿命内，系统地分摊其账面价值。

无形资产减值损失一经确定，在以后会计期间不得转回。

【案例 7-29】　某企业 2016 年 1 月 6 日购入专利一项，支付各种费用共计 62 000 元，预计使用 10 年。2019 年 12 月底该项专利减值，预计未来现金流量的现值为 25 000 元，无公允价值，预计该项专利减值后还可使用 5 年。会计分录为：

（1）计算该项专利在计提减值准备前的账面余额。

账面余额＝62 000－（62 000÷10）×4＝37 200（元）

（2）计提减值准备

应计提减值准备＝37 200－25 000＝12 200（元）

借：资产减值损失——计提无形资产减值准备　　　　　　　　　　　　　 12 200
　　贷：无形资产减值准备　　　　　　　　　　　　　　　　　　　　　　　 12 200

（3）计算剩余使用年限内的摊销额。

剩余使用年限内的年摊销额＝25 000÷5＝5 000（元）

第八节　其他资产

其他资产是指可供出售金融资产、持有至到期投资、长期股权投资、投资性房地产、固定资产、无形资产以外的其他长期资产，主要包括长期待摊费用、长期应收款等。

一、长期待摊费用的内容及核算账户的设置

会计意义上的待摊费用是指企业已经发生,应由当期及以后各期负担的费用。

长期待摊费用是指企业当期发生的,不能全部计入当年损益,应当在 1 年以上的期限内分期摊销的各项费用支出,包括企业租入固定资产的改良支出以及摊销期限在 1 年以上的其他长期待摊费用。

长期待摊费用实际上是一种费用,由于这些费用数额较大,其效益长于一个会计年度,如果把这些费用计入当年损益,则不能使收入与费用正确配比,不能正确计算当期财务成果。因此,企业发生的这些费用应作为长期待摊费用处理,在以后年度中分期摊销,实现收入与费用的正确匹配。

为了核算和监督长期待摊费用的发生、摊销和结存情况,企业应设置"长期待摊费用"账户,该账户属于资产类账户。

长期待摊费用

借方	贷方
登:企业发生的待摊期长于 1 年的长期待摊费用	登:分期摊销的费用数额
余额:尚未摊销的余额(即摊余价值)	

图 7-8　长期待摊费用账户

该账户应按费用的种类设置明细账,进行明细分类核算。

【案例 7-30】 某企业在投资筹建期间,发生筹建人员工资、办公费、差旅费、培训费和其他费用共计 4 200 元,均以银行存款支付,次年 7 月 1 日正式开始营业。

企业在筹建期间所发生的开办费用不应计入有关财产物资价值的各项费用。数额小的开办费自企业生产经营之日起一次摊入管理费用;数额大的要分期摊销。

(1)支付各项开办费时,会计分录为:

借:长期待摊费用——开办费　　　　　　　　　　4 200

　　贷:银行存款　　　　　　　　　　　　　　　　4 200

(2)企业从 7 月份正式开始生产经营,若每月摊销 200 元,则会计分录为:

借:管理费用　　　　　　　　　　　　　　　　　200

　　贷:长期待摊费用——开办费　　　　　　　　　200

【案例 7-31】 某企业因业务发展需要,租入房屋若干间用作办公室,租入设备一套用于生产,租期均为 3 年。企业租入后按租约规定对房屋进行改良,改良工程共发生各种支出 7 200 元,会计分录为:

(1)支付改良工程支出时:

借:长期待摊费用——固定资产改良支出　　　　　7 200

　　贷:银行存款　　　　　　　　　　　　　　　　7 200

(2)3 年内按月摊销房屋改良支出时:

按月摊销额＝7 200÷(3×12)＝200(元)

借:管理费用   200
   贷:长期待摊费用——固定资产改良支出   200

需要注意的是,如果企业对租入固定资产改良的支出,独立形成固定资产时,应作为企业固定资产核算,而不应包括在改良工程支出之内。

二、长期应收款

长期应收款是指企业应收的、期限超过 1 年的款项,它包括融资租赁产生的应收款项、采用递延方式分期收款、实质上具有融资性质的销售商品和提供劳务等经营活动产生的应收款项。"长期应收款"账户核算企业融资租赁产生的应收租赁款、采用递延方式具有融资性质的销售商品或提供劳务等经营活动产生的长期应收款。

思 考 题

1. 固定资产分类一般有哪些方法?它们各有什么作用?
2. 固定资产价值的表示方法及作用是什么?
3. 固定资产增加有哪几种来源?其原价应如何计算?
4. 固定资产折旧方法有几种?其优缺点是什么?
5. 固定资产租赁方式及特点是什么?
6. 什么是无形资产?它有哪些特点?
7. 购买与自行开发的无形资产入账成本有何不同?
8. 什么叫长期待摊费用?它具体包括哪些内容?

实 务 题

1. 固定资产的核算

光明公司 2019 年 1 月发生以下业务:

(1) 投资人投入新的不需安装的固定资产 1 000 000 元。

(2) 以银行存款购入旧固定资产一项,其原价为 100 000 元,实际以 80 000 元价格成交。款已转账付讫。

(3) 接受外单位捐赠的新固定资产,价格 5 000 元。

(4) 以银行存款购买新固定资产一项,买价 10 000 元,增值税税额为 1 300 元,安装调试费 600 元。款已全部转账付讫。

(5) 企业出售一台设备,原始价值 450 000 元,已提折旧 200 000 元,出售所得收入 350 000 元,价款已存入银行。该固定资产原值中包括增值税,按照销售额计算增值税。

要求:根据上述业务编制会计分录。

2. 无形资产的核算

华丽企业 2019 年 5 月发生如下有关无形资产的经济业务:

（1）从技术市场购入一项专利技术，双方协议作价 50 000 元，以银行存款支付，期限 10 年。

（2）研制成功新产品 A，已获得专利，研制费用 400 000 元，支付专利申请费 80 000 元，该项专利的期限为 10 年。

（3）接受维利公司投资转入的专利 B，该专利评估价为 24 000 元，并以土地使用权投资，双方协议价为 100 000 元，已办妥有关法律手续，期限 10 年。

（4）摊销上述无形资产本月摊销额。

（5）从大地公司购入的一项专利（该专利 3 年前购入时）协商价 300 000 元，有效期 10 年，按月摊销。于本期转让给维利公司，协商作价 230 000 元，增值税税率 6%。

（6）将已入账的专利对外投资，该专利账面摊余价值 140 000 元，双方评估价 150 000 元（已经累计摊销 2 000 元）。

要求：根据上述经济业务编制会计分录。

3. 长期待摊费用的核算

华美企业经过一段时间筹办，于 2019 年 5 月 1 日开始营业，企业各项递延资产资料如下：

（1）企业筹办期间发生的登记、法律等手续费用共计 25 000 元，经批准同意列为开办费分 5 年摊销。

（2）2018 年 6 月 1 日，企业以 240 000 元向大华公司租用房屋一幢，租赁期为 10 年，并要求立即支付第一年租金 24 000 元，同时支付当月的租金 2 000 元。按合同规定华美企业对租用的房屋进行改良。签订合同后，华美企业对房屋进行装修共花费 60 000 元，并改善了照明设备支付了 80 000 元，估计可使用 10 年。

要求：根据上述业务编制会计分录。

4. 固定资产折旧的计算

光明公司 2019 年 12 月对下列资产提取折旧：

（1）运输设备一辆原价 40 000 元，估计净残值率为 5%，预计使用年限 10 年。

（2）机器一台原值为 160 000 元，使用年限为 5 年，估计残值为 10 000 元，清理费用为 5 000 元。

要求：分别按直线法、双倍余额递减法计算固定资产的折旧。

第八章 负 债

企业在从事生产经营的过程中,除了拥有资本外,还要通过负债来筹集资金,具体包括流动负债、长期借款、应付债券、长期应付款等。

通过本章的学习,主要了解负债形成的原因;认识流动负债与长期负债的基本特点和区别;掌握流动负债、长期负债的核算方法;明确债券票面利率与市场利率不同会造成债券发行价格的不同。在学习时可到证券交易所了解债券发行价格与市场利息的计算,使理论与实践结合起来。

第一节 负债概述

企业在进行生产、经营的过程中,为了满足企业经营发展的需要,除取得不用归还的实收资本(股本)外,还可通过负债筹措资金。

一、负债的概念、分类和特点

(一) 负债的概念

负债是指企业所承担的、能以货币计量的、需以企业资产或提供劳务偿付的各种债务。

(二) 负债的分类

按偿还期限划分,负债可分为流动负债和非流动负债两类。

1. 流动负债

流动负债是指1年或者超过1年的一个营业周期内偿还的各种债务。它包括短期借款、应付账款、应付票据、预收账款、应付职工薪酬、应交税费、应付利润、其他应付款等。

流动负债一般具有以下特点:

(1) 清偿期限较短。是在1年内或超过1年的一个营业周期内清偿的债务。

(2) 偿还时一般应用流动资产或临时用另一种流动负债偿还。

(3) 举债目的是为了满足企业生产周转所需。

（4）与长期负债相比，数额较小。

（5）除短期借款外，流动负债一般无须付息。

2. 非流动负债

非流动负债又被称为长期负债，是指偿还期在一年或超过一年的一个营业周期以上的债务。它包括长期借款、长期债券、长期应付款等。

企业生产经营过程中，为扩大经营规模，需要增加长期资本，其途径一是增加投资人投入资本，二是举借长期债款筹资。

非流动负债具有如下特点：

（1）长期负债的目的是为了扩展生产规模，购建房地产或大型机器设备。

（2）偿还期限较长。

（3）长期负债的债务额较大，其利息费用构成企业长期的固定性支出，到期必须支付，加重了企业的负担。

（4）长期负债到期之前就需要提前准备偿还基金。

长期负债是企业弥补资本不足的手段，但它与资本金有着本质区别：投资人通过长期债权方式投资，目的是通过还本付息方式获利，债权人不参与企业经营、不承担经营风险。

二、长期负债与流动负债的区别

长期负债与流动负债，虽然都具有负债的共性，而且可以互相转化，但是两者有严格区分。

（1）金额和偿付期不同。长期负债金额较大，偿付期限超过 1 年；流动负债金额较小，偿付期大多不足 1 年，流动性强。

（2）会计处理方法不同。流动负债会计核算常以发生债务时现值（本金）来反映，利息可忽略不计；长期负债的本利都必须在会计核算上全面反映。

（3）偿付形式和管理要求不同。流动负债常以流动资产或新的流动负债偿还，而长期负债不受此限制。长期负债的取得、还本、付息都要周密规划与安排，而流动负债一般无须预先对归还债务做出规划和安排。

第二节　短期借款

一、短期借款的概念

短期借款是指企业从银行或其他金融机构（如投资公司、财务公司等）借入的，期限在 1 年以内的各种借款。短期借款主要是为维持企业正常的生产经营而借入或者为了抵偿某项债务而借入的。

企业从银行或其他金融机构借款，应遵守信贷纪律，按规定的程序，提出申请，经银行、其他金融机构批准后借入使用。银行借款实行有偿使用，企业应按照规定的借款期限还本付息。

二、短期借款的核算

为了总括反映和监督短期借款的取得和归还情况,企业应设置"短期借款"账户(如图 8-1 所示),该账户属负债类账户。

短期借款

借方	贷方
登:企业归还短期借款数额	登:企业取得短期借款本金数额
	余额:企业尚未归还的短期借款(本金)数额

图 8-1　短期借款账户

"短期借款"账户应按债权人设置明细账,并按借款种类进行明细分类核算。

短期借款主要目的是用于补充企业生产经营周转所需要的各项资金,其利息属于企业筹资理财费用,应作为当期损益,计入"财务费用"账户。

1. 预提法

若短期借款的利息按季结算支付,但利息支出较大时,可作为"应付利息"处理,即按各月预计发生的利息额计入各月的财务费用,于季末一次支付。

【案例 8-1】 长江公司 4 月 1 日从银行借入临时借款 100 000 元,期限 9 个月,年利率 8.4%,到期一次还本付息。会计分录为:

(1)取得借款时:

借:银行存款　　　　　　　　　　　　　　　　　　100 000
　　贷:短期借款　　　　　　　　　　　　　　　　　　100 000

(2)按月预提借款利息时:

月借款利息＝100 000×8.4%÷12＝700(元)

借:财务费用　　　　　　　　　　　　　　　　　　　700
　　贷:应付利息　　　　　　　　　　　　　　　　　　700

(3)借款到期,支付利息共计 6 300 元(前 8 个月共计已预提 5 600 元)时:

借:财务费用　　　　　　　　　　　　　　　　　　　700
　　应付利息　　　　　　　　　　　　　　　　　　5 600
　　贷:银行存款　　　　　　　　　　　　　　　　　6 300

(4)借款到期,归还本金时:

借:短期借款　　　　　　　　　　　　　　　　　100 000
　　贷:银行存款　　　　　　　　　　　　　　　　100 000

上述(3)和(4)还本付息也可合并为:

借:财务费用　　　　　　　　　　　　　　　　　　　700
　　应付利息　　　　　　　　　　　　　　　　　　5 600
　　短期借款　　　　　　　　　　　　　　　　　100 000
　　贷:银行存款　　　　　　　　　　　　　　　　106 300

2. 直接冲销法

若短期借款数额不大,利息较少时,可以简化核算方法,即于支付利息的月份直接作为当月的财务费用处理,一般会计报表于年末报送,因此在年中不会对报表产生影响。但在年末有应负担但尚未支付的利息,应予以预提,否则会影响所得税的计算。

【案例8-2】 短期外汇借款的核算。

(1)长江公司借入一笔外汇借款10 000美元,借入当天美元外汇牌价为7.2元,折合人民币72 000元,期限2个月,于到期日一次还本付息。会计分录为:

借:银行存款	72 000	
贷:短期借款(短期外汇借款$10 000)		72 000

(2)第二个月月末计算应付利息120美元,当天外汇牌价为7.25元。

① 调整外汇损益=$10 000×(7.25-7.2)=¥500

借:财务费用(或汇兑损益)	500	
贷:短期借款(或短期外汇借款)		500

② 归还本息时,由于利息数额较小,可以一次计入支付当期的财务费用。本金为$10 000×7.25=¥72 500,利息为$120×7.25=¥870。会计分录为:

借:短期借款(或短期外汇借款)	72 500	
财务费用	870	
贷:银行存款		73 370

第三节 应付及预收款项

一、应付及预收款项的内容和分类

应付及预收款项主要包括应付账款、应付票据、预收账款、应付职工薪酬、应付利润、应交税费、其他应付款、其他应交款等内容。应付及预收款项都需要企业于近期偿付,是流动负债的重要组成部分。

二、应付账款和预收账款核算

(一)应付账款核算

应付账款是指企业因购买商品、材料等物资或者接受劳务供应等经济业务应支给供应者的账款。这通常是在购销活动中由于取得物资和支付货款在时间上不一致而造成的,即取得物资在前,支付货款在后,尚未结清的债务。

为了总括反映和监督企业因购买材料、商品等物资及接受劳务供应等而产生的债务及偿还情况,应设置"应付账款"账户(如图8-2所示)。该账户为负债类账户。

应付账款

借方	贷方
登:企业偿还或以商业汇票抵付及转销无法支付的应付账款	登:企业因购买物资及接受劳务供应而产生的应付未付款项
	余额:企业尚未支付的应付款项

图 8-2 应付账款账户

应付账款应按供应方(债权人)设置明细分类账,进行明细分类核算。

【案例8-3】 长江公司从外地购入一批商品,进价10 000元,增值税税额1 300元,商品已入库,结算单未到,款尚未支付。会计分录为:

借:库存商品　　　　　　　　　　　　　　　　　　　10 000
　　贷:应付账款　　　　　　　　　　　　　　　　　　10 000

当企业收到银行转来的有关结算账单,根据增值税专用发票,会计分录为:

借:应付账款　　　　　　　　　　　　　　　　　　　10 000
　　应交税费——应交增值税(进项税额)　　　　　　　1 300
　　贷:银行存款　　　　　　　　　　　　　　　　　11 300

在实际工作中,企业购进材料、商品等物资,若已验收入库,但结算单未到,尚未支付货款,为简化计算,月中可暂不入账,待收到结算单支付货款时,再入账。如月终尚未收到有关账单,为便于盘点库存,则可暂估入账:

借:原材料、库存商品等
　　贷:应付账款

下月初应用红字冲回,以便支付货款时做账务处理。

【案例8-4】 长江公司从小规模纳税人处购入原材料一批,已验收入库,买价10 000元,取得普通发票,货款尚未支付,折扣条件"2/10、n/20"(即10天内付款可享受2%优待,超过10天无折扣优惠)。按总价法进行核算。

(1)在购入时,应按总价核算,会计分录为:

借:原材料　　　　　　　　　　　　　　　　　　　　10 000
　　贷:应付账款　　　　　　　　　　　　　　　　　　10 000

(2)如10天内归还时,应按总价借记"应付账款"账户,按优待折扣数贷记"财务费用"账户(理财良好),会计分录为:

财务费用=10 000×2%=200(元)

借:应付账款　　　　　　　　　　　　　　　　　　　10 000
　　贷:财务费用　　　　　　　　　　　　　　　　　　　　200
　　　银行存款　　　　　　　　　　　　　　　　　　　9 800

(3)如延期偿还时(10天后付款),丧失折扣优惠,会计分录为:

借:应付账款　　　　　　　　　　　　　　　　　　　10 000
　　贷:银行存款　　　　　　　　　　　　　　　　　　10 000

(二)预收账款的核算

预收账款是指企业按照合同规定向购货方预收的购货定金或部分货款而形成的一项负

债。它通常需要以企业的商品或提供劳务来抵偿,无须用现金或银行存款偿付。其特点是:
①债权人对象为购买的客户。②款项发生在商品正式交易成立之前。

为总括反映和监督企业预收账款的发生及偿付情况,企业应设置"预收账款"账户(如图8-3所示),该账户为负债类账户。

预收账款

借方	贷方
登:企业销售时预收账款的结转数及退回的余额	登:企业预收账款的收取数
余额:企业预收货款不足尚需补收	余额:表示预收账款实有数额(结存数)

图8-3 预收账款账户

"预收账款"账户按购买单位设置明细账进行明细分类核算。

【案例8-5】 长江公司按合同规定预收A单位货款30 000元,存入银行。后实际销售产品货款28 000元,增值税税额3 640元,差额1 640元已补收。会计分录为:

(1)预收货款时:

借:银行存款 30 000
　贷:预收账款 30 000

(2)销售产品时:

借:预收账款 31 640
　贷:主营业务收入 28 000
　　应交税费——应交增值税(销项税额) 3 640

(3)补收差额部分货款时:

借:银行存款 1 640
　贷:预收账款 1 640

企业收到预收款后,由于合同撤销等原因,或由于实际结算款项小于预收款项,需退还预收款。退款时,应借记"预收账款"账户,贷记"银行存款"账户。

三、应付票据

(一)应付票据的种类

应付票据是指企业根据合同进行延期付款交易,采用商业汇票结算时,签发、承兑的尚未到期支付的商业汇票。

应付票据同样是一种在购进物资过程中的流动负债,但与应付账款的区别在于:应付票据是一种延期付款的证明,并以承诺付款的票据为依据;而应付账款只是尚未结清的债务。

(二)应付票据的核算

为了总括反映应付票据的经济业务,应设"应付票据"账户,来核算开出承兑和尚未承兑的商业汇票数额(如图8-4所示)。

应付票据

借方	贷方
登:承付商业汇票数到期无力支付转作应付账款数	登:开出、承兑商业汇票金额
	余额:开出承兑商业汇票尚未支付的数额

图 8-4 应付票据账户

【案例 8-6】 长江公司购入已入库材料,计价款 20 000 元,增值税税额 2 600元,款项未付,开出一张银行承兑汇票,并支付银行手续费 23.4 元,该票据属于不带息票据,6 个月到期支付。会计分录为:

① 开出、承兑汇票时:

借:材料采购　　　　　　　　　　　　　　　　20 000
　　应交税费——应交增值税(进项税额)　　　　2 600
　贷:应付票据　　　　　　　　　　　　　　　22 600

② 支付银行手续费时:

借:财务费用　　　　　　　　　　　　　　　　23.40
　贷:银行存款　　　　　　　　　　　　　　　23.40

③ 6 个月后到期支付票据面值时:

借:应付票据　　　　　　　　　　　　　　　22 600
　贷:银行存款　　　　　　　　　　　　　　22 600

④ 到期企业无力支付票据款时作短期贷款处理(注:若处以罚息则计入营业外支出):

借:应付票据　　　　　　　　　　　　　　　22 600
　贷:短期借款　　　　　　　　　　　　　　22 600

【案例 8-7】 长江公司购入一批商品已入库,价款 300 000 元,增值税税率 13%,开出商业承兑汇票一张,该票据 6 个月到期,并附有月利率 6‰。

对带息的票据有两种处理方法:

① 票据期限短、利息金额不大,可在到期时一次将利息计入费用成本(如财务费用)。

② 票据期限长、利息金额较大,应予以分期预提利息。

会计分录为:

① 开出、承兑汇票时:

应交增值税 $= 300\,000 \times 13\% = 39\,000$(元)

借:库存商品　　　　　　　　　　　　　　　300 000
　　应交税费——应交增值税(进项税额)　　　39 000
　贷:应付票据　　　　　　　　　　　　　　339 000

② 满 1 个月时,应预提利息 2 034[$(300\,000 + 39\,000) \times 6‰$]元。

借:财务费用　　　　　　　　　　　　　　　2 034
　贷:应付利息　　　　　　　　　　　　　　2 034

其余各月预提利息均做此分录,略。

③ 6 个月后,如数还本付息时:

应付利息＝2 034×5＝10 170(元)

借:应付票据	339 000	
财务费用	2 034	
应付利息	10 170	
贷:银行存款		351 204

四、其他应付款

其他应付款是企业从事非商品、劳务交易与其他单位或职工个人等发生的应付、暂收款项。

为了总括反映和监督其他应付款的发生和支付情况,应设置"其他应付款"账户(如图8-5所示)。本账户应按款项的类别和单位或个人设置明细账户进行明细分类核算。

其他应付款

借方	贷方
登:应付及暂收款的归还数	登:应付及暂收款数
	余额:尚未支付的应付及暂收款数

图8-5 "其他应付款"账户

【案例8-8】 长江公司没收甲单位逾期未退包装物押金2 000元,增值税税率13％。

① 出租包装物,收押金时:

借:银行存款	2 000	
贷:其他应付款		2 000

② 没收逾期未退的该包装物押金:

应交增值税＝2 000÷(1+13％)×13％＝230.09(元)

借:其他应付款	2 000	
贷:营业外收入		1 769.91
应交税费——应交增值税(销项税额)		230.09

第四节　应付职工薪酬

一、应付职工薪酬的概念

职工薪酬是指企业为获得职工提供的服务或解除劳动关系而给予的各种形式的报酬或补偿。企业提供给职工配偶、子女、受赡养人、已故员工遗属及其他受益人等的福利,也属于职工薪酬。

应付职工薪酬是指职工在职期间和离职后,根据有关规定应付给职工的各种薪酬。它包括工资、职工福利、社会保险费、住房公积金、工会经费、职工教育经费、非货币性福利、解除职工劳动关系补偿、股份支付,以及为获得职工提供的服务而给予的各种形式报酬及其他相关支出。

二、应付职工薪酬的核算

新会计制度设置了"应付职工薪酬"账户,各项职工薪酬统一并入"应付职工薪酬"账户核算。原"应付工资""应付福利费""其他应交款"中社会保险费、住房公积金和"其他应付款"账户中工会经费、职工教育经费、解除劳动关系补偿等属于职工薪酬项目统一并入"应付职工薪酬"账户核算。新会计制度规定,除解除劳动关系补偿(亦称辞退福利)全部记入"管理费用"账户以外,其他职工薪酬均应根据职工提供服务的受益对象,计入相关成本费用账户。企业向职工提供的各种形式非货币福利,也应纳入职工薪酬并通过本账户核算。

实际发生时,根据职工提供服务的受益对象的不同,分别借记"生产成本""制造费用""在建工程""管理费用"等账户,贷记应付职工薪酬相关明细账户。

借:生产成本(生产部门人员)

制造费用(车间管理人员)

销售费用(销售人员)

在建工程(在建工程人员)

研发支出(研发部门人员)

管理费用(管理部门人员)

贷:应付职工薪酬——工资(或职工福利、社会保险费、住房公积金、工会经费、职教费)

(一)应付工资

1. 工资总额的构成

工资总额是指企业在一定时期内支付给全部职工的劳动报酬总额,主要包括以下几项。

(1)计时工资指按计时工资标准和工作时间支付给职工的劳动报酬。

(2)计件工资指按已完成符合质量标准的产品数量和规定的计件单价来计算支付给职工的劳动报酬。

(3)奖金指支付给职工的超额劳动报酬和增收节支的劳动报酬。

(4)津贴和补贴指为了弥补职工特殊或额外的劳动消耗和因其他特殊原因支付给职工的津贴,以及为了保证职工工资水平不受影响支付给职工的物价补贴。

(5)加班加点工资指在公休假、法定节假日进行工作以及在规定的制度工作时间以外延长工作时间所发给职工的劳动报酬。

(6)特殊情况下支付的工资指按国家政策规定,职工因病、工伤、产假、婚丧假、探亲假、公假等原因,按计时工资标准或一定比例支付的工资。

2. 应付工资的核算

企业为了与职工进行工资结算,应编制"工资结算表(工资单)"。工资单按企业车间、部门编制。其格式如表8-1。

表 8-1 职工工资结算表

部门:×××　　　　　　　　　　　　2019 年 5 月　　　　　　　　　　　　单位:元

编 号	姓名	职务	标准工资	应付工资	各种扣款	实发数	领款人签章
1001	吴德海	钳工	2 400	2 400	390	2 010	
1002	陈立果	钳工	3 000	3 000	520	2 480	
合计	—	—	—	43 518	6 072	37 446	

在发放工资时,财会部门还应根据工资单汇总编制"工资结算汇总表",以全面反映应付工资额、代扣款项和实发工资额,便于向银行提取现金发放工资和进行工资分配核算。其格式如表 8-2。

表 8-2 工资结算汇总表

2019 年 5 月　　　　　　　　　　　　　　　　　　　　元

项 目 部 门	应付工资				各种扣款 合计	实发数
	工资	各种奖金	津贴补贴	合计		
生产工人	400 020	20 020	7 040	427 080	59 286	367 794
车间管理人员	32 000	2 000	1 900	35 900	3 557	32 343
行政管理人员	150 000	21 000	15 000	186 000	27 126	158 874
专设销售机构人员	20 000	800	1 000	21 800	3 001	18 799
合 计	602 020	43 820	24 940	670 780	92 970	577 810

为了反映和监督应付工资的形成和支付情况,企业应设置"应付职工薪酬——工资"账户(如图 8-6 所示)。凡属于工资总额内的各种工资、奖金、津贴等,不论是否在当月支付,都应通过本账户核算。不属于工资总额内的款项,如医药费和福利补助等,于实际报销或发放时计入"应付职工薪酬——福利费"账户;上下班交通补贴属于管理费用,不在本账户核算。该账户月末按考勤记录或其他原始记录计算出本月应付工资数进行核算。

应付职工薪酬——工资

借方	贷方
登:企业与职工结算支付的工资	登:本月应付的工资总额数
余额:多付的工资额,留待以后月扣回	余额:应付工资数额

图 8-6 "应付职工薪酬——工资"账户

【案例 8-9】 长江公司 2019 年 5 月发放的工资情况如表 8-2 所示。有关账务处理如下:

(1)提取现金时:

借:库存现金　　　　　　　　　　　　　　　577 810

　　贷:银行存款　　　　　　　　　　　　　　577 810

（2）按实发数发放工资时：

借：应付职工薪酬——工资　　　　　　　　　　　577 810
　　贷：库存现金　　　　　　　　　　　　　　　　　577 810

若通过银行发放工资,则(1)、(2)账务处理合并为：

借：应付职工薪酬——工资　　　　　　　　　　　577 810
　　贷：银行存款　　　　　　　　　　　　　　　　　577 810

（3）代扣各种款项：

借：应付职工薪酬——工资　　　　　　　　　　　92 970
　　贷：其他应付款　　　　　　　　　　　　　　　　92 970

（4）签发支票向有关单位支付代扣各种款项时：

借：其他应付款　　　　　　　　　　　　　　　　92 970
　　贷：银行存款　　　　　　　　　　　　　　　　　92 970

（5）若规定期限内,职工未领工资,由发放工资单位退回财务部门,会计分录为：

借：库存现金
　　贷：其他应付款

职工领取时,做相反的会计分录。

（6）月终分配工资计入成本费用时：

借：生产成本　　　　　　　　　　　　　　　　427 080
　　制造费用　　　　　　　　　　　　　　　　35 900
　　管理费用　　　　　　　　　　　　　　　　186 000
　　销售费用　　　　　　　　　　　　　　　　21 800
　　贷：应付职工薪酬——工资　　　　　　　　　　670 780

（二）应付职工社会保险费、住房公积金、工会经费、职教费等工资附加费

企业为职工缴纳的社会保险费(社会保险主要包括医疗保险、养老保险、失业保险、工伤保险和生育保险五项)、住房公积金以及工会经费、职教费应当在职工为企业提供服务的会计期间,根据工资总额的一定比例计算分配。

应由职工个人承担的社会保险费和住房公积金,按照工资总额的一定比例计算并在职工工资中扣除。应由企业承担的部分,应按工资总额的一定比例计算并按照规定的用途进行分配,借记"生产成本""制造费用""管理费用""销售费用"等账户,贷记"应付职工薪酬——社会保险费(或住房公积金)"等账户。

【案例 8-10】 续案例【8-9】根据企业所在地政府规定,公司分别按照职工工资总额的 10%、12% 和 2% 计提医疗保险费、养老保险费、失业保险费,交当地社会保险经办机构;按 10.5% 计提住房公积金,交住房公积金管理机构。企业分别按照职工工资总额的 2% 和 2.5% 计提工会经费和职工教育经费。

（1）计算应缴社会保险费。

生产成本 $= 427\,080 \times 24\% = 102\,499.2$（元）

制造费用 $= 35\,900 \times 24\% = 8\,616$（元）

管理费用 $= 207\,800 \times 24\% = 49\,872$（元）

借：生产成本　　　　　　　　　　　　　　　102 499.20

制造费用	8 616.00
管理费用	49 872.00
贷：应付职工薪酬——社会保险费	160 987.20

（2）计算应缴住房公积金。

生产成本＝427 080×10.5％＝44 843.4（元）

制造费用＝35 900×10.5％＝3 769.5（元）

管理费用＝207 800×10.5％＝21 819（元）

借：生产成本	44 843.40
制造费用	3 769.50
管理费用	21 819.00
贷：应付职工薪酬——住房公积金	70 431.90

（3）计算应缴职工工会经费。

生产成本＝427 080×2％＝8 541.6（元）

制造费用＝35 900×2％＝718（元）

管理费用＝207 800×2％＝4 156（元）

借：生产成本	8 541.60
制造费用	718.00
管理费用	4 156.00
贷：应付职工薪酬——工会经费	13 415.60

（4）计算应缴职工教育经费。

生产成本＝427 080×2.5％＝10 677.00（元）

制造费用＝35 900×2.5％＝897.50（元）

管理费用＝207 800×2.5％＝5 195.00（元）

借：生产成本	10 677.00
制造费用	897.50
管理费用	5 195.00
贷：应付职工薪酬——职工教育经费	16 769.50

（5）企业支付上述工会经费、职教费、"五险一金"。

借：应付职工薪酬——社会保险费	160 987.20
应付职工薪酬——住房公积金	70 431.90
应付职工薪酬——工会经费	13 415.60
应付职工薪酬——职工教育经费	16 769.50
贷：银行存款	261 604.20

（三）辞退福利

1. 辞退福利的概念

辞退福利是指职工解除劳动关系后的补偿。在职工劳动合同尚未到期前，有两种情况应给予补偿：一是不论职工本人是否愿意，企业决定解除与职工的劳动关系而给予的补偿。二是为鼓励职工自愿接受裁减而给予的补偿。职工有权利选择继续在职或接受补偿离职。

2. 辞退福利的核算

企业应当严格按照辞退计划条款的规定,合理预计并确认辞退福利产生的负债,预计数与实际发生数差额较大的,应当在附注中披露产生较大差额的原因。

对于职工没有选择权的辞退计划,应当根据计划调控规定拟解除劳动关系的职工数量、每一职工的辞退补偿等计提应付职工薪酬。

对于职工自愿接受裁减建议,因接受裁减的职工数量不确定,企业应当参照或有事项的规定,预计将会接受裁减建议的职工数量,根据预计的职工数量和每一职位的辞退补偿等计提应付职工薪酬。

(1)计提辞退福利时:

借:管理费用

　　贷:应付职工薪酬——辞退福利

(2)支付辞退福利时:

借:应付职工薪酬——辞退福利

　　贷:银行存款

第五节　应交税费

应交税费是指企业按国家税法规定交纳的各种税费。它主要包括增值税、消费税、城市维护建设税、资源税、企业所得税、车船税、房产税、土地增值税、矿产资源补偿费、教育费附加、印花税、契税等。

为了总括反映和监督企业各种税费的计提和交纳情况,应设置"应交税费"账户(如图8-8所示)。

应交税费

借方	贷方
登:实际交纳的各种税费	登:按规定计提的应交纳的各种税费
余额:多交的税费	余额:尚未交纳的税费

图8-8　应交税费账户

"应交税费"账户应按应纳税金的种类设置明细账进行分类核算。

一、应交增值税

(一)纳税范围

(1)销售货物。它是指有形动产的销售,企业只要有销售货物行为的,都须缴纳增值税。但按规定免税除外。

(2)提供应税劳务。在中国境内提供加工、修理修配劳务,是指提供的应税劳务发生地在境内。

（3）进口货物。我国增值税法规定，只要是报关进口的应税货物，均属于增值税的征税范围，除享受免税政策外，在进口环节缴纳增值税。

（4）销售服务。它是指提供交通运输服务、邮政服务、电信服务、建筑服务、金融服务、现代服务、生活服务。

（5）销售无形资产。它是指转让无形资产所有权或者使用权的业务活动。

（6）销售不动产。它是指转让不动产所有权的业务活动。

（7）视同销售的行为。

（8）混合销售或兼营。

（二）纳税义务人

增值税的纳税义务人包括在我国境内销售货物、提供加工、修理修配劳务以及进口货物的单位和个人。

增值税的纳税人分为一般纳税人与小规模纳税人两种。

一般纳税人应具备以下条件：① 从事货物生产或者提供应税劳务的纳税人，以及以从事货物生产或者提供应税劳务为主，并兼营货物批发或零售的纳税人，年应征增值税销售额在 50 万元以上的。② 其他纳税人年应税销售额在 80 万元以上的。③ 营改增应税行为的年应征增值税销售额超过 500 万元的。

小规模纳税人一般是指应税销售额在规定标准以下的纳税人。如果小规模纳税人的会计核算健全，能准确提供税务资料，经税务机关批准，可作为一般纳税人计算纳税。此外，个人、非企业单位、不经常发生应税行为的企业，不论应税销售额多少，都视同小规模纳税人。

（三）税率

一般纳税人增值税税率分四档。

根据《中华人民共和国增值税暂行条例（2017 年修订）》一般纳税人增值税税率分为：

（1）税率为 13%：纳税人销售货物、劳务、有形动产租赁服务或者进口货物。

（2）税率为 9%：纳税人销售交通运输、邮政、基础电信、建筑、不动产租赁服务，销售不动产，转让土地使用权，以及销售或者进口下列货物：① 粮食等农产品、食用植物油、食用盐；② 自来水、暖气、冷气、热水、煤气、石油液化气、天然气、二甲醚、沼气、居民用煤炭制品；③ 图书、报纸、杂志、音像制品、电子出版物；④ 饲料、化肥、农药、农机、农膜；⑤ 国务院规定的其他货物。

（3）税率为 6%：纳税人销售服务、无形资产。

（4）税率为 0：纳税人出口货物（国务院另有规定的除外）。

从 2018 年 5 月 1 日起，国务院将制造业等行业增值税税率从 17% 降至 16%，将交通运输、建筑、基础电信服务等行业及农产品等货物的增值税税率从 11% 降至 10%。自 2019 年 4 月 1 日起，增值税一般纳税人（以下称纳税人）发生增值税应税销售行为或者进口货物，原适用 16% 税率的，税率调整为 13%；原适用 10% 税率的，税率调整为 9%。

《财政部关于印发〈增值税会计处理规定〉的通知》（财会〔2016〕22 号）规定，全面试行营业税改征增值税后，"营业税金及附加"科目名称调整为"税金及附加"科目，该科目核算企业经营活动发生的消费税、城市维护建设税、资源税、教育费附加及房产税、土地使用税、车船使用税、印花税等相关税费；利润表中的"营业税金及附加"项目调整为"税金及附加"项目。

（四）增值税的计算

增值税是指对销售收入中的增值额进行征税的一种流转税。增值额是指企业销售收入减去相应的外购材料、商品等成本的差额，它是企业生产经营过程中投入的有形动产增加的价值。但在会计实务中，增值税并不是根据增值额和税率来计算。

1. 一般纳税人应纳增值税

计算公式为：

$$应纳增值税额＝当期销项税额－当期进项税额$$

企业如当期销项税额小于进项税额不足抵扣的，其不足部分结转下期继续抵扣。

（1）销项税额

企业对外销售产品或提供应税劳务，一般须开具增值税专用发票，注明价款和销项税额，一并结算。

$$销项税额＝销售额×税率$$

销售额是指纳税人向买方收的全部价款和价外费用，但不包括向买方收取的销项税额、委托加工应税消费品所代收代缴的消费税，以及代垫的运费。

【案例 8-11】 长江公司销售给 A 单位产品一批，价款 20 000 元（不含税），按 13% 税率计算应收增值税税额。

销项税税额＝20 000×17%＝2 600（元）

因此应向 A 单位收取 22 600 元货款，其中增值税为 2 600 元。

企业销售货物，按含税价开具发票，收取货款中有销项税额。这时，销项税额可按下式计算：

$$销售额（不含增值税）＝全部销售额（含增值税）÷（1＋税率）$$
$$销项税额＝销售额（不含增值税）×税率$$

【案例 8-12】 某零售企业本日零售商品共收到全部价款 113 000 元，增值税税率13%。

不含税销售额＝113 000÷（1＋13%）＝100 000（元）

销项税额＝100 000×13%＝13 000（元）

（2）进项税额

进项税额是指纳税人购进货物或接受应税劳务所支付或负担的，准予从销项税额中抵扣的增值税税额，主要包括三部分：

① 从国内购进货物或接受应税劳务，从卖方取得增值税专用发票上注明的税额。

② 进口货物从海关取得的完税凭证上注明的增值税税额。

③ 购入免税农副产品准予抵扣的进项税额按买价和10%的扣除率计算。即：

$$进项税额＝买价×扣除率$$

2. 小规模纳税人应纳增值税

通常小规模纳税人销售货物或提供劳务多采用销售额与应纳税额合并定价，计算公式如下：

$$计税销售额（不含税）＝全部销售额（含税）÷（1＋征收率）$$

【案例 8-13】 某小规模纳税人销售一批产品，全部货款为 10 000 元，增值税征收率3%，则：

计税销售额＝10 000÷(1＋3％)＝9 708.74(元)

应纳税额＝9 708.74×3％＝291.26(元)

按会计制度规定,小规模纳税人发生销售业务,只能开普通发票。如能认真履行纳税义务,经税务部门批准,可以由税务部门代开增值税专用发票。

小规模纳税人购进货物、接受应税劳务,无论取得专用发票还是普通发票,都按其含进项税额的发票金额记入成本,且进项税额不得抵扣。

(五) 增值税的核算

1. 一般纳税人的核算

为了将增值税分门别类地记载清楚,一般纳税人可设"应交税费——应交增值税"账户(如图8-9所示)。

应交税费——应交增值税

借方	贷方
登:(1)进项税额;(2)已缴税额;(3)减免税额;(4)出口抵减内销产品应纳税额;(5)转出未缴增值税	登:(1)销项税额;(2)出口退税额;(3)进项税额转出;(4)转出多缴税额
余额:尚未抵扣,退税的数额	余额:未缴税额(或无余额)

图 8-9 "应交税费——应交增值税"账户

为了分别反映增值税一般纳税人欠缴增值税和待抵扣增值税的情况,企业还可增设"应交税费——未交增值税"账户(如图8-10所示)。

应交税费——未交增值税

借方	贷方
登:缴纳欠缴的税额	登:月终从"应交增值税"账户转入的,当月发生应缴而未缴的税额
余额:多缴的税额	余额:应缴而欠缴的税额

图 8-10 "应交税费——未交增值税"账户

在"应交增值税"账户下应设"进项税额""销项税额""已交税额""出口退税""进项税额转出""减免税额""出口抵减内销产品应纳税额""转出未交增值税额""转出多交增值税"等明细项目,分别进行明细核算。

2. 账务处理

(1) 企业国内销售货物或提供应税劳务,按实现的销售收入和规定的增值税额分别入账。

【案例8-14】 长江公司销售一批产品,价格500 000元,增值税税率为13％,收到转账支票一张,金额450 000,余额暂欠。

销项税额＝500 000×13％＝65 000(元)

借:银行存款 450 000

　　应收账款 115 000

　　贷:主营业务收入 500 000

应交税费——应交增值税(销项税额)	65 000

（2）企业进口货物，按海关提供的完税凭证上注明的增值税和货物成本核算。

进口货物的进项税额的计算公式为：

$$进项税额 = 组成计税价格 \times 税率$$

$$= (关税完税价格 + 关税 + 消费税) \times 税率$$

【案例 8-15】　某商品流通企业进口一批商品已经入库，关税完税价格 5 000 000 元，关税 550 000 元，消费税 450 000 元，增值税税率为 13%，则：

进项税额 =(5 000 000＋550 000＋450 000)×13%＝780 000(元)

借:库存商品	6 000 000
应交税费——应交增值税(进项税额)	780 000
贷:银行存款	6 780 000

（3）进项税额转出的核算。

企业购进的货物或产成品、在产品发生自然灾害，因管理不善被盗，霉烂变质等非正常损失，其入账的或应负担的进项税额不得抵扣，应予以转出。

【案例 8-16】　长江公司有一批产品发生非常损失，待处理产品成本 14 000 元，其中投入的原材料成本 10 000 元，应负担增值税 1 300 元。则：

借:待处理财产损溢——待处理财产损失	15 300
贷:库存商品	14 000
应交税费——应交增值税(进项税额转出)	1 300

企业为生产、销售购进的货物，如改变用途，用作免税项目、非应税项目、集体福利、个人消费等应负担的增值税也应予以转出，随同货物成本记入有关账户，不得抵扣。

【案例 8-17】　长江公司 2018 年 2 月生产某种产品全部销售。该企业本月发生销项税额合计 26 000 元，进项税额转出 1 700 元，进项税额合计 20 000 元，计算应交增值税税额并做缴税的会计分录。

应交增值税税额 =26 000－1 700－20 000＝4 300(元)

借:应交税费——应交增值税(已交税金)	4 300
贷:银行存款	4 300

【案例 8-18】　某小规模纳税人销售产品一批，全部货款为 10 000 元，已收妥，增值税征收率为 3%，则：

主营业务收入 =10 000÷(1＋3%)＝9 708.74(元)

应交增值税 =9 708.74×3%＝291.26(元)

借:银行存款	10 000.00
贷:主营业务收入	9 708.74
应交税费——应交增值税	291.26

小规模纳税人上缴增值税时：

借:应交税费——应交增值税	291.26
贷:银行存款	291.26

二、应交消费税

(一) 纳税范围

(1) 纳税人销售自己生产的应税消费品。

(2) 自产自用应税消费品;应税消费品用于非应税消费品生产等要纳税;自产消费品,在生产的中间环节使用不纳税,等到最终消费品销售时再缴纳。

(3) 委托加工应税消费品。

(4) 进口应税消费品。

按《消费税暂行条例》规定,应税消费品包括烟、酒及酒精、化妆品、护发护肤品、贵重首饰及珠宝玉石、鞭炮和烟火、汽油、柴油、汽车轮胎、摩托车、小汽车等 11 类 21 种。

(二) 计算与核算

消费税实行从价定率或从量定额两种方法计算。

黄酒、啤酒、汽油、柴油等按从量定额计算,计算公式为:

$$应纳税额＝销售数量×单位税额$$

从价定率计算公式:

$$应纳税额＝计税销售额(不含增值税)×适用税率$$

【案例 8-19】　某公司生产一批应税消费品对外销售,其不含增值税的售价为 100 000 元。该产品的消费税税率为 3%,增值税税为 13%。货款已经通过银行收到。

(1) 企业取得销售收入。

应纳增值税(销项税额)＝100 000×13%＝13 000(元)

借:银行存款　　　　　　　　　　　　　　　　113 000

　　贷:主营业务收入　　　　　　　　　　　　　100 000

　　　　应交税费——应交增值税(销项税额)　　　13 000

(2) 应税消费品应交消费税。

应纳消费税税额＝100 000×3%＝3 000(元)

借:税金及附加　　　　　　　　　　　　　　　3 000

　　贷:应交税费——应交增值税(销项税额)　　　3 000

【案例 8-20】　公司管理部门领用消费品一批,同类消费品售价 10 000 元(不含增值税),成本为 8 000 元,消费税税率 8%。则:

消费税税额＝10 000×8%＝800(元)

借:管理费用　　　　　　　　　　　　　　　　8 800

　　贷:库存商品　　　　　　　　　　　　　　　8 000

　　　　应交税费——应交消费税　　　　　　　　　800

【案例 8-21】　甲公司委托乙公司加工一批应税消费品,原材料成本 10 000 元,加工费 4 000 元,按照加工费计算的增值税税额 520 元,消费税税率为 8%。则乙公司在货物移送甲公司时:

代扣应交消费税＝(10 000＋4 000)÷(1-8%)×8%＝1 217.39(元)

乙公司应编制如下会计分录：

借：银行存款（或应收账款）   5 737.39

   贷：主营业务收入   4 000.00

      应交税费——应交增值税（销项税额）   520.00

          ——应交消费税   1 217.39

甲公司收回的消费品如直接用于销售，则负担的消费税计入消费品成本。甲公司应做会计分录为：

借：委托加工物资（加工商品）   5 217.39

  应交税费——应交增值税（进项税额）   520.00

   贷：银行存款   5 737.39

甲公司收回的消费品如用于连续生产应税消费品，则负担的消费税可以抵扣：

借：委托加工物资   4 000.00

  应交税费——应交增值税（进项税额）   520.00

      应交消费税   1 217.39

   贷：银行存款（或应付账款）   5 737.39

三、应交城市维护建设税

城市维护建设税按纳税人实际缴纳的流转税（增值税、消费税）的税额为依据的一种税，其纳税人为缴纳增值税和消费税的单位和个人，以纳税人实际缴纳增值税和消费税税额为依据，并分别同两项税金同时缴纳。因纳税人所在地区不同税率有差异（1%～7%）。计算公式为：

$$应交城建税额＝（应交增值税＋应交消费税）×适用税率$$

企业按规定计算应纳城建税时，借记"税金及附加"账户，贷记"应交税费——应交城市维护建设税"账户。

四、应交资源税

资源税是对在我国境内从事资源开发的单位和个人，就其资源生成和开发条件的差异而形成的级差收入所征收的一种税。企业按规定计算应纳资源税时，借记"税金及附加"账户，贷记"应交税费——应交资源税"账户。企业自产自用的应缴税产品应缴纳资源税，借记"生产成本""制造费用"账户，贷记"应交税费——应交资源税"账户。

五、房产税、车船使用税、土地使用税、印花税

1. 房产税

房产税是国家对在城市、县城、建制镇和工矿区征收的由产权所有人缴纳的一种税。房产税依照房产原值一次减除10%～30%后的余额计算缴纳。没有房产原值作为依据的，由房产所在地税务机关参考同类房产核定；房产出租的，以房产租金收入为房产税的计税依据。

此外,城镇土地使用税是以城市、县城、建制镇、工矿区范围内使用土地的单位和个人为纳税人,以其实际占用的土地面积和规定税额计算征收。

2. 车船使用税

车船使用税是以我国境内拥有且使用车船的单位和个人征收的一种税。车船使用税是以车船的辆数或吨位数为计税标准计征。企业按计税标准和年单位税额计算缴纳。

3. 土地增值税

土地增值税是对转让国有土地使用权、地上的建筑物及其附着物(以下简称转让房地产)并取得增值性收入的单位和个人所征收的一种税。

土地增值税按照转让房地产所取得的增值额和规定的税率计算征收。转让房地产的增值额是转让收入减去税法规定扣除项目金额后的余额,其中,转让收入包括货币收入、实物收入和其他收入;扣除项目主要包括取得土地使用权所支付的金额、房地产开发成本及费用、与转让房地产有关的税金、旧房及建筑物的评估价格、财政部确定的其他扣除项目等。土地增值税采用四级超率累进税率,其中最低税率为30％,最高税率为6％。

① 企业转让的土地使用权连同地上建筑物及其附着物一并在"固定资产"科目核算的。转让时应缴的土地增值税为:

　　借:固定资产清理
　　　　贷:应交税费——应交土地增值税

② 房地产开发经营企业销售房地产应缴纳的土地增值税为:

　　借:税金及附加
　　　　贷:应交税费——应交土地增值税

③ 缴纳土地增值税时:

　　借:应交税费——应交土地增值税
　　　　贷:银行存款

4. 印花税

印花税是对企业经济业务中书立、领受购销合同等凭证行为征收的一种税,由纳税人根据规定自行计算应纳税额。

企业按照规定计提房产税、车船使用税、土地增值税、印花税时,借记"税金及附加"账户,贷记"应交税费——应交房产税(或车船使用税、土地增值税、印花税)"账户;实际缴纳时,借记"应交税费——应交房产税(或车船使用税、土地增值税、印花税)"账户,贷记"银行存款"账户。

六、关税

1. 出口关税

出口关税是指海关对出口货物征收的关税。出口关税的纳税人是出口货物的发货人及出境货物的所有人。其计算公式为:

$$应纳出口关税额＝出口货物完税价格×适用税率$$
$$出口货物完税价格＝离岸价格÷(1＋出口税率)$$

2. 进口关税

进口关税指海关对进口的货物征收的关税。进口关税的纳税人是进口货物的收货人及

进境货物的所有人。根据有关关税互惠条款,进口税率分为普通税率与优惠税率。应纳关税的计算公式为:

$$应纳进口关税额＝进口货物完税价格×适用税率$$

进口货物完税价格以到岸价为完税价格。

【案例 8-22】 某工业企业进口自用汽车一批,到岸价折算为人民币 1 000 万元,关税 115 万元,消费税 85 万元,适用进口增值税税率为 13%。

应交增值税＝(1 000＋115＋85)×13%＝156(万元)

计算应交关税、消费税和增值税的会计分录:

借:固定资产   13 560 000
 贷:应交税费——应交增值税   1 560 000
   应交税费——应交进口关税   1 150 000
   应交税费——应交消费税   850 000
   应付账款   10 000 000

七、应交所得税

所得税是按企业应纳税所得额和适用的税率计算缴纳的一种税。其核算将在后面有关章节讲述,这里不再赘述。

企业实际上缴税务机关各种税款时,借记"应交税费——应交××税"账户,贷记"银行存款"账户。

八、应交的教育费附加、矿产资源补偿费

1. 教育费附加

教育费附加是为了发展教育事业而向企业征收的附加费用,教育费附加按企业实际缴纳的流转税(如增值税、消费税等)税额和规定的附加率计算缴纳。

① 企业按规定计算应交教育费附加和应交地方教育费附加时:

借:税金及附加
 贷:应交税费——应交教育费附加
      ——应交地方教育费附加

② 企业实际缴款时:

借:应交税费——应交教育费附加
     ——应交地方教育费附加
 贷:银行存款

2. 矿产资源补偿费

矿产资源补偿费是对在我国领域和管辖海域开采矿产资源而征收的费用。矿产资源补偿费是按照矿产品销售收入的一定比例计征,由采矿人缴纳。

九、应付利润

应付利润是指应付给投资者(国家、其他单位及个人等)的利润,其数额视企业的经济效益及有关投资协议、合同等计算确定。为总括反映和监督企业利润的计提和支付情况,需设置"应付利润"账户,股份制企业应设"应付股利"账户核算(如图 8 - 11 所示),该账户属于负债类账户。

应付利润(股利)

借方	贷方
登:实际支付利润、股利数	登:应付给投资者利润、股利数
	余额:尚未支付利润、股利数

图 8 - 11 "应付利润(股利)"账户

"应付利润"账户应按投资者单位或个人姓名分设明细账进行明细分类核算。

【案例 8 - 23】 某公司期末分配利润时,按规定计算应付投资者利润 50 000 元,会计分录为:

借:利润分配——应付利润　　　　　　　　50 000
　贷:应付利润——应付××利润　　　　　　　50 000

实际支付给投资者利润时:

借:应付利润——应付××利润　　　　　　50 000
　贷:银行存款　　　　　　　　　　　　　50 000

股份制企业应付股东红利可通过"应付股利"账户核算,其核算方法同"应付利润"账户。

第六节　非流动负债的借款费用

一、非流动负债费用的构成

非流动负债费用的构成取决于借款性质、种类和用途的不同,具体可以分为以下几种。

(1) 长期借款费用包括借款利息、手续费等。

(2) 应付债券的费用包括债券利息、折价或溢价摊销、手续费、佣金、印刷费等。

(3) 长期应付款的费用包括利息、手续费、佣金等。

各种长期借款、应付债券和长期应付款如果是以外币结算的,负债费用还包括外币折合差额。

二、借款费用的确认

(1) 按照我国《企业会计准则第 17 号——借款费用》的规定,企业发生的借款费用可直接归属于符合资本化条件的资产的购建或者生产的,应当予以资本化,计入相关资产成本。

(2) 借款费用资本化的条件(同时满足):① 资产支出已经发生;② 借款费用已经发生;③ 为使资产达到预定可使用或者可销售状态所必要的购建或者生产活动已经开始。企业只有在上述三个条件同时满足的情况下,因专门借款而发生的利息、折价或溢价的摊销和汇兑差额才可开始资本化,只要其中有一个条件没有满足,借款费用就不能开始资本化。

(3) 其他借款费用应当在发生时根据其发生额确认为费用,计入当期损益。

三、借款费用的处理

(1) 资本化是将发生的借款费用计入资产的价值。

(2) 费用化是将发生的借款费用计入财务费用。

四、借款费用的核算

借款费用资本化金额的确定应分专门借款和一般借款两种情况处理。

(一) 专门借款资本化金额的核算

专门借款是指为购建或者生产符合资本化条件的资产而专门借入的款项。专门借款通常以标明专门用途的借款合同为依据。《企业会计准则第 17 号——借款费用》规定:"为购建或者生产符合资本化条件的资产而借入专门借款的,应当以专门借款当期实际发生的利息费用,减去将尚未动用的借款资金存入银行取得的利息收入或进行暂时性投资取得的投资收益后的金额确定。"

资本化金额=当期实际发生的利息费用-尚未动用部分的利息收入或投资收益

【案例 8-24】 长江公司 2018 年 1 月 1 日从建行借入 2 年期专门借款 1 000 万元用于生产线工程建设,年利率 8%,利息每年支付,本金到期一次归还。工程于 2018 年 1 月 1 日开工。长江公司于 2018 年 1 月 1 日支付给建筑承包商乙公司 600 万元。剩余 400 万元均用于固定收益债券短期投资,该投资作为交易性金融资产入账,月收益率为 5‰,每月结算一次。直到 2018 年 12 月 31 日,未再向建筑承包商支付费用。工程至年底尚未完工。长江公司按年计算资本化金额。

借款费用总额=1 000×8%=80(万元)

专门借款投资收益=400×5‰×12=24(万元)

资本化利息金额=80-24=56(万元)

借:在建工程——借款费用　　　　　　　560 000

　　财务费用　　　　　　　　　　　　240 000

　　贷:应付利息　　　　　　　　　　　800 000

同时每个月月末:

确认投资收益=24÷12=2(万元)

借:银行存款　　　　　　　　　　　　20 000

　　贷:投资收益　　　　　　　　　　　20 000

（二）一般借款资本化金额的核算

在实际工作中,如果为某项工程建造取得的专门借款已经全部支付,为保证工程的进度,企业不得不占用一般借款。根据《企业会计准则第 17 号——借款费用》规定:"为购建或者生产符合资本化条件的资产而占用了一般借款的,企业应当根据累计资产支出超过专门借款部分的资产支出加权平均数乘以所占用一般借款的资本化率,计算确定一般借款应予资本化的利息金额。"

【案例 8-25】 续【案例 8-24】,长江公司 2019 年 1 月 1 日和 3 月 1 日分别向承包商支付工程款 600 万元和 120 万元。生产线工程于 2019 年 6 月 30 日竣工并达到预定可使用状态。

由于专门借款共计 1 000 万元,2018 年支付 600 万元后,还剩 400 万元。2019 年 1 月 1 日支付的 600 万元中,无论投资在固定收益债券 400 万元是否收回,都可确认为 400 万元是专门借款,因此余下的 200 万元是一般借款。而 3 月 1 日支付的 120 万元全部为一般借款。

假设企业于 2018 年 10 月 1 日从工商银行获得 500 万元,期限 1 年,年利率为 7.8% 的一般借款。则在 2019 年上半年,先后有 320 万元一般借款被用在生产线上。因此,除专门借款所发生的借款费用全部资本化外,还应计算一般借款的资本化金额。

专门借款的借款利息总额＝专门借款资本化金额＝1 000×8%÷2＝40(万元)

一般借款的累计支出加权平均数＝200×6/6+120×4/6＝280(万元)

一般借款的资本化率＝7.8%÷2＝3.9%

一般借款的资本化金额＝280×3.9%＝10.92(万元)

6 月 30 日,长江公司所做的资本化会计分录为:

借:在建工程——借款费用		509 200
贷:应付利息——专门借款利息		400 000
应付利息——一般借款利息		109 200

一般借款发生的其他利息仍作费用化处理,计入财务费用。

第七节 长期借款

长期借款是指企业向金融机构或其他单位借入的偿还期在 1 年以上的各种借款。

一、长期借款的种类

① 从借款渠道看,包括向银行借入的款项、向财政借入的款项以及向信托投资公司借款,向其他部门或企业借款等。

② 从借款用途看,包括基本建设投资借款、长期流动资金借款、技术改造措施借款、进口设备借款、出口信贷借款等。

③ 从还款方式看,包括到期一次偿还、分期偿还等方式。

二、长期借款的核算

(一) 借入资金的核算

为了核算企业长期借款的取得、归还及付息情况,应设置"长期借款"账户(如图 8 - 12 所示),该账户属于负债类账户。

长期借款

借方	贷方
登:归还长期借款的本息	登:取得长期借款的本金和需支付利息
	余额:尚未归还的长期借款本息

图 8 - 12 "长期借款"账户

企业应按借款单位和借款种类设置明细账户,进行明细核算。

(二) 借款利息的核算

长期借款的利息支出、有关费用以及汇兑损益等,筹建期间的计入开办费;经营期间的计入财务费用;清算期间的计入清算损益。其中与购建固定资产或无形资产有关的利息支出,在资产尚未交付使用或已经交付使用但尚未办理竣工决算之前,计入有关资产的购建成本。

1. 利息的计算

目前利息计算方式有两种:单利和复利。

① 单利只对本金计息,其所生利息不再加入本金一并计息。其计算公式为:

$$D = P \cdot i$$
$$R = P(1 + i \cdot n)$$

其中,D 为利息;R 为本利和;P 为本金;i 为利率;n 为借款期限。

② 复利是指经过一定期间(一月、一季或一年)将本金所生利息加入本金再计利息,逐期滚算。其计算公式为:

$$R = P(1 + i)^n$$

2. 账务处理

【案例 8 - 26】 长江公司向银行借入 4 年期,年利率为 8% 的长期借款1 000 000元,借款合同规定每年计息一次,复利计算,到期一次还本付息。该借款全部用于基建工程,第三年年底工程完工、竣工决算。根据上述资料,做如下账务处理:

① 借入时:

借:银行存款   1 000 000

    贷:长期借款——本金   1 000 000

② 按期预提利息(复利)时:

第一年应付利息＝1 000 000×8%＝80 000(元)

第二年应付利息＝(1 000 000＋80 000)×8%＝86 400(元)

第三年应付利息＝(1 000 000＋80 000＋86 400)×8%＝93 312(元)

第四年应付利息＝(1 000 000＋80 000＋86 400＋93 312)×8%＝100 776.96(元)

则第一年年末会计分录为：

借：在建工程 80 000

　贷：长期借款——借款利息 80 000

第二年年末会计分录为：

借：在建工程 86 400

　贷：长期借款——借款利息 86 400

第三年年末会计分录为：

借：在建工程 93 312

　贷：长期借款——借款利息 93 312

③ 工程完工,结转固定资产成本(全部借款本金＋利息)：

固定资产成本＝1 000 000＋80 000＋86 400＋93 312＝1 259 712(元)

借：固定资产 1 259 712

　贷：在建工程 1 259 712

第四年年末计提利息费用的会计分录为：

借：财务费用 100 776.96

　贷：长期借款——借款利息 100 776.96

④ 到期还本付息时,会计分录为：

借款利息＝259 712＋100 776.96＝360 488.96(元)

借：长期借款——本金 1 000 000.00

　　　　　　——借款利息 360 488.96

　贷：银行存款 1 360 488.96

第八节　应付债券

债券是举债公司依照法定程序发行,按约定方式支付债券本息的一种书面凭证,分为长期债券和短期债券。

一、长期债券的发行

应付债券是指企业为筹措长期资金发行债券形成的一项非流动负债。企业发行债券须依照法定程序,经董事会及股东大会正式批准,方可发行有价证券。向社会公众公开发行的债券须经有关证券管理机关批准。

企业发行债券,其票面一般须载明企业全称、债券面值、票面利率、还本期限和方式、付息方式、债券发行日期等内容。

按照划分的标准不同,债券的种类主要有：

① 按还本付息方式,分为到期一次还本付息债券和一次还本分期付息债券。

② 按有无担保,分为有担保债券和信用债券。

二、应付债券的会计处理

(一) 债券发行的核算

1. 发行价格的确定

根据债券利率与市场利率的关系,债券发行价格通常有三种:债券以票面价值的价格出售为平价发行;以低于票面价值的价格出售为折价发行;以高于票面价值的价格出售为溢价发行。

票面利率(又叫名义利率)是指用以计算支付给债券购买人利息的利率。市场利率(又叫实际利率)是指债券发行时金融市场上风险和期限与该债务相似的借贷资本通行的利率。

债券发行价格是指到期应偿还的债券面值用市场利率换算的现值。它取决于债券的面值和发行时的市场利率。其计算公式为:

债券发行价格 = 债券面值按市场利率的折现值 + 每期债券利息按市场利率的折现值

市场利率与票面利率之间的差别会影响债券的发行价格。① 当票面利率等于市场利率时,债券平价发行。② 当票面利率小于市场利率时,债券折价发行,即对投资人少付的利息是预先给予的一种事先补偿。③ 当票面利率大于市场利率时,债券溢价发行,即企业多付的利息事先得到的收回。

债券溢价额(或折价额) = 债券发行价格 - 面值

当债券溢价额为正时,即溢价发行;为负时,即折价发行;为 0 时,即平价发行。

2. 账户设置

为了总括地反映债券发行及偿还情况,应设置"应付债券"账户(如图 8 - 13 所示)。该账户核算企业为筹集长期资金而实际发行的债券及应付的利息。该账户为负债类账户。

应付债券

借方	贷方
登:(1)债券折价应摊销额;(2)债券到期应付的本息额;(3)实际摊销溢价额	登:(1) 债券票面金额;(2) 应付利息;(3) 应摊销债券溢价额;(4)实际摊销折价额
	余额:企业尚未偿还的债券本息额

图 8 - 13 "应付债券"账户

为了详细反映债券的核算内容,该账户下设"面值""利息调整""应计利息"(一次还本付息)、"应付利息"(一次还本、分期付息)等进行核算。

企业在准备发行债券时,还应建立"发行债券备查簿",登记待发行债券的票面金额、票面利率、还本付息方式与期限、发行总额、发行日期和编号、委托代售部门等内容。

① 债券平价发行时,会计分录为:

借:银行存款

　　贷:应付债券——面值

　　② 债券溢价发行时,会计分录为:

　　借:银行存款

　　　贷:应付债券——面值

　　　　　　——利息调整

　　③ 债券折价发行时,会计分录为:

　　借:银行存款

　　　应付债券——利息调整

　　　贷:应付债券——面值

　　【案例 8-27】 2018 年 1 月 1 日长江公司发行债券,面值 600 万,5 年期,债券利率 10%,市场利率 8%。每年 1 月 1 日付息。经计算其发行价格为 647.92 万元,并做有关会计分录。

$$债券的发行价格 = 600 \times (P/F, 8\%, 5) + 600 \times 10\% \times (P/A, 8\%, 5)$$
$$= 600 \times 0.680\,6 + 60 \times 3.992\,7$$
$$= 408.36 + 239.52 = 647.92(万元)$$

　　计算结果大于面值,因此应采用溢价发行,债券发行的会计分录为:

　　借:银行存款　　　　　　　　　　　　　　　6 479 200

　　　贷:应付债券——面值　　　　　　　　　　　　6 000 000

　　　　　　——利息调整　　　　　　　　　　　　479 200

(二)债券利息的核算

　　债券利息核算难点在于调整债券的溢价或折价以及付息日利息费用的调整。

　　会计核算上,将债券溢价逐期在利息支出中进行扣减调整,即:

　　第 n 期的债券利息费用 = 第 n 期实际支付的债券利息 - 第 n 期债券溢价摊销额

　　债券折价也要进行调整,进行债券折价摊销:

　　第 n 期的债券利息费用 = 第 n 期实际支付的债券利息 + 第 n 期债券折价摊销额

　　债券溢价摊销,债券置存价值(面值+未摊销溢价),随债券到期日临近,溢价逐期变小,直至等于面值;折价摊销,债券置存价值(面值-未摊销折价),逐期增大,最终等于面值。

(三)债券利息核算的账务处理

1. 实际利率法

　　按实际利率计算每期利息费用,借记"在建工程""制造费用""财务费用""研发费用"等账户;按票面利率计算的应付未付的利息,贷记"应付利息"账户(计息方式为一次还本分期付息)或"应付债券——应计利息"账户(计息方式为一次还本付息);按其差额,借或贷记"应付债券——利息调整"账户。实际利息与票面利率差异较小的,可以采用票面利率确定利息费用。

　　实际利率法是按各期期初应付债券的账面价值和债券发行时的市场利率计算每期利息,将其与按票面利率计算和支付的债券利息之差作为债券溢价或折价的摊销,调整每期利息的方法。其计算公式为:

　　　　　　　　本期溢(折)价摊销额 = 本期利息费用 - 本期实际利息

　　其中:

本期利息费用＝期初债券置存价值×(债券发行时市场年利率÷一年内付息次数)

本期实际利息＝债券面值×(债券发行时票面年利率÷一年内付息次数)

【案例8-28】 长江公司2014年年末发行5年期长期债券用于生产经营,票面利率为14％(市场利率16％),每年付息一次。采用折价发行,票面价值总计1 000 000元,而债券发行价值为934 400元。另支付手续费、印刷费等2 000元。编制"债券折价摊销表"(见表8-3)并做会计分录。

表8-3 债券折价摊销表(实际利率法) 单位:元

付息日期 (1)	债券利息 (2)	本期利息 费用 (3)	利息调整 (4)= (3)-(2)	尚未摊销 折价数 (5)	债券发行 价值数 (6)=(7)-(5)	债券票面 价值数 (7)
2014年发行	—	—	—	65 600	934 400	1 000 000
2015年	140 000	149 500	9 500	56 100	943 900	1 000 000
2016年	140 000	151 000	11 000	45 100	954 900	1 000 000
2017年	140 000	152 800	12 800	32 300	967 700	1 000 000
2018年	140 000	154 800	14 800	17 500	982 500	1 000 000
2019年	140 000	157 500	17 500	0	1 000 000	1 000 000
合计	7 000 000	765 600	65 600	—	—	—

每期应付利息＝1 000 000×14％＝140 000(元)

每期实际负担利息数:

2015年利息＝934 400×16％＝149 500(元)

2016年利息＝943 900×16％＝151 000(元)

2017年利息＝954 900×16％＝152 000(元)

2018年利息＝967 700×16％＝154 800(元)

2019年利息＝982 500×16％＝157 500(元)

注:有的数据差5元。

会计分录为:

① 实际收到发行债券的款项。

借:银行存款 934 400

　应付债券——利息调整(债券折价) 65 600

　　贷:应付债券——面值 1 000 000

② 支付手续费、印刷费等。

借:财务费用 2 000

　　贷:银行存款 2 000

③ 根据表8-3做应付利息和折价摊销会计分录(以2015年为例)。

借:财务费用 149 500

　　贷:应付债券——利息调整(债券折价) 9 500

　　　应付利息 140 000

实际支付利息。

借：应付利息   140 000

   贷：银行存款   140 000

④ 最后一年年末债券到期,到期还本并付最后一年利息。

借：财务费用   157 500

   贷：应付债券——利息调整(债券折价)   17 500

       应付利息   140 000

实际还本并支付最后一年利息。

借：应付债券——面值   1 000 000

   应付利息   140 000

   贷：银行存款   1 140 000

2. 直线法

直线法是将债券溢价或折价在整个债务期内平均分摊,冲减或增加各期利息支出的方法。

【案例8－29】 长江公司发行5年期债券,用于购建固定资产,票面利率14%(市场利率12%),一次还本付息,票面价值总计1 000 000元,采用溢价发行,其债券发行价值为1 071 700元。

每期应付利息＝1 000 000×14%＝140 000(元)

每期债券溢价摊销数＝71 700÷5＝14 340(元)

会计分录为：

① 收到发行券款。

借：银行存款   1 071 700

   贷：应付债券——面值   1 000 000

        ——利息调整(债券溢价)   71 700

② 每年年末计算应付利息和结转溢价摊销。

借：在建工程   125 660

   应付债券——利息调整(债券溢价)   14 340

   贷：应付债券——应计利息   140 000

注：当固定资产交付使用后,利息则记入"财务费用"账户的借方。

③ 5年后到期还本付息。

借：应付债券——面值   1 000 000

        ——应计利息   700 000

   贷：银行存款   1 700 000

第九节 长期应付款

长期应付款是指除长期借款和应付债券以外的其他各种长期应付款,主要包括应付引进设备款和融资租入固定资产的租赁费等。

为总括地反映和核算长期应付款的借入、利息结算和归还情况,应设置"长期应付款"账户(如图8－14所示)。该账户属于负债类账户。

长期应付款

借方	贷方
登:长期应付款的归还数	登:长期应付款的增加数
	余额:尚未归还的长期应付款

图 8 - 14 "长期应付款"账户

该账户应按长期应付款的种类设置明细账,进行明细核算。

一、应付引进设备款

应付引进设备款是指企业同外商签订来料加工装配和补偿贸易合同而引进国外设备所发生的应付款项。这种应付款是在设备投入使用后,用应向外商收取的销货款来归还。

【案例 8 - 30】 长江公司于 2019 年 1 月 1 日按补偿贸易方式从国外引进一套机械设备,设备价款为 \$100 000,国外运费 \$50 000,保险费 \$1 000,设备已运到交付安装,当日市场汇率为 1∶6.80。

设备价款 = \$151 000×6.80 = ¥1 026 800

(1) 投入安装时,会计分录为:

借:在建工程——机械设备工程   1 026 800

  贷:长期应付款——应付引进设备款(美元户)   1 026 800

(2) 该套设备的进口关税、国内运杂费等共计 125 000 元,以人民币存款支付。

借:在建工程——机械设备工程   125 000

  贷:银行存款   125 000

(3) 按合同规定,该设备偿还期为 2 年,每年计息一次,年利率为 10%,复利计算。设第一年年末的汇率为 1∶6.85。则:

第一年应计利息 = \$151 000×10% = \$15 100

第一年应计利息 = \$15 100×6.85 = ¥103 435

借:在建工程——机械设备工程   103 435

  贷:长期应付款——应付引进设备款(美元户)   103 435

(4) 年末调整"长期应付款"账户的账面余额,年末市场汇率为 1∶8.55,其差额为 7 550 [(\$151 000+\$15 100)×6.85−(¥1 026 800+¥103 435)]元,应确认为汇兑损失,会计分录为:

借:在建工程——机械设备工程   7 550

  贷:长期应付款——应付引进设备款   7 550

(5) 第二年年初设备安装完毕交付使用,会计分录为:

借:固定资产——机械设备   1 262 785

  贷:在建工程——机械设备工程   1 262 785

(6) 第二年年末应计利息为 \$16 610[(\$151 000+\$15 100)×10%],当日市场汇率为 1∶6.86。则 \$16 610×6.86 = ¥113 944.60。

借:财务费用——利息支出   113 944.60

贷:长期应付款——应付引进设备款(美元户) 113 944.60

(7) 第二年年末按1:6.86的市场汇率确认汇兑损失为¥1 661[$166 100+$16 610×6.86-(¥1 026 800+¥103 435+¥7 550+¥113 944.60)]。

借:财务费用——汇兑损失 1 661

　贷:长期应付款——应付引进设备款 1 661

(8) 第三年年初以出口产品抵付引进机械设备的全部本金$151 000和利息$31 710($15 100+$16 610),汇率仍为1:6.86,($151 000+$31 710)×6.86=¥1 253 390.6。会计分录为(有关出口业务核算从略):

借:长期应付款——应付引进设备款(美元户) 1 253 390.6

　贷:应收账款——××公司(美元户) 1 253 390.6

二、应付融资租赁费

融资租赁实际上是一种转移与一项资产所有权有关的全部风险和报酬的租赁。企业通过融资方式取得固定资产所发生的费用,即应付融资租赁费。按现行规定,融资租赁固定资产的价值确认是按租赁开始日租赁资产公允价值与最低租赁付款额的现值两者中较低者作为入账价值。租赁付款额是取得该项设备的全部价值(包括租入价款、运费、途中保险费、手续费和利息等)。

【案例8-31】 长江公司从租赁公司融资租入需安装设备一台,租赁期3年,每年租金为200 000元,租赁开始日租赁资产公允价值为515 400元,设备交付使用(假设折现率8%,不考虑增值税)。

(1) 由于租赁开始日租赁资产公允价值为515 400元,高于最低租赁付款额600 000元,会计分录为:

借:固定资产——××设备工程 515 400

　未确认融资费用 84 600

　贷:长期应付款——融资租入固定资产应付款 600 000

(2) 支付每年租金200 000元时:

借:长期应付款——融资租入固定资产应付款 200 000

　贷:银行存款 200 000

(3) 第一年:

冲销确认融资费用=515 400×8%=41 230(元)

借:财务费用 41 230

　贷:未确认融资费用 41 230

(4) 第二年:

冲销确认融资费用=(515 400-200 000-41 230)×8%=28 530(元)

借:财务费用 28 530

　贷:未确认融资费用 28 530

(5) 第三年冲销确认融资费用(剩余的部分全部)。

借:财务费用 14 840

　贷:未确认融资费用 14 840

附:阅读材料

"营改增"以后,营业税金及附加何去何从?

全面试行营业税改征增值税后"营业税金及附加"科目名称调整为"税金及附加"科目;该科目核算企业经营活动发生的消费税、城市维护建设税、资源税、教育费附加及房产税、土地使用税、车船使用税、印花税等相关税费;利润表中的"营业税金及附加"项目调整为"税金及附加"项目。

表 8-4 营业税金及附加的改革

1	营业税金及附加	项目名称调整为	税金及附加
2	税金及附加	核算的内容	消费税、城市维护建设税、资源税、教育费附加及房产税、土地使用税、车船使用税、印花税等相关税费
3	税金及附加	科目核算内容有相关税费"等"	这个"等"字,有房地产企业销售开发产品应纳的土地增值税也在此科目中核算
	特别提醒:以前房产税、车船税、土地使用税、印花税在"管理费用"等科目核算,不在"税金及附加"科目核算		
4	收到返还的消费税	原记入本科目的各种税金	应按实际收到的金额 借:银行存款 　　贷:税金及附加
	特别提醒:企业收到返还的增值税,计入营业外收入		
5	税金及附加	通用的会计分录	先计提的账务处理: 借:税金及附加 　　贷:应缴税费——应交消费税(或城市维护建设税、资源税、教育费附加及房产税、土地使用税、车船使用税、印花税等)
			缴纳时: 借:应缴税费——应交消费税(或城市维护建设税、资源税、教育费附加及房产税、土地使用税、车船使用税、印花税等) 　　贷:银行存款
6	税金及附加	期末利润表	期末利润表中的"营业税金及附加"项目调整为"税金及附加"项目,并将本科目余额转入"本年利润"科目,结转后本科目应无余额

1. 全面试行营业税改征增值税后,没有了营业税,也就没有营业税的核算了,所以"营业税金及附加"科目名称调整为"税金及附加"科目。

2. 新"税金及附加"科目核算内容:消费税、城市维护建设税、资源税、教育费附加及房产税、土地使用税、车船使用税、印花税等相关税费(特别提醒:以前房产税、车船税、土地使用税、印花税在"管理费用"等科目核算,不在"税金及附加"科目核算)。

3. 企业收到返还的消费税等原记入本科目的各种税金,应按实际收到的金额借记"银行存款"科目,贷记本科目;企业收到返还的增值税,计入营业外收入。

4. "税金及附加"科目核算内容：某某某等相关税费，有一个"等"字，如房地产企业销售开发产品应纳的土地增值税也在此科目中核算。

5. 通用的会计分录。

(1) 先计提的账务处理：

借：税金及附加

　　贷：应缴税费——应交消费税（或城市维护建设税、资源税、教育费附加及房产税、土地使用税、车船使用税、印花税等）

(2) 缴纳时：

借：应缴税费——应交消费税（或城市维护建设税、资源税、教育费附加及房产税、土地使用税、车船使用税、印花税等）

　　贷：银行存款

6. 期末利润表中的"营业税金及附加"项目调整为"税金及附加"项目，并将本科目余额转入"本年利润"科目，结转后本科目应无余额。

思考题

1. 什么是流动负债？其主要特点有哪些？
2. 什么叫短期借款？其利息一般如何进行处理？
3. 应付及预收款项可以分为哪几类？
4. 简述工资总额的组成内容。
5. 简述增值税、消费税的纳税范围和计算方法。
6. 什么是长期负债？它与流动负债的区别是什么？
7. 试述长期借款利息费用的处理原则。
8. 如何摊销溢价与折价？其账务如何处理？
9. 债券投资与应付债券的会计处理有何相似或相关之处？
10. 什么是长期应付款？它主要包括哪些？如何核算？

实务题

1. 短期负债的核算

(1) 某企业从银行借入 48 000 元，期限 9 个月，年利率 8％，利息按月预提，到期一次还本付息。

(2) 某企业预收 A 单位货款 200 000 元，后该企业实际售给 A 单位不含增值税价款 200 000 元，增值税税率为 13％，差额部分已补收。

(3) 某企业延期付款购入一批材料，价款为 50 000 元，增值税税额为 6 500 元。按合同规定开出银行承兑汇票一张，票面金额 56 500 元，年利率为 8％，期限半年。银行承兑时付手续费 58.5 元。票据到期后，企业无力支付票款。

(4) 按工资结算汇总表，本月应付职工工资 68 500 元，其中，基本生产车间工人工资

37 500元,管理人员工资4 000元;辅助车间工人工资9 000元,管理人员工资1 000元;企业行政管理人员工资15 000元,医务人员工资2 000元。现从银行提取现金发放工资,并分配计入成本费用。

要求:根据上述资料编制相关的会计分录。

2. 应交税费的核算

以下资料中未做说明,均指一般纳税人。

(1)某企业向某学校赠送自己生产的一批产品,价值10 000元,增值税税额为1 300元。

(2)某企业收购入库一批免税农副产品,价值30 000元,以银行存款支付。

(3)某企业购入一批原料并入库,价款10万元,增值税税额13 000元,货款已由银行支付。

(4)某企业有在产品一批发生非常损失,其投入的材料成本10 000元,应摊增值税税额1 300元。

(5)某小规模纳税人销售一批货物,全部货款为20 000元,款已存入银行。

(6)某企业本月共生产销售应税消费品780 000元(不含增值税),该按8%税率计提产品消费税。

(7)某企业进口汽车一辆自用。关税完税价格折合人民币200 000元,以人民币支付关税80 000元,消费税税率8%,增值税税率13%,所有税款均已支付,汽车已交付使用。

(8)某企业按规定计提房产税1 400元,土地使用税2 500元。

(9)某企业本月缴纳增值税180 000元,消费税12 000元,按7%计提应交城建税,按3%计提应交教育费附加,按2%计得应交地方教育费附加。

要求:根据上述资料编制相关会计分录。

3. 银行借款的核算

(1)长虹公司2015年向银行借入400 000元,借款期限为3年,用于厂房建造,每年按年利率10%付息一次,到期还本,该厂房于第二年年末完工验收并交付使用,按单利计付利息。

(2)长虹公司2017年向银行借款用于购建一条生产线,借款800 000元,年利率8%,借期3年,到期一次还本付息,该生产线于第二年年末完工,并交付使用。按复利计息,该企业采取预提利息的方法。

要求:根据以上资料计算应付利息并进行账务处理。

4. 应付债券溢价摊销

华丰企业于2016年1月1日发行面值60 000元,票面利率为6%,5年期债券。债券发行日市场利率为8%,利率在每年12月31日支付。

要求:

(1)计算债券的发行价格。

(2)分别编制直线法和实际利率法下的债券摊销表。

(3)编制上述两种方法下,2018年12月31日的有关会计分录。

5. 长期应付款的核算

(1)光明公司融资租入设备一台,价款240 000元,运杂费3 000元,途中保险2 200元,安装调试费4 070元,合同规定该设备租金240 000元,每年付款一次,分3年付清,付款同时按年利率10%支付利息,按每次租金的1%支付手续费,该设备于第一年年末安装完毕交付使用。

要求:编制有关会计分录。

(2) 光明公司按补偿贸易合同,引进设备和专用工具,按应付外币金额和当时汇率计算,共计人民币 521 640 元。以人民币存款支付进口关税 10 000 元,国内运杂费 4 532 元;将设备交付本企业辅助生产车间安装,其成本 18 000 元;设备安装期间,应负担利息 7 610 元。

要求:做安装完毕交付使用及用应收款归还进口设备款的会计分录。

第九章
所有者权益

任何企业都必须拥有一定数额的资产，才能从事生产、经营活动。企业的资产不管其形态如何，都有一定来源渠道，所有者权益就是其中之一。本章主要阐述了所有者权益的概念及内容，投入资本，资本公积和盈余公积的内容及核算，并对未分配利润作了简单的介绍。

通过本章的学习，了解所有者权益的含义及其所包括的具体内容；掌握投入资本、资本公积、盈余公积及未分配利润的内容；熟练掌握投入资本、资本公积、盈余公积的账务处理。

第一节　所有者权益概述

一、所有者权益的概念

所有者权益是指企业投资者对企业净资产的所有权，在数量上它等于企业的全部资产减去全部负债后的余额，即企业净资产的数额。

所有者权益是一种留剩权益。除所有者投入资本与资本公积外，主要源于企业的经营积累。企业获利时，净资产增加，投资人权益也随之增加；反之，则减少。

企业所有者则有权参与企业管理或委托他人管理企业，所有者权益与企业同在，共同承担企业的风险与收益（或亏损）。

二、所有者权益的构成

所有者权益由投入资本、资本公积金、盈余公积和未分配利润等四部分组成。

1. 投入资本

投入资本是指投资人实际投入企业生产经营活动的各种财产物资。它是投资人根据企业章程规定投入企业，经工商行政管理部门登记注册的资本金。它主要包括：

（1）国家资本金是指有权代表国家投资的政府部门或者机构以国有资产投入企业所形成的资本金。

（2）法人资本金是指其他法人单位以其依法可以支配的资产投入企业形成的资本金。

（3）个人资本金是指社会个人或者本企业职工以个人合法财产投入企业所形成的资本金。

（4）外商资本金是指外国投资者以及我国香港、澳门和台湾地区的投资者将资产投入我国企业所形成的资本金。

所有者投入企业的资本，不仅以货币形式存在，也可以是实物形态的固定资产、流动资产及各项无形资产等。

2. 资本公积

资本公积是指企业收到投资者的超出其在企业注册资本（股本）中所占份额的投资，以及直接计入所有者权益的利得和损失等。它包括资本（股本）溢价、其他资本公积等。资本公积按规定程序批准后可以转增资本（股本）。

3. 盈余公积

盈余公积是指企业按照规定从税后利润中提取的积累资金。它包括法定盈余公积、任意盈余公积等。盈余公积可用于弥补亏损或用于转增资本。

4. 未分配利润

未分配利润是指企业留于以后年度分配的利润或待分配利润。

盈余公积和未分配利润都是企业从逐年获得净收益中形成的企业内部尚未使用或分配的部分，会计上统称为"留存收益"。

第二节　投入资本

一、投入资本的取得

企业从事生产经营活动，必须要有一定数额的资本。投入资本是指所有者实际投入到企业的资本，并且形成企业的资本金。不同类型的企业，投入资本的表现形式不同。在非股份有限公司，投入的资本表现为所有者在注册资本范围内的实际出资额，又称实收资本；在股份有限公司，投入的资本表现为实际发行股票的面值，又称股本。实收资本的构成比例是投资者的出资比例或股东的股份比例，它是企业向投资者进行利润或股利分配的主要依据。

1. 筹资制度

我国实行的是注册资本制度，2014年2月印发的《注册资本登记制度改革方案》（国发〔2014〕7号）中明确规定：注册资本由实缴登记制改为认缴登记制。股东（发起人）要按照自主约定并记载于公司章程的认缴出资额、约定的出资方式和出资期限向公司缴付出资，股东（发起人）未按约定实际缴付出资的，要根据法律和公司章程承担民事责任。同时要求公司的股东（发起人）在认缴出资时要充分考虑到自身所具有的投资能力，理性地做出认缴承诺，并践诺守信。

但需要说明的是，股份有限公司以外的企业在创立时，投资者认缴的出资额与注册资本一致一般不会产生资本溢价。在某些特殊情况下，投资者实际投入资金并不全部构成企业实收资本（或股本）。投资者的出资额中，只有按其占被投资企业注册资本比例计算的部分，才能作为实收资本，超出的部分作为资本公积核算。

2. 筹集范围

企业可以依据法律、法规的规定,吸收投资者的货币资金、实物资产、无形资产等。但法律、行政法规规定的不得作为出资的除外(如企业不得吸收投资者已设有担保物权及租赁资产的出资等)。同时全体股东的货币出资额不得低于有限责任公司注册资金的30%。

3. 筹集方式

企业根据国家法律的规定,可以采用国家投资、各方集资或发行股票等筹集资本金。

资本金筹集应根据国家有关法律、法规以及合同、章程的规定来确定,可以采取一次或者分期来筹集。

4. 资本金的管理

① 从资本保全的要求看,企业筹集的资本金依法享有经营权,在企业生产经营期内,投资者除依法转让外,不得以任何方式擅自改变注册资本或抽走资金。我国企业法人登记管理条例规定,除国家另有规定外,企业的注册资金应当一致,当实收资本比原注册资金增加或减少的幅度超过20%时,应持资金使用证明,向原登记主管机关申请变更登记。如擅自改变注册资本或抽逃资金,要受理部门的处罚。法律、法规另有规定的,从其规定。

② 从投资者对其出资所拥有的权利和承担的责任看,投资者按照出资比例或合同章程的规定,分享企业利润和分担风险以及亏损。

二、投入资本的核算账户

为了核算和监督资本金投入企业的经济业务,企业对投资者投入资本是通过"实收资本"账户进行核算的。股份制企业通过设置"股本"账户进行核算。

实收资本(股本)

借方	贷方
登:资本金(股本)减少额(一般无发生额)	登:(1)企业收到投资人投入的资本金(股本); (2) 企业将资本公积、盈余公积转增的资本
	余额:企业实有资本金数额

图 9-1 "实收资本(股本)"账户

在该账户下应按投资人设置明细账户进行明细核算。

三、投入资本的账务处理

1. 现金投资

企业收到投资者投入现金,应以实际收到或者存入企业开户银行的金额,作为记账依据。

【案例 9-1】 长江公司收到联营单位投入的资本金20万元,款已收讫存入银行。

借:银行存款   200 000

    贷:实收资本——法人资本   200 000

2. 实物投资

企业收到投资人投入的房屋、机器设备、材料物资等,应按投出单位的账面原价计入"固定资产""原材料"等账户,以双方确认的价值作为"实收资本"入账。如果确认的固定资产价值小于投出单位的账面价值,其差额作为"累计折旧"处理;材料物资按计划成本计价的企业,材料计划成本与确认价值的差额作为"材料成本差异"处理。如确认价值大于投出单位账面价值时,应按确认价值入账。

(1) 接受投入固定资产。企业接受投资者作价投入的房屋、建筑物、机器设备等固定资产,应按照投资合同或协议约定的价值确定固定资产的价值,但投资合同或协议约定价值不公允的除外。在进行会计处理时:

借:固定资产(按照投资合同或协议约定的价值)
　　应交税费——应交增值税(进项税额)
　贷:实收资本(接投资者在企业注册资本中应享有的份额)
　　　资本公积

(2) 接受投入材料物资。企业接受投资者作价投入的材料物资,应按照投资合同或协议约定的价值确定材料物资的价值,但投资合同或协议约定价值不公允的除外。在进行会计处理时:

借:原材料(按照投资合同或协议约定的价值)
　　应交税费——应交增值税(进项税额)
　贷:实收资本(按投资者在企业注册资本中应享有的份额)
　　　资本公积

【案例 9-2】 2018 年 9 月,长江公司收到联营单位以新设备及材料物资作为投资。收到不需要安装的设备 1 台 100 000 元,增值税 13 000 元;收到投入材料 40 000 元,增值税 5 200 元。经评估双方确认后,按照协议约定,分别以设备价值 112 000 元,材料价值 41 200 元作为投资者在企业注册资本中的份额入账。则会计分录为:

(1) 以设备作为投入资本时:

借:固定资产——机器设备	100 000
应交税费——应交增值税(进项税)	13 000
贷:实收资本——法人资本	112 000
资本公积	1 000

(2) 以材料作为投入资本时:

借:原材料	40 000
应交税费——应交增值税(进项税)	5 200
贷:实收资本——法人资本	41 200
资本公积	4 000

3. 无形资产投资

企业收到以无形资产方式投入的资本,应按投资合同或协议约定价值确定(但投资合同或协议约定价值不公允的除外)和在注册资本中应享有的份额进行账务处理。

【案例 9-3】 2018 年 9 月,长江公司收到联营单位的一项专利技术、土地使用权作为投资,经评估双方确认,投资合同或协议约定价值分别为:专利技术 150 000 元;场地使用权价值为 100 000 元,并以此作为其在注册资本中应享有的份额。则会计分录为:

借：无形资产——专利权   150 000

     ——土地使用权   100 000

 贷：实收资本——法人资本   250 000

4. 股份有限公司投入资本

【案例9-4】 夏华实业股份公司由科盛、信盛、商盛、通盛公司发起设立，注册资本为18 000 000 元，股份总数 180 000 股，每股面值 100 元。科盛公司以厂房入股，原值 4 000 000 元，累计已提折旧 200 000 元，经评估后折股 50 000 股；信盛公司以专利权入股，经评估后折股 30 000 股；商盛以机器设备入股，原值 2 000 000 元，累计已提折旧 100 000 元，经评估后折股 19 500 股；通盛公司用货币资金认购 80 500 股。

（1）科盛公司认购股份。

借：固定资产   5 000 000

 贷：股本   5 000 000

（2）信盛公司认购股份。

借：无形资产   3 000 000

 贷：股本   3 000 000

（3）商盛公司认购股份。

借：固定资产   2 000 000

 贷：累计折旧   50 000

   股本   1 950 000

（4）通盛公司认购股份。

借：银行存款   8 050 000

 贷：股本   8 050 000

第三节　资本公积

一、资本公积的内容

资本公积是指企业收到投资者的超出其在企业注册资本（股本）中所占份额的投资，以及直接计入所有者权益的利得和损失等。它不直接表明所有者对企业的基本产权关系，也不体现各所有者的占有比例。

企业所有者投入企业的资本，一般应在"实收资本"（或"股本"）账户核算。但企业在筹集资本金过程中，所引起的各种增值等项目，不能记入"实收资本"账户，而应记入"资本公积"账户。它包括资本（股本）溢价和其他资本公积等。

资本（股本）溢价是指投资人缴付的出资额大于注册资本而产生的差额。如股份有限公司发行股票的溢价净收入等。

其他资本公积是指会导致所有者权益发生增减变动的，但与当期损益无关、与所有者投入资本或向所有者分配利润也无关的利得或损失。

资本公积是企业在筹集资本金过程中或某种特殊会计事项使资本价值发生变动而形成的不能计入投入资本的所有者权益。

资本公积核算包括资本(股本)溢价、其他资本公积和资本公积转增资本(股本)等内容。

二、资本公积的核算

(一) 资本公积核算账户设置

为了总括核算和监督企业形成的资本公积的变动情况,应设置"资本公积"账户,该账户属于权益类账户。

资本公积

借方	贷方
登:按法定程序转增注册资本数额	登:企业投入资本(股本)溢价和其他资本公积等
	余额:企业资本公积结存数

图9-2　"资本公积"账户

该账户应按资本公积形成的类别进行明细核算。

(二) 资本公积的账务处理

1. 资本溢价的账务处理

投资者缴付资本时,应按实际收到的出资额核算。在企业增资扩股时,为维护原有投资者的权益,对新介入的投资者的出资额,并不一定全部作为实收资本,有一部分应作为资本公积。

【案例9-5】　假定某合资经营企业初创时由甲、乙、丙三位投资者,各自出资400 000元,企业共实收资本1 200 000元。经营五年后,投资者丁欲加入该合资企业。经双方协议和办理增资手续,该企业注册资本增至1 600 000元,每位投资者占25%,但投资者丁实际缴付出资额为600 000元。收到投资者丁所缴出资额时,会计分录为:

借:银行存款　　　　　　　　　　　　　　600 000
　贷:实收资本——投资者丁　　　　　　　　400 000
　　资本公积——资本溢价　　　　　　　　200 000

【案例9-6】　长河股份公司对外发行普通股5 000 000股,每股面值1元,每股发行价3元。该公司以银行存款支付发行手续费700 000元。假若发行收入全部收到,发行费用全部支出,不考虑其他因素。会计分录为:

(1) 收到发行收入。
借:银行存款　　　　　　　　　　　　　15 000 000
　贷:股本　　　　　　　　　　　　　　　5 000 000
　　资本公积——股本溢价　　　　　　　10 000 000

(2) 支付发行费。
借:资本公积——股本溢价　　　　　　　　700 000
　贷:银行存款　　　　　　　　　　　　　　700 000

2. 其他资本公积的账务处理

可供出售金融资产在会计期末,其账面价值与其公允价值之间的差额计入其他资本公积;企业对某被投资单位的长期股权投资采用权益法核算的,在持股比例不变的情况下,对因被投资单位除净损益以外产生的利得或损失,也应计入其他资本公积。

【案例 9-7】 长江公司持有某项可供出售金融资产成本 400 000 元,会计期末,其公允价值 420 000 元。

(1)会计期末确认 20 000 元为公允价值变动的收益。

借:可供出售金融资产   20 000
　　贷:资本公积——其他资本公积   20 000

(2)若会计期末公允价值 360 000 元,应确认 40 000 元公允价值变动的损失。

借:资本公积——其他资本公积   40 000
　　贷:可供出售金融资产   40 000

3. 资本公积转增资本金的账务处理

根据国家规定,企业可以按法定程序将资本公积转增资本金。

【案例 9-8】 某有限公司报经批准后,将资本公积 200 000 元转增注册资本。依据 A、B、C、D 投资者在注册资本中所占的股份 50%、20%、18%、12%,应分别转增的资本为 100 000元、40 000 元、36 000 元、24 000 元。会计分录为:

借:资本公积   200 000
　　贷:实收资本——投资者 A   100 000
　　　　　　　　——投资者 B   40 000
　　　　　　　　——投资者 C   36 000
　　　　　　　　——投资者 D   24 000

第四节　留存收益

一、留存收益的概念和分类

留存收益是指企业从逐年获得净收益中形成的企业内部尚未使用或分配的收益,是通过企业的生产经营活动而形成的,即经营所得净收益的积累。它分为盈余公积和未分配利润两类。

企业的盈利扣除按国家规定上缴的所得税,一般称为税后利润,即企业净收益。税后利润可以按照协议、合同、公司章程或有关规定进行分配,并将其中一部分留下不对投资者分配。留下的这部分净收益与所有者投入的资本属性一致,均为所有者权益,在会计上称为留存收益。

1. 盈余公积

为了约束企业过量分配,国家要求企业留有一定积累,以利于企业持续经营,维护债权人利益等。这部分指定用途的留存收益,在会计上称为"盈余公积"。

盈余公积是指企业按规定从税后利润中提取的积累资金。一般分为两种:法定盈余公积、任意盈余公积。

法定盈余公积主要用于企业扩大再生产,也可用于弥补亏损、转增注册资本和国家另有规定的其他用途。按照规定:法定盈余公积,按税后利润的 10％ 提取,企业计提的盈余公积已达注册资本 50％ 时不可再提取;当企业用盈余公积转增注册资本时,转增后法定盈余公积一般不得低于注册资本的 25％。

任意盈余公积是在法定盈余公积提取后,企业根据需要,自己决定从税后利润中提取的一部分留存收益。其用途与法定盈余公积相同。

企业用盈余公积弥补亏损或转增注册资本时,一般先用任意盈余公积,在任意盈余公积用完后,再按照规定使用法定盈余公积。

2. 未分配利润

未分配利润是指企业留于以后年度分配的利润或待分配利润,包括两层含义,一是这部分税后利润没有分给企业所有者;二是这部分税后利润未指定用途。

二、留存收益的核算

在会计核算上,留存收益通过"盈余公积"和"利润分配——未分配利润"账户进行总分类核算。

1. 盈余公积的核算

企业从税后利润中提取的盈余公积,包括法定盈余公积和任意盈余公积,专门设置"盈余公积"账户用于核算企业依法提取盈余公积及其使用情况。该账户下设"法定盈余公积""任意盈余公积"等明细账户。

盈余公积

借方	贷方
登:用盈余公积补亏或转增注册资本、发放现金股利,而减少的数额	登:从企业税后利润中提取的数额
	余额:企业提取盈余公积结余数

图 9 - 3　"盈余公积"账户

企业依法提取盈余公积,经批准可以弥补亏损和转增资本、发放现金股利等。

【案例 9 - 9】　甲股份企业本年实现净利润 600 万元,按当年净利润的 10％ 计提法定盈余公积,经股东大会批准将盈余公积 60 万元转增股本。

(1)计提法定盈余公积。

借:利润分配——提取法定盈余公积　　　　　　　　　600 000

　　贷:盈余公积——法定盈余公积　　　　　　　　　600 000

(2)转增股本。

借:盈余公积　　　　　　　　　　　　　　　　　　600 000

　　贷:股本　　　　　　　　　　　　　　　　　　600 000

2. 未分配利润的核算

未分配利润是指企业未做分配的留存利润。它有两层含义:一是这部分留存利润没有分配给企业的投资者;二是这部分留存利润无特定用途。企业未分配利润在所有者权益中具有较大的自主使用权。

为核算和监督企业未分配利润的情况,企业在"利润分配"账户中,专设了"未分配利润"这一个明细账户进行核算。

有关盈余公积和未分配利润的核算,参见有关章节利润和利润分配核算的内容,这里不再赘述。

思 考 题

1. 什么是所有者权益? 它包括哪些内容?
2. 所有者权益与负债的异同有哪些?
3. 什么是投入资本? 它包括哪些内容?
4. 什么是资本公积? 它包括哪些内容?
5. 什么是盈余公积和未分配利润?

实 务 题

1. 投入资本的核算

某企业 2018 年度有关投资业务如下:

(1) A 公司以现金投资 200 万元,款已存入银行。

(2) B 公司投入房屋一幢,设备一台。房屋原账面价值为 100 万元,评估确认按新旧程度 80% 计价投资;投入设备原账面价值为 10 万元,评估确认价值为 11 万元。

(3) C 公司以一项专利技术投资,经评估确认其价值为 50 万元。

要求:根据以上经济业务编制有关会计分录。

2. 资本公积的核算

光明公司 2018 度发生如下资本公积业务:

(1) 向社会发行普通股 1 000 000 股,每股面值 1 元。每股按 1.6 元溢价发行,股款存入银行。付发行手续费 20 000 元。假若发行收入全部收到,发行费用全部支出。

(2) 企业持有某项可供出售金融资产成本 500 000 元,会计期末,其公允价值 480 000 元。

(3) 某外商投入外币 10 000 美元,固定资产(设备一台)价值 50 000 美元。按合同约定,外币资产汇率为 $1/¥7.32。本企业实际收到投资时,当月月末外汇牌价为 $1/¥7.34(中间价),企业采用人民币作为记账本位币。

(4) 企业经批准,以资本公积转增注册资本 20 000 元。

要求:根据以上业务编制有关会计分录。

第十章
收入、费用与利润

> 收入是企业利润的源泉,利润是企业经营的目的,而分配则是根据有关法律对企业最终的财务成果在投资人、国家、集体间的合理划分。本章主要阐述介绍了① 收入、费用和利润的基本含义及内容;② 收入的确认原则;③ 生产成本中直接材料、直接人工和间接费用的核算,以及期间费用的核算;④ 利润的形成及结转,所得税费用、利润的分配及相应的会计核算等。
>
> 通过本章的学习,掌握收入、费用和利润分配核算的基本原理与方法,以及相应的账务处理等。

第一节 收 入

一、收入的概述

1. 收入的概念

收入的实质是企业资产的增加或负债的减少,它是企业利润的直接来源。对收入概念的理解主要有两种:广义的理解包括企业来源于各种渠道的收入,包括产品销售收入、其他业务收入、投资收益和营业外收入;而狭义的收入概念仅仅包括与生产经营有关的收入,即营业收入。在我国的《企业会计准则》中收入的定义为:收入是企业在销售商品或提供劳务等经营业务中实现的营业收入,包括基本业务收入和其他业务收入。

2. 收入的分类

收入按其是否与生产经营有关可分为:与生产经营有关的收入,包括产品销售收入、其他业务收入;与生产经营无关的收入,包括营业外收入、投资收益。

3. 收入的特征

(1)收入是企业净资产增加的标志,因为收入实现的结果是资产的增加或负债的减少,而资产增加或负债减少的最终结果则是净资产的增加。

(2)收入的主要来源是企业的主要经营活动。这种经营活动具有经常性、重复性和可预见性等特点。

(3)收入是取得经营成果的基础。

（4）收入既是对原始投资的收回，又是资本积累的主要源泉。

4. 收入的内容

主营业务收入是指企业在其主要的或主体业务活动中所取得的营业收入，也称基本业务收入。在工业企业，包括企业销售的产成品、代制品、自制半成品或提供的工业性劳务等所取的收入。

其他业务收入指企业除基本业务以外的其他业务活动所取得的收入，在工业企业它主要包括无形资产转让收入、包装物出租收入、原材料销售收入、运输等非工业性劳务收入。

5. 收入的确认

收入的确认实际上是收入入账时间的确认。我国的《企业会计准则》中规定：企业应当合理确认营业收入的实现，并将已实现的收入按时入账。企业应当在发出商品、提供劳务，同时收讫价款或取得索取价款的凭据时，确认营业收入；长期工程（包括劳务合同），一般应当根据完成进度法或者完成合同的程度合理确认营业收入。

二、收入的核算

(一) 主营业务收入的核算

企业为了对销售情况进行核算，应设置"主营业务收入""主营业务成本""税金及附加"等账户，如图10-1、图10-2和图10-3所示。这三个账户期末结转后一般无余额。

主营业务收入

借方	贷方
登：销售退回、折让、折扣冲减的部分以及期末转入本年利润的数额	登：企业实现的销售收入额

图 10-1 "主营业务收入"账户

主营业务成本

借方	贷方
登：已经销售产品成本结转额等	登：产品销售成本转出到本年利润的数额以及销售退回已结转的成本冲减额

图 10-2 "主营业务成本"账户

税金及附加

借方	贷方
登：应交的消费税、资源税、教育费附加、城建税等	登：企业期末转入"本年利润"的数

图 10-3 "税金及附加"账户

1. 国内销售

(1) 取得收入。

借:银行存款 （交款提货方式）

或 应收账款 （托收承付或委托收款）

应收票据 （商业汇票）

贷:主营业务收入

应交税费——应交增值税(销项税额)

(2) 月末结转销售成本。

借:主营业务成本

贷:库存商品

【案例 10-1】 A 公司售出应税消费品 30 件,价格为 500 元/件(不含增值税),该产品成本 300 元/件,并以银行存款代垫运输费 300 元,增值税税率 13%,消费税税率 8%,该公司已办妥有关托收手续。

(1) 办妥手续。

借:应收账款 17 250

贷:主营业务收入 15 000

应交税费——应交增值税(销项税额) 1 950

银行存款 300

应交消费税=15 000×8%=1 200(元)

借:税金及附加 1 200

贷:应交税费 应交消费税 1 200

(2) 月末结转成本。

借:主营业务成本 9 000

贷:库存商品 9 000

2. 出口商品销售

【案例 10-2】 有自营出口权的某企业出口产品一批,价值 10 000 美元。该批产品所耗外购原料的进项税 8 500 元,支付的货款为 50 000 元人民币。产品出口时的银行美元买入价为 1∶7.5,该批产品已向银行办妥出口交单手续。

(1) 据出口交单及有关凭证作收入处理。

借:应收账款 75 000

贷:主营业务收入 75 000

(2) 收到出口货款时,结汇的汇率为 1∶7.45。

借:银行存款 74 500

财务费用 500

贷:应收账款 75 000

(3) 收到按 9%计算的该批产品退税款。

退税款=50 000×9%=4 500(元)

借:银行存款 4 500

贷:应交税费——应交增值税(出口退税) 4 500

(4) 将不予退税的部分进项税转入销售成本。

不予退税的进项税＝8 500－4 500＝4 000(元)

借:主营业务成本　　　　　　　　　　　　　　　　　　4 000

　贷:应交税费——应交增值税(进项税额转出)　　　　　4 000

(二) 销售退回与折让的核算

为简化核算,退回与折让的产品无论是本期的还是前期的,均冲减本月的销售收入及成本。在实务中有两种情况:

(1) 企业在冲减当月收入时,如果成本尚未结转,只需冲减其收入即可。

(2) 如成本已结转完毕,则不仅要冲减收入,同时也要冲减成本。

【案例 10-3】　某企业 12 月份因质量问题退货一批,货款 1 000 元,增值税税额 130 元,已经银行全部退回,有关凭证手续已办妥当,根据红字专用发票进行账务处理。

借:银行存款　　　　　　　　　　　　　　　　　1 130

　贷:主营业务收入　　　　　　　　　　　　　　1 000

　　　应交税费——应交增值税(销项税额)　　　130

注:方框表示红字或负数(下同)。

若该批货的成本已经结转,还应冲减其已结转的成本 800 元。

借:主营业务成本　　　　　　　　　　　　　　800

　贷:库存商品　　　　　　　　　　　　　　　800

(三) 其他业务收支

企业发生的其他业务收支应分别设置下列账户进行核算。如图 10-4、图 10-5 所示。期末结转后,这两个账户一般无余额。

其他业务收入

借方	贷方
登:其他业务收入转入"本年利润"账户的数额	登:销售材料、包装物、出租收入的数额

图 10-4　"其他业务收入"账户

其他业务支出

借方	贷方
登:其他业务的各种支出成本,包括技术转让、材料等有关费用的以及应负担的税金等	登:其他业务支出转出到"本年利润"账户的数额

图 10-5　"其他业务支出"账户

【案例10-4】 取得出租包装物的毁坏赔偿收入1 000元,包装物的成本800元,款项已存入银行。

① 取得赔偿收入并结转相应成本。

借:银行存款	1 130
贷:其他业务收入	1 000
应交税费——应交增值税(销项税额)	130
借:其他业务支出	800
贷:包装物	800

② 期末将其他业务收入、支出转入"本年利润"账户。

借:其他业务收入	1 000
贷:本年利润	1 000
借:本年利润	800
贷:其他业务支出	800

第二节 费 用

一、费用的概述

(一)费用与成本

1. 费用

费用是指企业为销售商品、提供劳务等日常活动所发生的经济利益的流出。我国《企业会计准则》中对费用的定义表述为:费用是企业生产经营过程中发生的各项耗费。企业直接为生产商品和提供劳务等发生的直接材料、直接人工、商品进价和其他直接费用,直接计入生产经营成本;企业为生产商品和提供劳务而发生的各项间接费用,应当按一定标准分配计入生产经营成本。企业行政管理部门为组织和管理生产经营活动而发生的管理费用和财务费用,为销售和提供劳务而发生的进货费用、销售费用等,应当作为期间费用,直接计入当期损益。

2. 成本

成本是指企业为生产商品、提供劳务而发生的各种耗费。

从全部费用来看,费用的开支以权责发生制为原则,并以会计期间为范围进行归集核算,它反映某一时期内所发生的全部费用支出数额。成本开支以配比为原则,并以成本计算对象为目标分配各项生产费用,进行各种产品和劳务的成本计算,反映每项产品的总成本和单位成本。

(二)费用的特征

(1)费用最终会导致企业资源的减少,这种减少具体表现为企业的资金支出。从这个意义上说,费用本质上是一种资源流出企业,其目的是为了取得收入,从而获得更多资产。

(2)费用最终会减少企业的所有者权益。一般而言,企业的所有者权益会随着收入的增长而增加;相反,费用的增加会减少所有者权益。但是所有者权益减少也不一定都列入费用,如企业偿债性支出和向投资者分配利润。

(3)费用可能表现为资产的减少或负债的增加,或者二者兼而有之。

二、费用的分类

为了适应各种不同的需要和用途,便于核算成本、加强成本管理,必须对生产经营过程中发生的耗费进行合理的分类。

(一)生产费用按经济内容分类

生产过程中发生的生产费用,按其经济内容分类,可划归为劳动对象方面的费用、劳动手段方面的费用和活劳动方面的费用三大类。按照这一标准,企业的费用可划分为若干个要素费用。

(1)外购材料费用。企业用于产品生产而耗费地从企业外部购入的原材料及主要材料、辅料、半成品、包装物、低值易耗品等。

(2)外购燃料费用。企业用于产品生产而耗费地从企业外部购入的燃料。在一些企业中由于外购燃料在成本中所占比重较大,故将其从外购材料中分出,单独列为一类进行核算。

(3)外购动力费用。企业用于生产而耗费地从企业外部购入的各种动力,如电力等。

(4)职工薪酬。计入生产成本的各种职工工资、奖金、津贴和补贴等。

(5)折旧费。企业按照一定的方法计算的固定资产折旧费。

(6)税金。企业应计入生产费用的各种税金,如房产税、印花税、车船使用税、土地使用税等。

(7)其他支出。其他支出是指不属于以上各项要素的费用,如外部加工费、差旅费等。

(二)按其经济用途分类

这种分类方法可以把企业的全部费用划分为制造成本(即计入产品成本的费用)和期间费用(不计入产品成本而直接计入当期损益的费用)两部分。

(1)计入产品成本的费用是指企业在生产过程中为生产产品实际支出的费用,包括直接耗用的材料、支付的生产工人工资和制造费用等。

(2)不计入产品成本的费用是指不是用于产品生产的费用,如管理费用、财务费用、销售费用等。

(三)按计入产品成本的方式分类

(1)直接计入某项产品生产成本的直接费用,如直接材料、直接人工等。

(2)需经分配以后才能计入某项产品成本的间接费用,如制造费用等。

(四)按其与产量变动关系分类

(1)固定费用是指费用总额不随总产量变动而成正比例变动的费用,如用直线法计提的固定资产折旧费等。

(2)变动费用是指费用总额随总产量变动而成正比例变动的费用,如直接材料的耗费。

费用的构成如图 10-6 所示。

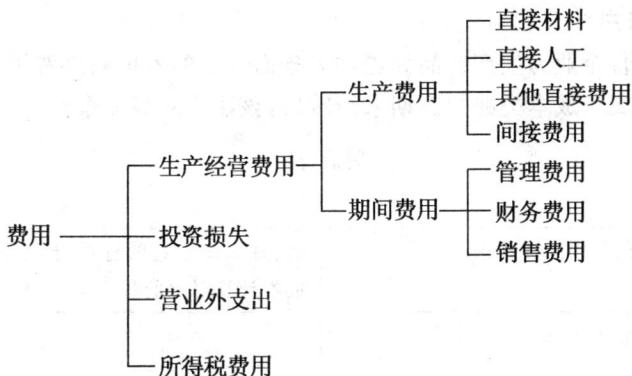

图 10-6　费用的构成

三、生产费用的核算

在制造成本法下,将生产过程中所发生的生产费用按其性质和发生地点进行分类汇总,计算出某一时期费用的实际发生总额,依照权责发生制的原则入账,并按照费用的性质和用途分别处理。将由产品成本负担的费用(如直接材料、直接人工等),按照产品的品种和类别、制造步骤或批别等,分别成本项目直接计入产品的生产成本;将为生产产品或提供劳务而发生的各项间接费用,按一定标准分配计入产品的生产成本;月末当既有完工产品又有在产品时,要将生产费用在完工产品与在产品之间分配;最后计算出每种(类、批)产品的实际总成本和单位成本。

(一) 成本费用类账户的设置

1."生产成本"账户

为了核算和监督企业在生产产品或提供劳务等发生的各项直接费用,包括生产各种产成品、自制半成品、自制材料、自制工具及设备等直接费用,应设置"生产成本"账户,该账户属于成本类账户。

生产成本

借方	贷方
登:计入产品成本的各项费用(为生产产品的直接材料、直接人工、制造费用等)	登:结转完工并验收入库的产成品或自制半成品的实际成本
余额:尚未完工的在产品成本	

图 10-7　"生产成本"账户

在该账户下,应设置"基本生产成本"和"辅助生产成本"两个二级账户。

(1)"基本生产成本"二级账户核算企业为完成主要生产目的所进行的产品生产而发生的费用,计算基本生产的产品成本。在该账户下,按成本核算对象开设明细账户,并按成本项目设置专栏进行明细核算。

(2)"辅助生产成本"二级账户核算企业辅助生产部门(如大修理车间等)为基本生产服务进行生产和提供劳务供应而发生的费用,并计算辅助生产产品和劳务成本。在该账户下还应按照提供劳务种类或成本核算对象开设明细账户,并按费用项目设置专栏进行明细核算。

2. 制造费用账户

为了核算和监督企业为生产产品和提供劳务而发生的各项间接费用,企业应设置"制造费用"账户,该账户属于成本类账户。期末结转后,该账户一般无余额。

制造费用

借方	贷方
登:发生的各项间接费用	登:月末按一定的标准分配计入有关成本计算对象的数
余额:一般为零	

图 10-8 "制造费用"账户

该账户应按不同的生产单位或分厂设置明细账户,账户内按制造费用项目内容设专栏进行明细核算。

(二)制造成本的核算

1. 直接材料的核算

直接材料是生产成本中的重要组成部分。企业在生产经营过程中发生的材料费用,应按其用途和发生地点分别归集,凡能分清哪种产品耗用的材料,应直接记入"生产成本"账户的各种产品成本;若是多种产品共同耗用的材料,需采用一定的分配方法分配计入"生产成本"账户的各种产品成本。对于车间一般耗用和管理部门及其他部门领用的材料,应按发生地点进行归集,分别记入"制造费用""管理费用"等账户。

【案例 10-5】 长江公司按照实际成本核算材料,2019 年 5 月份"材料费用分配表"见表 10-1。

表 10-1 材料费用分配表

2019 年 5 月

应借科目			共同耗用原材料的分配					直接领用的材料/元	耗用原材料总额/元
总账及二级科目	明细科目	成本或费用项目	产量/件	单位消耗定额/千克	定额耗用量/千克	分配率	应分配材料费/元		
生产成本	甲产品	直接材料	400	1.2	480	52	24 960	60 040	85 000
	乙产品	直接材料	300	1.1	330	52	17 160	82 840	100 000
	小 计		—	—	810	52	42 120	142 880	185 000
制造费用	基本车间	机物料消耗						2 500	2 500
管理费用		其他						2 700	2 700
合 计							42 120	148 080	190 200

$$材料费用分配率=\frac{应分配材料实际总额}{各种产品材料定额耗用量}=\frac{42\,120}{400×1.2+300×1.1}=52(元/千克)$$

甲产品应分配材料费＝52×400×1.2＝24 960(元)

乙产品应分配材料费＝52×300×1.1＝17 160(元)

共同耗用材料的分配,通常用产品材料定额消耗量比例或材料定额成本比例进行分配,也可按产量或重量比例分配。

根据表10-1,会计分录为:

借:生产成本——甲产品　　　　　　　　　　　　　　　　　　85 000
　　　　　　——乙产品　　　　　　　　　　　　　　　　　　100 000
　　制造费用　　　　　　　　　　　　　　　　　　　　　　　2 500
　　管理费用　　　　　　　　　　　　　　　　　　　　　　　2 700
　　贷:原材料　　　　　　　　　　　　　　　　　　　　　　　　　190 200

2. 直接人工的核算

企业在生产经营过程中发生的人工费用,应按其用途和发生地点分别归集。凡是能够分清哪种产品耗用的人工费,应直接计入"生产成本"账户的各种产品成本;若由多种产品共同耗用的人工费,需采用一定分配方法分配计入"生产成本"账户的各种产品成本。对车间管理人员、企业行政管理人员和其他人员薪酬等人工费,应按发生地点分别记入"制造费用""管理费用"等账户。

对于多种产品生产,共同耗用的工资费用,一般按产品实用工时比例或定额工时比例进行分配,其计算公式如下:

$$工资费用分配率=\frac{生产工人工资总额}{各种产品实用工时(或定额工时)之和}$$

某种产品应分配的工资费用＝该产品实用(或定额)工时×工资费用分配率

【案例10-6】 长江公司2019年5月份分配结转本月应付职工工资为21 000元,其中,基本生产车间生产工人工资16 000元,车间管理人员工资1 800元,企业行政管理人员工资3 200元。将发生的职工福利费2 940元按照工资或工时比例分别记入相关的成本费用之中。本月份甲产品的生产工时为2 800工时,乙产品为2 200工时。

(1)计算每种产品应负担工资。

$$应付工资分配率=\frac{16\,000}{2\,800+2\,200}=3.2$$

甲产品应分配的工资＝2 800×3.2＝8 960(元)

乙产品应分配的工资＝2 200×3.2＝7 040(元)

(2)结转应付工资。

借:生产成本——甲产品　　　　　　　　　　　　　　　　　　8 960
　　　　　　——乙产品　　　　　　　　　　　　　　　　　　7 040
　　制造费用　　　　　　　　　　　　　　　　　　　　　　　1 800
　　管理费用　　　　　　　　　　　　　　　　　　　　　　　3 200
　　贷:应付职工薪酬——工资　　　　　　　　　　　　　　　　　21 000

(3) 将实际发生的职工福利费计入相关成本费用账户。

借:生产成本——甲产品　　　　　　　　　　　　1 254.40

　　　　　　——乙产品　　　　　　　　　　　　　985.60

　　制造费用　　　　　　　　　　　　　　　　　　252.00

　　管理费用　　　　　　　　　　　　　　　　　　448.00

　　货:应付职工薪酬——职工福利　　　　　　　　　2 940.00

3. 间接费用(制造费用)的核算

制造费用是指企业各生产单位为组织和管理生产而发生的间接费用。首先应按生产单位分户归集到有关的"制造费用"账户中。在生产一种产品的车间中,制造费用可直接计入其产品成本;在生产多种产品的车间,就要采用一定的分配方法,将制造费用分配计入各种产品成本。常用的有按生产工时、定额工时、机器工时、直接人工费等比例分配的方法。

【案例10-7】　长江公司2019年5月固定资产大修费用36 000元,以银行存款支付,分18个月摊销。

① 当月支付。

借:长期待摊费用　　　　　　　　　　　　　　　　36 000

　　贷:银行存款　　　　　　　　　　　　　　　　　36 000

② 按月摊销1/18。

借:制造费用　　　　　　　　　　　　　　　　　　2 000

　　贷:长期待摊费用　　　　　　　　　　　　　　　2 000

注:当修理费用数额较小时,一次计入当期费用

【案例10-8】　长江公司某生产车间生产甲、乙两种产品,2019年5月发生制造费用如表10-2,月末编"制造费用分配表"见表10-3。

表 10-2　制造费用明细账

2019 年 5 月

2019 车间

| 2019 年 | | 凭证号 | 摘要 | 明细项目 | | | | | | | | | 合计 |
月	日			工资及福利费	折旧费	修理费	机物料消耗	水电费	办公费	差旅费	劳动保护费	其他	
5	2		计提折旧		840								840
	5		支付水电费					240					240
	10		许兵报差旅费							168			168
	18		支付办公费						100				100
	28		支付修理费			2 000							2 000
	31		支付本月工资	2 052									2 052
	31		生产领用材料				2 500						2 500
	31		合　计	2 052	840	2 000	2 500	240	100	168			7 900
	31		转入生产成本	-2 052	-840	-2 000	-2 500	-240	-100	-168			-7 900

表 10-3 制造费用分配表

2019 年 5 月

××车间 元

应借账户		工时	分配率	制造费用
生产成本	甲产品	2 800	1.58	4 424
	乙产品	2 200	1.58	3 476
合 计		5 000	1.58	7 900

根据表 10-3,会计分录为:

借:生产成本——甲产品 4 424

——乙产品 3 476

贷:制造费用 7 900

通过以上对直接材料、直接人工和制造费用的核算,将发生的费用直接计入和分配转入"生产成本"账户,并根据企业生产特点及成本管理要求,采用一定的成本计算方法(如品种法、分批法、分步法等),计算并结转完工产品的生产成本。

【案例 10-9】 长江公司 2019 年 5 月份基本生产成本明细账资料如表 10-4。

表 10-4 基本生产成本明细账

产品名称:甲产品 2019 年 5 月 完工 450 件,在产品 100 件,完工程度 50%

项 目	直接材料	直接人工	制造费用	合 计
期初在产品成本	25 000	1 785.60	1 576	28 361.60
本期发生费用	85 000	10 214.40	4 424	99 638.40
合 计	110 000	12 000.00	6 000	128 000.00
完工产品成本	90 000	10 800.00	5 400	106 200.00
期末在产品成本	20 000	1 200.00	600	21 800.00

根据表 10-4 结转本月完工产品成本,会计分录为:

借:库存商品——甲产品 106 200

贷:生产成本——甲产品 106 200

四、期间费用的核算

期间费用是指不能直接归属于某个特定存货成本的费用。在制造成本制下,期间费用按权责发生制的原则直接计入当期损益。它包括管理费用、财务费用、销售费用。

(一)管理费用的核算

管理费用是指企业行政管理部门为组织和管理生产经营活动所发生的各种管理费用。为了核算和监督企业行政管理部门为组织和管理生产经营活动而发生的各项管理费用,应设置"管理费用"账户。借方登记各项管理费用的发生数;贷方登记管理费用减少以及转入"本年利润"的数额。结转后本账户应无余额。

【案例 10 - 10】　长江公司 2019 年 5 月份计提厂部固定资产折旧 2 600 元。会计分录为：

　　借：管理费用——折旧费　　　　　　　　　　　　　　　2 600
　　　　贷：累计折旧　　　　　　　　　　　　　　　　　　　　　　2 600
　　月底，结转本月发生的管理费用时，会计分录为：
　　借：本年利润　　　　　　　　　　　　　　　　　　　　2 600
　　　　贷：管理费用　　　　　　　　　　　　　　　　　　　　　　2 600

(二) 财务费用的核算

财务费用是指企业为筹集生产经营所需资金而发生的费用，包括利息支出（减利息收入后的净支出）、汇兑损益（净额）、金融机构手续费以及筹集生产经营资金发生的其他费用。固定资产购建完成，交付使用后的借款利息支出应计入财务费用。

企业应设置"财务费用"账户进行核算，并按费用项目（如利息支出、手续费等）设明细账，进行明细核算。借方登记利息支出、汇兑损失以及相关手续费等；贷方登记利息收入、汇兑收益等；期末借方余额（反映财务费用净额）转入"本年利润"账户，结转后无余额。在该账户下应按费用项目设置明细账进行明细核算。

【案例 10 - 11】　长江公司计提短期借款利息。

（1）1 月份计提短期借款利息 3 490 元。
　　借：财务费用——利息支出　　　　　　　　　　　　　　3 490
　　　　贷：应付利息　　　　　　　　　　　　　　　　　　　　　　3 490

（2）2 月份计提当月短期借款利息 3 260 元。
　　借：财务费用——利息支出　　　　　　　　　　　　　　3 260
　　　　贷：应付利息　　　　　　　　　　　　　　　　　　　　　　3 260

（3）3 月末按银行计息通知，本季度短期借款利息为 10 200 元。
3 月份的利息＝10 200－（3 490＋3 260）＝3 450（元）
　　借：应付利息　　　　　　　　　　　　　　　　　　　　6 750
　　　　财务费用——利息支出　　　　　　　　　　　　　　3 450
　　　　贷：银行存款　　　　　　　　　　　　　　　　　　　　　　10 200

【案例 10 - 12】　长江公司 2019 年 5 月月末财务费用借方余额为 5 720 元，转入"本年利润"账户。会计分录为：

　　借：本年利润　　　　　　　　　　　　　　　　　　　　5 720
　　　　贷：财务费用　　　　　　　　　　　　　　　　　　　　　　5 720

(三) 销售费用的核算

销售费用又被称为产品销售费用，它是指工业企业在产品销售过程中所发生的费用，包括运输费、装卸费、包装费、保险费、展览费、广告费等，以及为销售本企业产品而专设的销售机构职工工资、福利费、业务费等经常费用。

企业发生的销售费用，设"销售费用"账户核算，借方登记为销售产品而发生的各项费用，贷方登记销售费用的减少以及期末转入"本年利润"数，结转后本账户无余额。本账户应按费用项目设置明细账，进行明细核算。

【案例 10 - 13】 长江公司 2019 年 5 月发生以下经济业务：

（1）以银行存款支付销货运费 200 元。

借：销售费用——运输费 200

　贷：银行存款 200

（2）销售产品领用包装材料 2 500 元。

借：销售费用——包装费 2 500

　贷：原材料 2 500

（3）专设销售门市部人员工资 15 000 元。

借：销售费用——工资及福利费 15 000

　贷：应付职工薪酬——工资 15 000

（4）以银行存款支付广告费 3 000 元。

借：销售费用——广告费 3 000

　贷：银行存款 3 000

（5）将本月发生的销售费用 22 800 元，转入"本年利润"账户。

借：本年利润 20 700

　贷：销售费用 20 700

第三节　利润与所得税费用

一、利润及其构成

利润是企业在一定会计期间生产经营活动的最终成果，是有关收入与成本费用相抵后的正差额；如出现负差额，则为亏损。

（一）营业利润

营业利润是指企业经营业务所取得的利润。

$$营业利润=营业收入-营业成本-税金及附加-销售费用-管理费用-财务费用-资产减值损失+投资净收益\pm公允价值变动损益$$

其中：

$$营业收入=主营业务收入+其他业务收入$$
$$营业成本=主营业务成本+其他业务支出$$
$$营业收入-营业成本=营业毛利$$

资产减值损失是指企业根据资产减值等准则，计提的各种资产减值准备所形成的损失。

投资净收益是指企业对外投资取得的利润、股利、利息等收益，扣除投资损失后的数额。

公允价值变动损益是指企业交易性金融资产等公允价值变动形成的应计入当期损益的利得（或损失）。

（二）利润总额

$$利润总额=营业利润+营业外收入-营业外支出$$

企业的利润总额主要由以下几部分构成：

（1）通过生产经营活动而获得的营业利润。

（2）通过投资活动而获得的投资净收益。

（3）与生产经营活动无直接关系的营业外收支净额。

营业外收入是指与企业经营活动没有直接关系的各项利得。它具体包括：非流动资产处置利得、非货币性资产交换利得、债务重组利得、政府补贴、盈利利得和捐赠利得等。如固定资产盘盈、处理固定资产净收益、罚款收入、资产评估增值、债务重组收益、确实无法支付的应付账款、教育费附加返还等。

营业外支出是指与企业经营活动没有直接关系的各项损失。它具体包括：非流动资产处置损失、非货币性资产交换损失、债务重组损失、公益性捐赠支出、非常损失和盘亏损失等。

（三）公允价值变动损益

【案例 10-14】 长江公司于 2017 年 8 月 7 日以每股 8.70 元的价格买入能源煤业 10 000 股作为短期投资，计入交易性金融资产，支付交易费用 520 元。2017 年 12 月 31 日，能源煤业的收盘价格为 22.04 元。2018 年 1 月 10 日，长江公司以 24.80 元的价格将能源煤业股票全部卖出，发生交易费用 1 480 元。

（1）买入股票。

借：交易性金融资产——成本　　　　　　　　　　87 000

　　投资收益　　　　　　　　　　　　　　　　　520

　　贷：银行存款　　　　　　　　　　　　　　　　　87 520

（2）年末以公允价值入账。

借：交易性金融资产——公允价值变动　　　　　　133 400

　　贷：公允价值变动损益　　　　　　　　　　　　　133 400

（3）年末结转公允结转变动损益账户。

借：公允价值变动损益　　　　　　　　　　　　　133 400

　　贷：本年利润　　　　　　　　　　　　　　　　　133 400

（4）卖出股票。

借：银行存款　　　　　　　　　　　　　　　　　246 520

　　贷：交易性金融资产——成本　　　　　　　　　　87 000

　　　　　　　　　　　　——公允价值变动　　　　133 400

　　　　投资收益　　　　　　　　　　　　　　　　26 120

同时结转公允价值变动损益。

借：公允结转变动损益　　　　　　　　　　　　　133 400

　　贷：投资收益　　　　　　　　　　　　　　　　　133 400

二、利润的核算

为了综合反映利润的形成及结转，企业应设置"本年利润"账户，用来核算企业实现的利润（或发生的亏损）总额。如图 10-9 所示。该账户期末结转后一般无余额。

本年利润

借方	贷方
登:转入的各类成本、费用额(包括所得税费用)及转出的净利润额	登:转入的各类收入额及转出的净亏损额

图 10 - 9 "本年利润"账户

本年利润结转包括两方面内容:一是构成本年利润总额各个组成部分的有关收入、支出项目的结转,主要反映利润的形成;二是利润总额扣除所得税费用后的余额,即净利润的结转,主要反映可供分配的利润。

1. 将所有损益类账户余额结转至"本年利润"账户

(1)结转下列所有收入(收益)类账户期末余额至"本年利润"账户贷方。

借:主营业务收入

其他业务收入

投资收益

营业外收入

贷:本年利润

(2)结转下列成本费用类账户期末余额至"本年利润"账户借方。

借:本年利润

贷:税金及附加

主营业务成本

销售费用

管理费用

财务费用

其他业务支出

营业外支出

所得税费用

需要注意的是,企业若期末"资产减值损失""公允价值变动损益"账户有余额,也应将其转入"本年利润"账户,结转后其无余额。

2. 计算并结转本年净利润

借:本年利润

贷:利润分配——未分配利润

如为净亏损,则:

借:利润分配——未分配利润

贷:本年利润

三、所得税费用

所得税是营利组织或个人等纳税人就其应税所得所缴纳的一种税。当前所得税费用是指按照当期应缴纳的所得税确认的费用。

1. 所得税费用的核算

为核算企业所得税费用,设置"所得税费用"账户。如图 10 - 10 所示。

所得税费用

借方	贷方
登:按税前会计利润或应得税所计算的计入本期损益的所得税额	登:转入"本年利润"的所得税额

期末结转本年利润后,一般无余额

图 10 - 10 "所得税费用"账户

应纳税所得额是指企业按照《所得税法》规定的项目计算确定的收益,是计算缴纳所得税的依据。由于企业会计税前利润与应纳税所得的计算口径、计算时间可能不一致,因而两者之间可能存在差异。

例如,企业购买国债取得的利息收入,在会计核算中作为投资收益计入会计税前利润;而《所得税法》规定国债利息收入免征所得税,不计入应纳税所得额。企业应在会计税前利润中扣除后,计算应纳税所得额。

又如,企业超过《所得税法》规定的计税工资标准以及业务招待费标准的支出部分,在会计核算中作为费用抵减会计税前利润,但《所得税法》规定不允许将其在税前扣除。企业在计算会计税前利润的基础上,补上上述差异,计算应纳税所得额。

再如,企业确认的公允价值变动损益等,在会计核算中已经调整了会计税前利润,但《所得税法》规定不计入应纳税所得额。企业在计算会计税前利润的基础上,调整上述差异计算应纳税所得额。

总之,企业应在税前会计利润的基础上将税法规定的收入、费用与企业计入会计税前利润的收入、费用之间的差异进行调整,确定应纳税所得额。

$$应纳所得税=应纳税所得额×所得税税率$$

【案例 10 - 15】 长江公司 2018 年 12 月份的应纳税所得额及应缴所得税计算如下(为简化举例,假定税法不允许在所得税前抵扣所有资产减值损失,所得税税率为 25%):

会计税前利润:	52 800 元
加:① 非公益性捐赠支出	1 200 元
② 资产减值损失	2 200 元
减:① 国债利息收入	2 500 元
② 公允价值变动收益	4 000 元
应纳税所得额	49 700 元

应交所得税税额＝49 700×25%＝12 425 元

借:所得税费用　　　　　　　　　　　12 425

　　贷:应交税费——应交所得税　　　　　　　　12 425

2. 净利润

净利润是企业实现的总利润减去依法应交纳的所得税之后的净额,是可供企业实际分配的利润。其计算公式如下:

$$净利润＝利润总额－所得税$$

第四节 利润分配

税后利润形成以后,企业就应该按有关规定进行利润的分配。利润分配的实质是按不同目的和用途对所有者权益进行的划分,除向投资者分配的利润外,大部分利润仍以不同形态滞留于企业内部。

一、利润分配顺序

税后利润一般按下列顺序分配。

(1)弥补亏损(用税前利润弥补亏损连续5年弥补不完,第6年用税后利润弥补)。

(2)提取法定盈余公积(10%)。需要指出的是,根据财政部《关于〈公司法〉施行后有关企业财务处理问题的通知》的规定,从2016年1月1日起不再提取公益金。

(3)提取任意公积金。

(4)向投资者分配利润。

(5)未分配利润,用来核算企业历年累积的未分配利润或者未弥补亏损金额。

这里值得注意的一点是,由于1994年所得税制改革,所得税已经作为一种费用结转在本年利润中,那么利润分配中的第一项,已经在结转净利润前得以扣除,因此,它已经不属于利润分配的范围,之所以列出,是为了大家在看其他教材的有关内容时能够区分,并与现行会计制度保持一致。

二、账户设置

为了对利润分配(或亏损弥补)情况进行总括及明细核算,"利润分配"账户下应设二级账户:"提取法定盈余公积""提取任意盈余公积""应付现金股利""未分配利润"(如图10-11~图10-13所示)。前三个二级账户期末结转后一般无余额。为了反映税后利润中提取的盈余公积,专门设置"盈余公积"账户用于核算企业依法提取盈余公积及其使用的情况。

利润分配——提取盈余公积(法定盈余公积、任意盈余公积)

借方	贷方
登:提取的公积金数额	登:转出到"未分配利润"的数额
期末结转后一般无余额	

图10-11 利润分配——提取盈余公积金账户

利润分配——应付现金股利

借方	贷方
登:分配给投资者利润	登:结转到"未分配利润"的数额
期末结转后一般无余额	

图10-12 "利润分配——应付现金股利"账户

利润分配——未分配利润

借方	贷方
登:从"本年利润"转入的净亏损、转入的已提取的盈余公积及分配给投资者的利润额	登:从"本年利润"转入的净利润及盈余公积补亏后增加的利润额
余额:期末尚未弥补的亏损数额	余额:期末未分配利润的数额

图 10 - 13 "利润分配——未分配利润"账户

企业还应专门设置"应付股利"账户(见图 10 - 14),以反映股利的分配情况。

应付股利

借方	贷方
登:实际支付现金股利或利润	登:企业根据股东大会或类似机构审议批准的利润分配方案,应支付的现金股利或利润
	余额:企业应付未付的现金股利或利润

图 10 - 14 "应付股利"账户

董事会或类似机构通过的利润分配方案中拟分配的现金股利或利润,不做账务处理。

三、账务处理

【案例 10 - 16】 长江公司上年结转连续 3 年的未弥补亏损 60 000 元,本年度实现净利润 1 000 000 元。

(1)结转今年实现的净利润。

借:本年利润 1 000 000
　贷:利润分配——未分配利润　1 000 000

(2)按 10%计提法定盈余公积。

借:利润分配——提取法定盈余公积　100 000
　贷:盈余公积——法定盈余公积　100 000

(3)计提应分配给 A 公司的现金股利 300 000 元,并支付。

借:利润分配——应付股利　300 000
　贷:应付股利——A 公司　300 000

支付股利时:

借:应付股利——A 公司　300 000
　贷:银行存款　300 000

(4)按 8%计提任意盈余公积。

借:利润分配——提取任意盈余公积　80 000
　贷:盈余公积——任意盈余公积　80 000

(5)用盈余公积弥补连续 3 年的亏损。

借:盈余公积——任意盈余公积   60 000
 贷:利润分配——盈余公积补亏   60 000
（6）结转利润分配的各明细账户。
借:利润分配——未分配利润   480 000
 贷:利润分配——提取法定盈余公积 100 000
    ——应付股利   300 000
    ——任意盈余公积   80 000
借:利润分配——盈余公积补亏   60 000
 贷:利润分配——未分配利润   60 000

四、股利分派的核算

（一）股利的定义及股利分派的顺序

1. 定义

公司制企业依照公司章程规定,通常从税后净利润中依股份,以一定数额按期分派给股东的投资报酬。

2. 顺序

股利是按资分配的一种形式,税后利润按照有关规定提取法定盈余公积后,余下部分应先发放优先股股利(依固定的股利率计算的股利),然后按照董事会决议提取任意盈余公积,剩余的税后利润才可以向普通股股东分派普通股股利(其数额根据公司的盈利水平和股利政策来确定)。目前我国股利发放的主要形式有:

① 现金股利。以现金形式向公司股东分派的股利。

② 股票股利。以公司的股票向股东分派的股利,即按比例向股东派发公司的股票。

公司一旦宣告分派股利,即形成公司负债。宣告分派股利必然减少公司可供分配的利润。会计分录为:借记"利润分配——应付股利"账户,贷记"应付股利"账户。

（二）股利宣告日、股权登记日和股利支付日的概念

1. 宣派日

公司董事会正式宣布向某一特定日期在册的股东支付股利的日期。股利宣派日后,公司承担了向股东支付的法定义务,在此之前,股东无权要求支付股利。由于公司因宣派股利而承担了债务,应当在会计上减少留存利润并确认负债。宣派日后,公司在市场上流通的股票可以带利销售,即包含股利的较高的价格。

2. 除息日

于登记日前更新股东名册的日期。除息日后,股票将停止带利销售,股票的购买者将无法获得当年的股利。除息日无须编制会计分录。

3. 登记日

登记可参与当年股利分配的股东的日期。只有于登记日在册的股东可以参与当年股利分配。登记日可在备查簿中编制会计分录,反映支付日将要分配的股利。

4. 支付日

支付日是指实际向股东发放股利的日期。支付时,应当编制会计分录冲销负债,减少资产。

各期的顺序如下:宣派日,确认负债(股票股利除外);除息日,股票停止带利销售;登记日,确认参与当年股利分配的股东;支付日,向在册股东发放股利。

(三)现金股利分派的会计核算

【案例 10 - 17】 长江公司 2018 年度经董事会决定,宣布发放每股 0.5 元的现金股利。该公司外发普通股 8 000 000 股。

① 宣布股利。

借:利润分配——应付现金股利　　　　　　　　　　4 000 000
　贷:应付股利　　　　　　　　　　　　　　　　　　4 000 000

② 发放或支付股利。

借:应付股利　　　　　　　　　　　　　　　　　　4 000 000
　贷:银行存款　　　　　　　　　　　　　　　　　　4 000 000

(四)股票股利分派的核算

【案例 10 - 18】 长江公司经董事会决定,2018 年 12 月 10 日宣布按照每股 10 股配发 1 股,面值不变仍为 1 元。实际配股日为 2019 年 2 月 10 日。该公司外发普通股 8 000 000 股。

我国新的会计制度规定,企业宣派股票股利时,因为只引起所有者权益内部构成发生增减变化,并不引起企业资产的流出,不构成企业的负债,所以企业 2018 年 12 月 10 日宣派股票股利时,不编会计分录,待办理增资手续后,即 2019 年 2 月 10 日实际配股时,会计分录为:

借:利润分配——转作股本(普通股股利)　　　　　　800 000
　贷:股本——普通股　　　　　　　　　　　　　　　800 000

需要注意的是,若长江公司经董事会决定,该公司外发普通股 8 000 000 股,每股面值 1 元。按照规定办理增资手续,假设 2018 年 12 月 10 日宣布从盈余公积中分派 10%的股票股利,增发股票 800 000 股。股利于 2019 年 2 月 15 日分发。

① 企业 2018 年 12 月 10 日宣派股利时,会计分录为:

借:盈余公积　　　　　　　　　　　　　　　　　　800 000
　贷:利润分配——盈余公积转入　　　　　　　　　　800 000

同时:

借:利润分配——转作股本(普通股股利)　　　　　　800 000
　贷:应付股利——转作股本(普通股股利)　　　　　　800 000

② 2019 年 2 月 15 日实际分发股利时,会计分录为:

借:应付股利——转作股本(普通股股利)　　　　　　800 000
　贷:股本——普通股　　　　　　　　　　　　　　　800 000

思 考 题

1. 销售实现的标志是什么？如何具体确认？
2. 何为利润？利润总额由哪些内容构成？
3. 其他业务收入与支出包括哪些内容？
4. 简述利润分配的程序和内容。
5. 利润分配为何不在"本年利润"中核算？

实 务 题

1. 产品销售的核算

光华公司 2018 年 10 月发生以下销售业务：

① 销售 A 产品 100 台，售价 680 元/台，应收增值税税款为 8 840 元，对方开出商业承兑汇票付讫。

② 销售 B 产品 2 500 件，售价 18 元/件，应收增值税税款为 5 850 元，款已全部送存银行。

③ 月度结转其销售成本，A 产品、B 产品的生产成本分别为 600 元/台，12 元/件。

要求：据上述资料计算并编制相关会计分录。

2. 利润分配的核算

假定某企业 2018 年 12 月 31 日各有关账户余额如下：

表 10－5 某企业账户余额 元

账户名称	借/贷	账户余额
主营业务收入	贷	322 700
主营业务成本	借	203 600
销售费用	借	7 500
税金及附加	借	29 000
管理费用	借	8 620
财务费用	借	930
其他业务收入	贷	114 000
其他业务支出	借	53 250
营业外收入	贷	8 000
营业外支出	借	36 500
投资收益	贷	3 600

① 将损益类各账户的余额结转至"本年利润"账户。

② 计算应交企业所得税,并结转到"本年利润"账户。所得税税率为 25%。

③ 将本期累计税后利润结转至"利润分配"账户。

④ 按税后利润的 10% 提取法定盈余公积。

⑤ 将全年税后利润的 50% 分配给投资者。其中,国家投资 60%,机床公司投资 40%。

⑥ 将"利润分配"账户各明细账户的余额全部转入"利润分配——未分配利润"账户。

要求:据上述资料计算并编制相关会计分录。

3. 盈余公积的核算

某公司 2018 年 12 月发生以下业务:

① 本年度实现利润 30 万元,所得税税率 25%,按 10% 提取法定盈余公积,按 5% 提取任意盈余公积金。

② 按法定程序,将盈余公积 10 000 元转增资本。

③ 假设该企业累计账面已连续亏损 6 年,经批准以盈余公积弥补以前年度全部亏损 5 万元。

要求:根据上述业务编制相关会计分录。

4. 某企业 2018 年按税法规定核定的全年计税工资为 100 万元,本年实际发放工资为 120 万元,该企业本年按会计核算的税前会计利润为 1 500 万元,所得税税率为 25%。

要求:

① 计算纳税调整数;

② 计算应纳税所得额;

③ 计算应纳所得税额。

④ 据上述资料计算并编制相关会计分录。

第十一章
财务报告

> 本章阐述了财务报告的内容及会计报表编制的方法。
>
> 通过本章的学习,掌握资产负债表、利润表及现金流量表和所有者权益变动表的编制方法;熟悉会计报表附注揭示的内容及会计报表编制的一般要求。

第一节　财务报告概述

一、财务报告的意义

财务报告是反映企业一定时期财务状况和经营成果的总结性书面文件,包括会计报表和财务情况说明书。

会计报表包括资产负债表、利润表、现金流量表、所有者权益变动表和附注。

财务情况说明书主要说明企业的生产经营情况、利润实现和分配情况、资金增减和周转情况、税金缴纳情况、各项财产物资变动情况;对本期或者下期会计状况发生重大影响的事项;资产负债表编制日后至报出财务报告前发生的对企业财务状况有重大影响的事项,以及需要说明的其他事项。说明书包括的内容:经营业绩、年度股利、业务报告、股东情况、重要说明、期望与发展。编制财务情况说明书的要求是真实可靠,简明扼要,融针对性与相关性为一体。

编制财务报告是为了满足现有的和潜在的投资者、债权人、政府及其机构对会计信息的需求,虽然各使用人对于会计信息需求的侧重点不同,但他们都需要了解企业全面的财务状况、经营业绩和现金流量。

二、会计报表的分类

1. 按会计报表反映的内容划分

它可以分为动态会计报表和静态会计报表。动态会计报表是指反映一定时期内资金耗费和资金收回的报表,如利润表是反映企业一定时期内经营成果的报表。静态报表是指综合反映资产、负债和所有者权益的会计报表,如资产负债表是反映一定日期企业资产总额和权益总额的报表,从企业资产总量方面反映企业的财务状况,从而反映企业资产的变现能力和偿债能力。

2. 按会计报表编制时间划分

它可以分为月报、季报和年报。其中月报要求简明扼要、及时反映;年报要求提示完整、反映全面;季报在会计信息的详细程度方面,介于月报和年报之间。

3. 按会计报表各项目所反映的数字内容划分

它可以分为个别会计报表和合并会计报表。个别会计报表各项目数字所反映的内容,仅仅包括企业本身的财务数字;合并会计报表是由母公司编制的,一般包括所有控股子公司会计报表的有关数字。通过编制和提供合并会计报表,可以向会计报表使用者提供公司集团总体的财务状况和经营成果。

三、财务报表的编制要求

编制和提供会计报表的最终目的,是为了达到社会资源的合理配置,因此,会计报表所提供的信息应能真实、公允地反映企业的财务状况、经营成果和现金流量。会计报表的真实可靠、相关可比、全面完整和便于理解,是会计信息的质量要求,会计报表及时提供给使用者是会计信息的基本要求。

四、财务报表列报的基本要求

企业应当根据实际发生的交易和事项,遵循各项具体会计准则的规定进行确认和计量,并在此基础上按照《企业会计准则第30号——财务报表列报》规定编制财务报表。目的是使同一企业不同期间和同一期间不同企业的财务报表相互可比。

1. 持续经营

在编制财务报表的过程中,企业管理层应当对企业持续经营的能力进行评价,需要考虑的因素包括市场经营风险、企业目前或长期的盈利能力、偿债能力,以及企业管理层改变经营政策的意向等。评价后对企业持续经营的能力产生严重怀疑的,应当在附注中披露导致对持续经营能力产生重大怀疑的重要的不确定因素。

2. 重要性

企业在进行重要性判断时,应当根据所处的环境,从项目的性质和金额大小两方面予以判断。项目在财务报表中是单独列报还是合并列报,应当依据重要性原则来判断。具体而言,性质或功能不同的项目,一般应当在财务报表中单独列报,但是不具有重要性的项目可以合并列报;性质或功能类似的项目,其中具有重要性的类别应该单独列报。

3. 一致性

财务报表项目的列报应当在各个会计期间保持一致,不得随意变更。只有在以下规定的特殊情况下,财务报表项目的列报是可以改变的:① 会计准则要求改变;② 企业经营业务的性质发生重大变化后,变更财务报表项目的列报能够提供更可靠、更相关的会计信息。

4. 不能相互抵消

财务报表项目应当以总额列报,资产和负债、收入和费用不能相互抵消。即不得以净额列报,但《企业会计准则》另有规定的除外。比如,企业欠客户的应付款不得与其他客户欠本企业的应收款相抵消,如果相互抵消就掩盖了交易的实质。但下列两种情况不属于抵消,可以净额列示:资产项目按扣除减值准备后的净额列示;非日常活动产生的损益以收入扣减费用后的净额列示。

5. 比较性

企业在列报当期财务报表时,至少应当提供所有列报项目上一可比会计期间的比较数据,以及与理解当期财务报表相关的说明。

6. 重要性披露

财务报表一般分为表首、正表两部分。其中,在表首部分,企业应当概括地说明下列基本信息:① 编报企业的名称;② 对资产负债表而言,须披露资产负债表日;对利润表、现金流量表、所有者权益变动表而言,须披露报表涵盖的会计期间。③ 货币名称和单位;④ 财务报表是合并财务报表的,应当予以标明。

按年编制年度财务报表,可能存在年度财务报表涵盖的期间短于一年的情况。企业应当披露年度财务报表的实际涵盖期间及其短于 1 年的原因,并应当说明由此引起财务报表项目与比较数据不具可比性这一事实。

第二节 资产负债表

一、资产负债表的性质和作用

资产负债表是反映企业某一特定的日期财务状况的会计报表,它是根据资产、负债和所有者权益之间的相互关系,按照一定的分类标准和一定的顺序,把企业一定日期的资产、负债和所有者权益各项目予以适当排列,并对日常工作中形成的大量数据进行高度浓缩整理后编制而成的。它表明企业在某一特定日期所拥有或控制的经济资源、所承担的现有债务和所有者对净资产的要求权。

资产负债表能够提供资产、负债和所有者权益的全貌。通过编制资产负债表可以提供某一日期资产的总额,表明企业拥有或控制的经济资源及其分布情况,是分析企业生产经营能力的重要资料;通过资产负债表,可以反映某一日期的负债总额以及结构,表明企业未来需用多少资产或劳务清偿债务;通过资产负债表,可以反映所有者权益的情况,表明投资者在企业资产中所占的份额,了解权益的结构情况。资产负债表还能够提供进行财务分析的基本资料,通过资产负债表可以计算流动比率、速动比率,以了解企业的短期偿债能力等。

二、资产负债表的内容和结构

1. 资产负债表的内容

资产负债表是根据会计恒等式"资产＝负债＋所有者权益"设计而成。它主要反映以下三个方面的内容:

(1) 某一特定日期企业所拥有或控制的各项资产的余额,包括流动资产、长期投资、固定资产、无形资产及其他资产。

（2）在某一特定日期企业所承担的债务,包括各项流动负债和长期负债。

（3）在某一特定日期企业投资者拥有的净资产,包括投资者投入的资本、资本公积、盈余公积和未分配利润。

2. 资产负债表的结构

资产负债表的结构分为账户式和报告式。

账户式资产负债表,是将资产负债表分为左方和右方,左方列示资产各项目,右方列示负债和所有者权益各项目,资产各项目的合计等于负债和所有者权益各项目的合计。通过账户式资产负债表,反映资产、负债和所有者权益之间的内在关系,并达到资产负债表左方和右方平衡。其格式如表 11-1 所示。

表 11-1　资产负债表(账户式)　　　　　　　　　　　　　元

资产	行次	金额	负债及所有者权益	行次	金额
流动资产			流动负债		
长期投资			长期负债		
固定资产			负债合计		
无形资产			实收资本		
递延资产			资本公积		
其他资产			盈余公积		
			未分配利润		
			所有者权益合计		
资产总计			负债与所有者权益总计		

报告式资产负债表是将资产负债表的项目自上而下排列,首先列示资产的数额,然后列示负债的数额,最后列示所有者权益的数额。

在我国,资产负债表按账户式反映,通常包括表头、表身和表尾。表头主要包括资产负债表的名称、编制单位、编制日期和金额单位;表身包括各项资产、负债和所有者权益各项目的年初和期末数,是资产负债表的主要部分;表尾主要包括附注资料等。资产负债表的基本格式见表 11-3。

三、资产负债表的编制方法

资产负债表编制依据:总分类账户和明细分类账户的期末余额。具体地说,资产负债表各项目数据来源,主要通过以下几种方式取得。

（一）根据总账有关账户的期末余额直接填列

资产负债表中大部分项目是根据总账有关账户的期末余额直接填列。

1. 资产类项目

资产类项目有交易性金融资产、应收票据、应收股利、应收利息、固定资产清理、开发支出("研发支出"中资本化支出)、长期待摊费用、递延所得税资产等。其中,应收股利、应收利息中若计提坏账准备,要扣除所提的"坏账准备"项目余额填列。

2. 负债类项目

负债类项目有短期借款、交易性金融负债、应付票据、其他应付款、应付职工薪酬、应交税费、应付股利、其他应付款、递延所得税负债等。

3. 所有者权益类项目

所有者权益类项目有实收资本、资本公积、库存股、盈余公积等。

（二）根据几个总分类账户余额相加计算填列

（1）资产类的货币资金项目，根据"现金""银行存款""其他货币资金"等账户的期末余额合并填列。

（2）资产类的存货项目，根据"材料采购""在途物资""原材料""周转材料"（如包装物、低值易耗品等）、"材料成本差异""委托加工材料""自制半成品""库存商品""发出商品""生产成本""制造费用""劳务成本"等账户的期末余额合并填列（"材料成本差异"账户如出现贷方余额应予以抵减）。

（3）其他非流动资产项目，根据"衍生工具""套期工具""被套期项目"等账户余额填列。

（4）未分配利润项目，根据"本年利润"和"利润分配"账户的余额之和填列。

（三）根据有关若干明细账户余额计算填列

（1）资产类的应收账款项目和负债类的预收账款项目，分别根据"应收账款"账户所属有关明细账户的借方余额合计和"预收账款"账户所属有关明细账户的贷方余额合计填列。如前者有贷方余额或后者有借方余额，则应分别并入预收账款项目或应收账款项目。"应收账款"项目填列后，减去"坏账准备"账户的差额，可据以填列应收账款净额项目。

（2）资产类预付账款项目和负债类应付账款项目，分别根据"预付账款"账户所属有关明细账户的借方余额合计和"应付账款"账户所属有关明细账户的贷方余额合计填列。如前者有贷方余额或后者有借方余额，则应分别并入应付账款项目或预付账款项目。

（3）"其他应收款"项目，根据"其他应收款"账户期末余额，减去"坏账准备"账户中其他应收款所计提的坏账准备期末余额填列。

（四）根据同类的几个总账科目或明细科目账户的期末余额合并或抵减填列

（1）资产类的"一年内到期的非流动资产"项目，根据"长期应收款""持有至到期的投资""长期待摊费用"账户的余额分析填列。

（2）负债类的"一年内到期的非流动负债"项目，根据"长期借款""应付债券""长期应付款"、预计账户余额分析填列。

（3）其他流动负债项目，根据"衍生工具""套期工具""被套期项目""递延收益"中将于1年内到期的部分分析填列。

（4）资产类的固定资产项目，根据"固定资产"账户借方余额减去"累计折旧""固定资产减值准备"账户的净额填列。

（5）所有者权益类的"未分配利润"项目，根据"本年利润"账户期末余额和"利润分配"账户期末余额合并填列。

为了便于正确编制资产负债表，通常在编表前先根据有关账户期末余额进行分析整理，编制试算平衡表,经试算平衡后再编制资产负债表(试算平衡表举例从略)。

资产负债表中的年初数,应根据上年年末资产负债表"期末数"栏内所列数字填列。如果上年度资产负债表各项目的名称和内容同本年度不相一致,应按照本年度的规定进行调整后填列。

【案例 11-1】 黄河公司 2018 年 12 月 31 日有关账户的余额如表 11-2 所示。

表 11-2 账户余额表 单位:元

账户名称	借方金额	账户名称	贷方金额
库存现金	1 500	短期借款	50 000
银行存款	760 000	应付票据	40 000
其他货币资金	150 000	应付账款	153 000
应收票据	45 500	其他应付款	2 000
应收账款	362 000	应付职工薪酬	4 500
预付账款	70 000	应付利润	454 000
其他应收款	1 500	应缴税金	60 000
材料采购	125 000	其他应缴款	2 500
原材料	350 000	长期借款	600 000
包装物	25 000	应付债券	550 000
低值易耗品	75 000	坏账准备	1 448
产成品	260 000	累计折旧	400 000
长期股权投资	280 000	实收资产	2 600 000
固定资产	2 400 000	盈余公积(法定盈余公积)	160 000
在建工程	110 000	盈余公积(任意盈余公积)	80 000
无形资产	650 000	利润分配(未分配)	508 052
合　计	5 665 500	合　计	5 665 500

资产负债表的编制如表 11-3 所示。

表 11-3 资产负债表

编制单位:黄河公司　　　　　　　　　2018 年 12 月 31 日　　　　　　　　　单位:元

资　产	年初数	期末数	负债和所有者权益	年初数	期末数
流动资产:			流动负债:		
货币资金	291 677	911 500	短期借款	70 000	50 000
交易性金融资产			交易性金融负债		
应收票据	26 000	45 500	应付票据	160 000	40 000
应收账款	134 440	360 552	应付账款	118 000	153 000

资　产	年初数	期末数	负债和所有者权益	年初数	期末数
预付账款	14 600	70 000	预收账款		
应收利息			应付职工薪酬	2 500	4 500
应收股利			应交税费	31 000	60 000
其他应收款	1 200	1 500	应付利息		
存货	684 000	835 000	应付股利	120 000	454 000
一年内到期的非流动资产			其他应付款	4 000	4 500
其他流动资产			一年内到期的非流动负债		240 000
流动资产合计	1 351 917	2 224 052	其他流动负债		
非流动资产:			流动负债合计	745 500	766 000
可供出售的金融资产			非流动负债:		
持有至到期投资			长期借款		600 000
长期应收款			应付债券	500 000	550 000
长期股权投资	280 000	280 000	长期应付款		
投资性房地产			专项应付款		
固定资产	1 920 000	2 000 000	预计负债		
在建工程	10 000	110 000	递延所得税负债		
工程物资			其他非流动负债		
固定资产清理			非流动负债合计	500 000	1 150 000
生产性生物资产			负债合计	1 245 500	1 926 000
油气资产			所有者权益(或股东权益):		
无形资产	620 000	650 000	实收资本(或股本)	2 520 309.5	2 600 000
开发支出			资本公积		
商誉			减:库存股		
长期待摊费用			盈余公积	159 845.25	240 000
递延所得税资产			未分配利润	56 262.25	508 052
其他非流动资产			所有者权益(或股东权益)合计	2 736 417	3 348 052
非流动资产合计	2 630 000	3 040 000			
资产总计	3 981 917	5 264 052	负债和所有者权益(或股东权益)总计	3 981 917	5 264 052

第三节 利 润 表

一、利润表的意义

利润表又称损益表,是反映企业一定期间生产经营成果的会计报表。利润表把一定期间的收入与其同一会计期间相关的费用进行配比,以计算出企业一定时期的净利润(或净亏损)。通过利润表反映的收入、费用等情况,能够反映企业生产经营的收益和成本耗费情况,表明企业生产经营成果;同时,通过利润表提供的不同时期的比较数字(本月数、本年累计数、上年数),可以分析企业今后利润的发展趋势及获利能力,了解投资者投入资本的完整性。由于利润是企业经营业绩的综合体现,又是进行利润分配的主要依据,因此,利润表是企业报表中的主要报表之一。

二、利润表的内容和结构

(一) 利润表的内容

利润表至少应反映营业收入取得、营业成本的耗费、税金及附加、管理费用、销售费用、财务费用、投资损益、公允价值变动损益、资产减值准备、营业外收支、非流动资产处置损失、所得税费用和净利润等。

(二) 利润表的结构

利润表是通过一定的表格来反映企业经营成果。由于不同的国家和地区对会计报表的信息要求不完全相同,利润表的结构也不完全相同。但目前比较普遍的利润表的结构有多步式和单步式两种,无论采用何种方式,其编制的依据是等式"收入－费用＝利润"。

1. 多步式利润表

多步式利润表的优点是,便于对企业生产经营情况进行分析,有利于不同企业之间进行比较,更重要的是利用多步式利润表有利于预测企业今后的盈利能力。目前,我国会计制度规定的企业的利润表就是采用多步式。

2. 单步式利润表

单步式利润表是将本期所有的收入加在一起,然后将所有的费用加总在一起,通过一次计算求出本期损益。采用单步式利润表,利润表分为营业收入和收益、营业费用和损失、净收益三部分。单步式利润表对于营业收入和一切费用支出一视同仁,不分彼此先后,不像多步式利润表中必须区分费用和支出与收入配比的先后层次。由于单步式利润表所表示的都是未经加工的原始资料,所以便于会计报表使用者理解。

目前,我国企业利润表包括四部分内容:一是营业利润,指企业日常主要经营活动所获得的收入、成本、费用、税金、投资收益等后的余额;二是利润总额,即营业利润加减营业外收支后的利润;三是净利润,即所得税后利润。四是每股收益。一般工业企业利润表格式见表11－5。

三、利润表的编制方法

1. 依据

利润表编制的依据是各损益类账户的发生额。

2. 方法

在编制利润表时,报表中的"本月数"栏反映各项目的本月实际发生数,在编制年度报表时,填列上年全年累计实际发生数,并将"本月数"改为"上年数"栏。如果上年度利润表的项目名称和内容与本年度利润表不相一致,应对上年度报表项目的名称和数字按本年度的规定进行调整,填入报表的"上年数"栏。报表中的"本年累计数"栏,反映各项目自年初起至本月月末止的累计实际发生数。

利润表的编制主要分为三步完成:

第一步,以营业收入为基础(包括其他业务收入),减去营业成本(含其他业务成本)、税金及附加、销售费用、管理费用、财务费用、资产减值损失,加上公允价值变动收益(减去公允价值变动损失)和投资收益(减去投资损失),计算出营业利润。

第二步,以营业利润为基础,加上营业外收入,减去营业外支出,计算出利润总额。

第三步,以利润总额为基础,减去所得税费用,计算出净利润(或净亏损)。

3. 填列

(1)"营业收入"项目,反映公司经营主要业务所取得的收入总额。本项目应根据"主营业务收入""其他业务收入"账户的发生额分析填列。

(2)"营业成本"项目,反映公司经营主要业务发生的实际成本。本项目应根据"主营业务成本""其他业务支出"账户的发生额分析填列。

(3)"税金及附加"项目,反映公司经营主要业务应负担的印花税、消费税、城市维护建设税、资源税、土地增值税和教育费附加等。本项目应根据"税金及附加"账户的发生额分析填列。

(4)"销售费用"项目,反映公司在销售商品和商业性公司在购入商品等过程中发生的费用。本项目应根据"销售费用"账户的发生额分析填列。

(5)"管理费用"项目,反映公司发生的管理费用。本项目应根据"管理费用"账户的发生额分析填列。

(6)"财务费用"项目,反映公司发生的财务费用。本项目应根据"财务费用"账户的发生额分析填列。

(7)"投资收益"项目,反映公司以各种方式对外投资所取得的收益。本项目应根据"投资收益"账户的发生额分析填列;如为投资损失,以"一"号填列。

(8)"营业外收入"项目和"营业外支出"项目,反映公司发生的与其生产经营无直接关系的各项收入和支出。这两个项目应分别根据"营业外收入"账户和"营业外支出"账户的发生额分析填列。

(9)"利润总额"项目,反映公司实现的利润总额;如为亏损总额,以"一"号填列。

(10)"所得税费用"项目,反映公司按规定从本期损益中扣除的所得税。本项目应根据"所得税费用"账户的发生额分析填列。

(11)"净利润"项目,反映公司实现的净利润;如为净亏损,以"一"号填列。

【案例 11-2】 黄河公司 2018 年 12 月份的有关账户发生额如表 11-4 所示。

表 11-4　账户发生额汇总表　　　　　　　　　　单位：元

账户名称	借/贷	本月发生额	1—11 月份累计数
主营业务收入	贷	460 000	3 500 000
主营业务成本	借	250 000	2 000 000
税金及附加	借	6 000	52 000
销售费用	借	60 000	300 000
其他业务收入	贷	160 000	960 000
其他业务支出	借	135 000	700 000
管理费用	借	47 000	195 000
财务费用	借	9 000	96 000
投资收益	贷	6 000	300 000
营业外收入	贷	25 000	62 000
营业外支出	借	8 500	24 000
所得税费用	借	44 715	480 150

利润表编制如表 11-5 所示。

表 11-5　利　润　表

编制单位：黄河公司　　　　　　　　　2018 年 12 月　　　　　　　　　单位：元

项　目	本月数	本年累计数
一、营业收入	620 000	5 080 000
减：营业成本	385 000	3 085 000
税金及附加	6 000	58 000
销售费用	60 000	360 000
管理费用	47 000	242 000
财务费用	9 000	105 000
资产减值准备		
加：公允价值变动收益（损失以"－"号填列）		
投资收益（损失以"－"号填列）	6 000	306 000
二、营业利润（亏损以"－"号填列）	119 000	1 536 000
加：营业外收入	25 000	87 000
减：营业外支出	8 500	32 500
其中：非流动资产处置损失		
三、利润总额	135 500	1 590 500

续　表

项　目	本月数	本年累计数
减:所得税费用	44 715	524 865
四、净利润	90 785	1 065 635
五、每股收益		
（一）基本每股收益	略	略
（二）稀释每股收益	略	略

第四节　现金流量表

一、现金流量表的概念和作用

1. 概念

现金流量表是以现金为基础编制的财务状况变动表。它反映企业一定期间内现金流入和流出,表明企业获得现金和现金等价物的能力。

2. 作用

现金流量表的使用者利用这些信息,可以评估企业以下几方面的事项:

（1）企业一定期内现金流入和流出的原因。该表将现金流量划分为经营活动、投资活动和筹资活动所产生的现金流量,并按流入现金和流出现金项目分别反映。

（2）企业的偿债能力和支付股利的能力。利润并不代表真正具有偿债或支付能力,原因在于权责发生制、配比原则等所含的估计因素等方面。而该表则以现金收支为基础,能够消除上述影响。

（3）企业未来获取现金的能力。

（4）企业投资和理财活动对经营成果和财务状况的影响。该表提供一定时期现金流入和流出的动态财务信息,表明企业在报告期间内各环节获取现金的途径,以及现金的运用去向,能够说明资产、负债、净资产的变动的原因,对资产负债表和利润表起到补充说明作用,是连接两大报表的桥梁。

（5）不涉及现金的投资和筹资活动的信息。该表通过附注方式提供上述信息,全面反映企业投资和筹资活动。

3. 现金的概念

现金流量表上的"现金"不是通常意义上的现金,它包括企业库存现金、可以随时用于支付的存款以及现金等价物。

（1）库存现金是企业持有可随时用于支取的现金限额。

（2）银行存款是企业存在银行或其他金融机构随时可以用于支付的存款。它不包括不能随时支取的定期存款(提前通知银行或其他金融机构便可支取的定期存款可作为现金)。

（3）其他货币资金是企业存在银行有特殊用途的资金,或在途中尚未收到的资金。如外埠存款、银行汇票存款、银行本票存款、信用证保证金、信用卡、在途货币资金等。

（4）现金等价物是企业持有的期限短、流动性强、易于转换为已知金额的现金,价值变动风险很小的投资。特点：流动性强,并可随时转换成现金的投资,通常指购买在 3 个月或更短时间内即到期或即可转换为现金的投资。企业应根据经营特点确定其范围,并在会计报表附注中披露确定现金等价物的会计政策,并一贯性地保持这种划分标准。

二、现金流量的概念及分类

(一) 概念

现金流量是某一期间企业现金流入和流出的数量。影响因素有经营活动、投资活动和筹资活动,可用于衡量企业经营状况是否良好,是否有足够的现金偿还债务,资产的变现能力等。影响现金流量的因素包括现金各项目与非现金各项目之间的增减变动,属于现金流量表反映的主要内容。不影响现金流量的因素主要有：现金各项目之间的增减变动；非现金各项目之间的增减变动(如属于重要的投资和筹资活动,在现金流量表的附注中反映)。

(二) 分类

按照企业经营业务发生的性质,企业一定期间内产生的现金流量可归为三类。

1. 经营活动产生的现金流量

经营活动是指企业投资活动和筹资活动以外的所有交易和事项。它包括销售商品或提供劳务、经营性租赁、购买货物、接受劳务、制造产品、广告宣传、推销产品、缴纳税款。

这部分现金流量主要是与企业净利润有关,但净利润不一定构成经营活动产生的现金流量。

2. 投资活动产生的现金流量

投资活动是指企业长期资产以及不包括在现金等价物范围内的投资的购建和处置。它包括取得或收回权益性证券的投资、购买或收回债券投资、购建和处置固定资产、无形资产和其他长期资产等。

可以分析企业通过投资获取现金的能力,以及投资产生的现金流量对企业现金净流量的影响。

3. 筹资活动产生的现金流量

筹资活动是指导致企业所有者权益及借款的规模和构成发生变动的活动。它包括吸收权益性资本、发行债券、借入资金、支付股利、偿还债务等。

可以分析企业筹资能力,以及筹资产生的现金流量对企业现金流量净额的影响程度。

需要说明的是,现金流量在按各自的概念,合理划分为三项活动产生的现金流量时,还要注意下面几种现金流量的分类。如利息、股利收入划为投资活动,利息、股利支出划为筹资活动。又如,所得税划为经营活动,保险索赔中固定资产损失索赔划为投资活动,流动资产或不能分清的损失划为经营活动,捐赠收支均为经营活动。

对于外币现金流量应当折算为人民币反映。在我国,企业外币流量以及境外子公司的现金流量,以现金流量发生日的汇率或加权平均汇率折算。汇率变动对现金的影响作为调节项目单独列示。

三、现金流量表的结构

现金流量表的结构基本上可以分为三个部分,即表首部分、基本部分和补充资料部分。

我国一般企业现金流量表的基本格式见表 11-6。

表 11-6 现金流量表

编制单位:黄河公司　　　　　　　　2018 年度　　　　　　　　单位:元

项 目	行次	金 额
一、经营活动产生的现金流量:		
销售商品、提供劳务收到的现金	1	3 750 500
收取的税费返还	2	1 762 700
收到的其他与经营活动有关的现金	3	61 300
现金流入小计	4	5 574 500
购买商品、接受劳务支付的现金	5	2 955 100
支付给职工以及为职工支付的现金	6	449 000
支付的各项税费	7	1 222 665
支付的其他与经营活动有关的现金	8	419 612
现金流出小计	9	5 046 377
经营活动产生的现金流量净额	10	528 123
二、投资活动产生的现金流量:		
收回投资所收到的现金	11	
取得投资收益收到的现金	12	306 000
处置固定资产、无形资产和其他长期资产收回的现金净额	13	
收到的其他与投资活动有关的现金	14	5 000
投资活动现金流入小计	15	311 000
购建固定资产、无形资产和其他长期资产所支付的现金	16	379 300
投资支付的现金	17	
取得子公司及其他营业单位支付的现金净额	18	
支付的其他与投资活动有关的现金	19	
投资活动现金流出小计	20	379 300
投资活动产生的现金流量净额	21	−68 300
三、筹资活动产生的现金流量:		
吸收权益性投资收到的现金	22	
发行债券收到的现金	23	
借款收到的现金	24	600 000
收到的其他与筹资活动有关的现金	25	
现金流入小计	26	600 000

项　目	行次	金　额
偿还债务所支付的现金	27	270 000
发生筹资费用所支付的现金	28	
分配股利或利润所支付的现金	29	120 000
偿付利息所支付的现金	30	50 000
融资租赁支付的现金	31	
减少注册资本支付的现金	32	
支付的其他与筹资活动有关的现金	33	
现金流出小计	34	440 000
筹资活动产生的现金流量净额	35	160 000
四、汇率变动对现金的影响	36	
五、现金及现金等价物净增加额	37	619 823
加：期初现金及现金等价物余额	38	257 337
六、期末现金及现金等价物余额	39	877 160

四、现金流量表的编制方法

1. 方法分类

现金流量表的编制方法,按对经营活动中所形成的现金流量的不同表述方式,可分为直接法和间接法两种。

直接法是通过现金收入和支出的主要类别反映来自企业经营活动的现金流量。其优点是能够反映经营活动现金流量的各项流入、流出的全貌;能够提供现金从何处来,流向何处去的信息;有利于预测未来的经营活动现金流量。

间接法是以本期净利润为起点,调整不涉及现金的收入、费用、营业外收支以及应收、应付等项目的增减变动,据此计算出经营活动的流量。其优点是它可以提供有助于分析影响现金流量的原因以及从现金流量角度分析企业净利润的质量,且不需要考虑对应关系,编制较为简单。

我国会计准则要求企业按直接法编制现金流量表,并在补充资料中提供按间接法将净利润调节为经营活动现金流量的信息。

2. 经营活动产生的现金流量项目及其填列方法

(1)"销售商品、提供劳务收到的现金"项目,反映本期销售商品、提供劳务收到的现金收入,以及前期销售本期收回的销售商品、提供劳务收到的现金(含销售收入和应向购买者收取增值税销项税额)和本期实际收到的预收账款,减去本期及前期销售在本期退回商品支付的现金。企业销售材料和代购代销业务收到的现金,也在本账户反映。

(2)"收到的税费返还"项目,包括企业收到的所得税、增值税、消费税、关税和教育费附加等返还款。

(3)"收到的其他与经营活动有关的现金"项目,包括罚款收入、经营租赁收到的租金等其他与经营活动有关的现金流入,金额较大时应当单独列示。

（4）"购买商品、接受劳务支付的现金"项目，包括本期购入商品、接受劳务支付的现金（包括增值税进项税额），以及本期支付前期购入商品、接受劳务的未付款项和本期预付款项，减去本期购货退回收到的现金。企业购买材料和代购代销业务支付的现金，也在本账户反映。

（5）"支付给职工及为职工支付的现金"项目，包括本期实际支付给职工的工资、奖金、各种津贴和补贴等职工薪酬。但应在建工程、无形资产负担的职工薪酬及支付的离退休人员的职工薪酬除外。

（6）"支付的各项税费"项目，反映本期发生并支付的、本期支付以前各期发生的各项税费，包括消费税、印花税、房产税、土地增值税、车船使用税、教育费附加、矿产资源补偿费等。但计入固定资产的税费、实际支付的耕地占用税、本期退回的增值税及所得税除外。

（7）"支付其他与经营活动有关的现金"项目，反映企业支付的经营租赁的租金、支付的差旅费、业务招待费、保险费、罚款支出等其他与经营活动有关的现金流出，金额较大的应单独列项反映。

3. 投资活动产生的现金流量项目及其填列方法

（1）"收回投资所收到的现金"项目，包括企业出售、转让或到期收回除现金等价物以外的：交易性金融资产、长期股权投资而收到的现金；收回长期债权投资资本金而收到的现金。但不包括长期债权投资收回的利息。

（2）"取得投资收益收到的现金"项目，包括因股权性投资而收到的现金股利；从子公司、联营、合营企业分回利润收到的现金；债权性投资所取得的现金利息收入。但股票股利除外。

（3）"处置固定资产、无形资产和其他长期资产而收到的现金净额"项目，包括企业出售、报废固定资产、无形资产和其他长期资产所取得的现金（包括因资产毁损而收到的保险赔偿收入），减去为处置这些资产而支付有关费用后的净额。

（4）"处置子公司及其他营业单位收到的现金净额"项目，反映企业处置子公司及其他营业单位收到的现金减去相关的处置费用，以及处置子公司及其他营业单位持有的现金和现金等价物后的净额。

（5）"购建固定资产、无形资产和其他长期资产支付的现金"项目，包括购买、建造固定资产，取得无形资产和其他长期资产所支付的现金（含增值税款等）；用现金支付应由在建工程和无形资产负担的职员薪酬。

（6）"投资支付的现金"项目，包括：企业取得的除现金等价物以外的对其他企业的权益工具、债务工具和合营中的权益所支付的现金以及支付的佣金、手续费等附加费用。

（7）"取得子公司及其他营业单位支付的现金净额"项目，反映企业购买子公司及其他营业单位购买出价中以现金支付的部分，减去子公司及其他营业单位持有的现金和现金等价物后的净额。

（8）"收到其他与投资活动有关的现金""支付其他与投资活动有关的现金"项目，反映除上述第一至第七项目外收到或支付的其他与投资活动有关的现金流入或流出，金额较大的应单独列项反映。

4. 筹资活动产生的现金流量项目及其填列方法

（1）"吸收投资收到的现金"项目，包括以发行股票、债券方式筹集资金实际收到的款项，减去直接支付给金融企业的佣金、手续费、宣传费、咨询、印刷等发行费用后的净额。

（2）"取得借款收到的现金"项目,反映企业举借各种短期、长期借款而收到的现金。

（3）"偿还债务所支付的现金"项目,反映企业以现金偿还债务的本金。

（4）"分配股利、利润或偿付利息支付的现金"项目,包括企业实际支付的现金股利,以及支付给其投资单位的利润或用现金支付的借款利息、债券利息。

（5）"收到其他与筹资活动有关的现金""支付其他与筹资活动有关的现金"项目,反映企业除上述第一至第四项目外,收到或支付的其他与筹资活动有关的现金流入或流出,金额较大的应单独列项反映。

5. 汇率变动对现金的影响项目及其填列方法

"汇率变动对现金的影响"项目,反映企业外币现金流量以及子公司的现金流量折算为人民币时,采用现金流量发生日的即期汇率或按照系统合理的方法确定的、与现金流量发生日即期汇率相似的折算汇率折算为人民币金额,与外币现金净增加额按期末汇率折算的人民币金额的差额填入此项目。

五、现金流量表附注编制的间接法

1. 间接法基本原理

现金流量表附注也被称为现金流量表补充资料,其实质就是用间接法编制现金流量表。

企业采用间接法编制现金流量表,是以净利润为起算点,调整不涉及现金的收入、费用,以及与经营无关的投资活动、筹资活动产生的损益,据此计算经营活动产生的现金流量。采用间接法应对以下情况进行调整:

（1）实际没有支付现金的费用。如计提的资产减值准备;计提的固定资产折旧;无形资产摊销等。

（2）实际没有收到现金的收益。如按权益法确认的投资收益等。

（3）不属于经营活动的投资与筹资活动项目。如处置固定资产损益、财务费用中的利息和投资收益等。

（4）经营性应收、应付项目的增减变动。

2. 调节项目

附注中要单独披露对净利润调节的项目:资产减值准备,固定资产折旧,无形资产摊销,长期待摊费用,待摊费用,处置固定资产、无形资产和其他长期资产的损益,固定资产报废的损失,公允价值变动的损益,财务费用,投资损益,递延所得税资产和递延所得税负债,存货,经营性应收项目和经营性应付项目。

此外,企业还应当披露不涉及当期现金收支但影响企业财务状况或在未来可能影响企业现金流量的重大投资和筹资活动。企业还应当披露与现金和现金等价物有关的下列信息:现金和现金等价物的构成及在资产负债表中的相应的金额,企业持有但不能由母公司或集团内的子公司使用的大额现金和现金等价物金额。

第五节 所有者权益变动表

一、所有者权益变动表

所有者权益变动表是反映企业在某一特定日期股东权益增减变动情况的报表,又被称为股东权益变动表。所有者权益变动表解释在某一特定时间内,股东权益如何因企业经营的盈亏及现金股利的发放而发生的变化。

所有者权益变动表全面反映了企业的股东权益在年度内的变化情况,便于会计信息使用者深入分析企业股东权益的增减变化情况,并进而对企业的资本保值增值情况做出正确判断,从而提供对决策有用的信息。

1. 所有者权益变动表的结构

所有者权益变动表包括股本(实收资本)、资本公积、法定和任意盈余公积、未分配利润等项目。每个项目中又分为年初余额、本年增加数、本年减少数、年末余额四个小项。每个小项中又分别列示不同内容。具体格式见表 11 - 7。

2. 所有者权益变动表的基本内容

所有者权益变动表是反映构成所有者权益的各组成部分当期的增减变动情况。它包括所有者权益总量的变动、所有者权益增减变动的重要结构性信息,而且要特别反映,直接计入所有者权益的利得和损失。

所有者权益变动表还应当单独列示、反映下列信息的项目:① 净利润;② 直接计入所有者权益的利得和损失项目及其总额;③ 会计政策变更和差错更正的累积影响金额;④ 所有者投入资本和向所有者分配利润等;⑤ 按照规定提取的盈余公积;⑥ 实收资本(或股本)、资本公积、盈余公积、未分配利润的期初和期末余额及其调节情况。

以上基本内容的列示,可以方便报表使用者准确理解所有者权益增减变动的原因。

二、所有者权益变动表的填列方法

1. 上年金额栏的填列方法

所有者权益变动表"上年金额"栏内各项数字,应根据上年度所有者权益变动表"本年金额"栏内所列数字填列。如果上年度所有者权益变动表规定的各个项目的名称和内容同本年度不相一致,应对上年度所有者权益变动表各项目的名称和数字按本年度的规定进行调整,填入所有者权益变动表"上年金额"栏内。

2. 本年金额栏的填列方法

所有者权益变动表"本年金额"栏内各项数字一般应根据"实收资本(或股本)""资本公积""盈余公积""利润分配""库存股""以前年度损益调整"账户的发生额分析填列。

表 11 - 7 所有者权益变动表

编制单位：黄河公司　　　　　　　　　　2018 年度　　　　　　　　　　单位：元

项 目	本年金额						上年金额					
	实收资本（或股本）	资本公积	减：库存股	盈余公积	未分配利润	所有者权益合计	实收资本（或股本）	资本公积	减：库存股	盈余公积	未分配利润	所有者权益合计
一、上年年末余额	2 520 309.5			159 845.25	56 262.25	2 736 417	略					
加：会计政策变更							略					
前期差错更正							略					
二、本年年初余额	2 520 309.5			159 845.25	56 262.25	2 736 417	略					
三、本年增减变动金额（减少以以"-"号填列）	79 690.5			80 154.75	451 789.75	611 635	略					
（一）净利润					1 065 635	1 065 635						
（二）直接计入所有者权益的利得利损失												
1. 可供出售金融资产公允价值变动净额												
2. 权益法下被投资单位其他所有者权益变动的影响												
3. 与计入所有者权益项目相关的所得税影响												
4. 其他												

续 表

项 目	本年金额						上年金额					
	实收资本(或股本)	资本公积	减:库存股	盈余公积	未分配利润	所有者权益合计	实收资本(或股本)	资本公积	减:库存股	盈余公积	未分配利润	所有者权益合计
上述(一)和(二)小计					1 065 635	1 065 635						
(三)所有者投入和减少资本	79 690.5					79 690.5	略					
1. 所有者投入资本	79 690.5					79 690.5						
2. 股份支付计入所有者权益的金额												
3. 其他												
(四)利润分配				80 154.75	-613 845.25	-533 690.5	略					
1. 提取盈余公积				80 154.75	-80 154.75	0						
2. 对所有者(或股东)的分配					-533 690.5	-533 690.5						
3. 其他												
(五)所有者权益内部结转							略					
1. 资本公积转增资本(或股本)												
2. 盈余公积转增资本(或股本)												
3. 盈余公积弥补亏损												
4. 其他												
四、本年年末余额	2 600 000			240 000	508 052	3 348 052	略					

第六节　会计报表附注

一、会计报表附注的意义

会计报表附注是会计报表的重要组成部分,是对会计报表本身无法或难以充分表达的内容和项目所做的补充说明和详细解释。之所以要编制会计报表附注,首先,是因为它拓展了企业财务信息的内容。其次,它突破了揭示项目必须用货币加以计量的局限性。再次,它充分满足了企业财务报告是为其使用者提供有助于经济决策的信息的要求,增进了会计信息的可理解性。最后,它还能提高会计信息的可比性。比如,通过揭示会计政策的变更原因及事后的影响,可以使不同行业或同一行业不同企业的会计信息的差异更具可比性,从而便于进行对比分析。

二、会计报表附注的作用

会计报表附注是为了便于会计报表使用者理解会计报表的内容而对会计报表的编制基础、编制依据、编制原则和方法及主要项目等所做的解释。它是对会计报表的补充说明,是财务报告的重要组成部分。比如,对于一种经济业务,可能存在不同的会计原则和会计处理方法,也就是说,有不同的会计政策可供选择。如果不在附注中交代会计报表中的这些项目采用什么原则和方法确定,就不便于会计报表使用者正确理解会计报表。

企业的会计报表是遵循特定的会计准则,采用规范、通用的格式编制的,具有综合性、规范性等优点。但是随着市场经济的日益发达,大量非财务资料和非货币计量资源对企业经营决策也具有重要作用,这些信息在会计报表中无法体现。因此,企业会计报表附注将成为我国企业会计信息披露的重要方式和了解企业会计信息的重要途径。

三、会计报表附注的内容

会计报表附注是为了便于会计报表使用者理解会计报表的内容而对会计报表的编制基础、编制依据、编制原则和方法及主要项目等所做的解释。企业的年度会计报表附注除了要披露企业的基本情况外,至少应披露如下内容。

1. 遵循会计准则的声明

2. 重要会计政策和会计估计的说明

3. 重要会计政策和会计估计变更的说明,以及重大会计差错更正的说明

这主要包括以下事项:

(1) 会计政策变更的内容和理由;

(2) 会计政策变更的影响数;

(3) 累积影响数不能合理确定的理由;

(4) 会计估计变更的内容和理由;

(5) 会计估计变更的影响数;

（6）会计估计变更的影响数不能合理确定的理由；

（7）重大会计差错的内容；

（8）重大会计差错的更正金额。

4. 报表重要项目的说明

企业应当按照资产负债表、利润表、现金流量表和所有者权益变动表及其项目列的顺序，采用文字和数字描述相结合的方式对报表的重要项目进行披露说明。报表重要项目的明细金额的合计，应当与报表项目金额相衔接。

5. 或有事项的说明

（1）或有负债的类型及其影响，包括：

① 已贴现商业承兑汇票形成的或有负债；

② 未决诉讼、仲裁形成的或有负债；

③ 为其他单位提供债务担保形成的或有负债；

④ 其他或有负债（不包括极小可能导致经济利益流出企业的或有负债）；

⑤ 或有负债预计产生的财务影响（如无法预计，应说明理由）；

⑥ 或有负债获得补偿的可能性。

（2）如果或有资产很可能会给企业带来经济利益时，则应说明其形成的原因及其产生的财务影响。

6. 资产负债表日后事项的说明

应说明股票和债券的发行、对一个企业的巨额投资、自然灾害导致的资产损失以及外汇汇率发生较大变动等非调整事项的内容，估计对财务状况、经营成果的影响；如无法做出估计，应说明其原因。

7. 关联方关系及其交易的说明

思考题

1. 什么是会计报表？它与财务报告有何关系？

2. 什么是资产负债表？其基本结构是怎样的？其项目列示有何特点？

3. 利润表能够提供哪些有用的信息？

4. 现金流量表的编制有什么重要意义？

5. 什么是所有者权益变动表？所有者权益变动表有什么作用？

综合实训 ----------------------

（一）资料：

1. 北方公司为股份有限公司，系增值税一般纳税人，增值税税率为13%，所得税税率为25%。其 20×7 年 1 月 1 日有关科目的余额如表 11-8 所示。

表 11-8　科目余额表

20×7 年 1 月 1 日 元

科目名称	借方金额	科目名称	贷方金额
库存现金	3 100	短期借款	500 000
银行存款	1 638 000	应付票据	250 000
其他货币资金	168 000	应付账款	760 000
交易性金融资产	26 800	其他应付款	65 000
应收票据	80 000	应付职工薪酬	51 000
应收账款	400 000	应交税费	40 800
坏账准备	-8 000	应付利息	12 000
预付账款	65 000	长期借款	1 800 000
其他应收款	4 500	其中：1 年内到期的非流动负债	850 000
物资采购	120 000	实收资本（股本）	4 200 000
原材料	91 200	资本公积	233 300
包装物	10 000	盈余公积	158 000
低值易耗品	70 000	利润分配（来分配利润）	90 000
库存商品	60 000		
材料成本差异	3 500		
存货跌价准备	-6 500		
长期股权投资	300 000		
长期股权投资减值准备	-4 500		
固定资产	3 099 000		
累计折旧	-600 000		
固定资产减值准备	-190 000		
在建工程	1 600 000		
无形资产	1 200 000		
累计摊销	-240 000		
长期待摊费用	270 000		
合　计	8 160 100	合　计	8 160 100

2. 该公司 20×7 年发生的经济业务如下：

(1) 购入原材料一批，材料价款 200 000 元，增值税税额 26 000 元，共计 226 000 元，原已预付材料款 65 000 元，余款 161 000 元用银行存款支付，材料未到。

(2) 收到原材料一批，实际成本 120 000 元，计划成本 115 000 元，材料已验收入库，货款已于上月支付。

(3) 购入无须安装的设备一台，价款 90 000 元，支付的增值税 11 700 元，支付包装费、运费 1 100 元。价款、增值税及包装费、运费共计 102 800 元均以银行存款支付。设备已经交付使用。

(4) 购入工程物资，价款 130 000 元，增值税 16 900 元，均以银行存款支付。

(5) 收到银行通知，用银行存款支付到期的商业承兑汇票 150 000 元，偿还应付账款 85 000 元。

(6) 销售产品一批，销售价款 400 000 元，应收取增值税 52 000 元，产品已发出，价款尚未收到。

(7) 从银行借入 3 年期借款 500 000 元，借款已存入银行，该项借款用于购建固定资产。

(8) 在建工程应付工资 410 000 元。

(9) 一项工程完工，计算应负担的长期借款利息 160 000 元。该项借款本息未付。

(10) 一项工程完工，交付生产使用，已办理竣工手续，固定资产价值 1 500 000 元。

(11) 销售产品一批，价款 800 000 元、应收取增值税 104 000 元，货款银行已收到。

(12) 公司出售一台不需用设备，收到价款 400 000 元，设备原价 800 000 元，已提折旧 260 000 元，已提减值准备 100 000 元，设备已交付给购入单位。

(13) 归还短期借款本金 200 000 元，利息 10 000 元，共计 210 000 元。借款利息已预提。

(14) 用银行汇票支付采购材料价款，公司收到开户银行转来银行汇票多余款收账通知，通知上所填多余款为 417 元，购入材料的价款 123 500 元，支付的增值税税额为 16 055 元，材料已验收入库，该批材料的计划价格为 123 800 元。

(15) 提取现金 1 037 000 元，准备发放工资。

(16) 支付职工工资 1 037 000 元，其中包括支付给在建工程人员的工资 410 000 元。

(17) 分配应支付的职工工资 627 000 元（不包括在建工程应负担的工资 410 000 元），其中，生产人员工资 570 000 元，车间管理人员工资 11 400 元，行政管理部门人员工资 45 600 元。

(18) 用银行存款支付研发部门的新技术开发支出 20 000 元，该项支出符合资本化的条件。

(19) 计提固定资产减值准备 20 000 元。

(20) 用银行存款支付产品展览费 15 000 元，广告费 13 000 元。

(21) 基本生产领用原材料，计划成本 300 000 元；领用低值易耗品，计划成本 60 000 元，采用一次摊销法摊销。

(22) 结转领用原材料与低值易耗品的成本差异，材料成本差异率为 2%。

(23) 公司采用商业承兑汇票结算方式销售产品一批，价款 300 000 元，增值税 39 000 元，收到 339 000 元的商业承兑汇票 1 张。

(24) 公司将上述商业承兑汇票向银行办理贴现，贴现息为 24 000 元，该票据的到期日为 20×7 年 4 月 20 日。同时将上年销售商品所收到的一张面值为 80 000 元,已到期的无息银行承兑汇票,连同解讫通知书和进账单交银行办理转账,收到银行盖章退回的进账单一联,款项银行已收妥。

(25)提取应计入本期损益的借款利息共 32 500 元,其中,短期借款利息 22 000 元,长期借款利息 10 500 元。

(26)计提固定资产折旧 120 000 元,其中,应计入制造费用 100 000 元,管理费用 20 000 元。

(27)摊销无形资产 80 000 元。

(28)摊销基本生产车间承担的长期待摊费用(固定资产大修理费)75 000 元。

(29)用银行存款支付本年度企业财产保险费 67 100 元。

(30)本期销售产品应缴纳的城市维护建设税 14 875 元,教育费附加 6 375 元,地方教育费附加 4 250 元。

(31)用银行存款缴纳增值税 120 000 元,城市维护建设税 14 875 元,教育费附加 6 375 元,地方教育费附加 4 250 元。

(32)计算并结转本期完工产品成本 1 123 600 元。没有期初在产品,本期生产的产品全部完工入库。

(33)结转本期产品销售成本 900 000 元。

(34)基本生产车间盘亏一台设备,原价 280 000 元,已提折旧 225 000 元,已提减值准备 25 000 元。

(35)偿还长期借款本金 850 000 元。

(36)收回应收账款 360 000 元,存入银行。

(37)应收某客户的账款 5 000 元,已确定不能收回。

(38)按应收账款余额的 2% 计提坏账准备。

(39)第(34)笔的固定资产盘亏在年末结账前仍未批准处理,按规定将 30 000 元损失转为营业外支出(附注中说明)。

(40)年末查明一批管理部门用低值易耗品提前报废,其原计入待摊费用的 1 000 元未摊销,价值应全部计入本期损益。

(41)结转各收入、费用科目,确定利润总额 203 300 元。

(42)计算并结转应交所得税费用 59 600 元(为假设数据)。

(43)用银行存款缴纳企业所得税 48 500 元。

(44)提取盈余公积 21 555 元;分配普通股现金股利 81 145 元。

(45)将利润分配各明细科目的余额转入"未分配利润"明细科目,结转本年利润。

(46)20×7 年年末将于 1 年内到期的非流动负债为 400 000 元。

(二)要求:

1. 根据以上资料编制相关会计分录,填制记账凭证,登记相关账簿。

2. 编制资产负债表与利润表(样表附后)。

表 11-9　资产负债表

编制单位：　　　　　　　　　　　　　　××年　月　日　　　　　　　　　　　　单位:元

资　产	年初数	期末数	负债和所有者权益	年初数	期末数
流动资产:			流动负债:		
货币资金			短期借款		
交易性金融资产			交易性金融负债		
应收票据			应付票据		
应收账款			应付账款		
预付账款			预收账款		
应收利息			应付职工薪酬		
应收股利			应交税费		
其他应收款			应付利息		
存货			应付股利		
一年内到期的非流动资产			其他应付款		
其他流动资产			一年内到期的非流动负债		
流动资产合计			其他流动负债		
非流动资产:			流动负债合计		
可供出售的金融资产			非流动负债:		
持有至到期投资			长期借款		
长期应收款			应付债券		
长期股权投资			长期应付款		
投资性房地产			专项应付款		
固定资产			预计负债		
在建工程			递延所得税负债		
工程物资			其他非流动负债		
固定资产清理			非流动负债合计		
生产性生物资产			负债合计		
无形资产			所有者权益(或股东权益):		
开发支出			实收资本(或股本)		
商誉			资本公积		
长期待摊费用			减:库存股		
递延所得税资产			盈余公积		
其他非流动资产			未分配利润		
非流动资产资产合计			所有者权益(或股东权益)合计		
资产总计			负债和所有者权益(或股东权益)总计		

表 11-10 利 润 表

编制单位：　　　　　　　　　　　　　年　月　　　　　　　　　　　　　单位:元

项　目	本 月 数	本年累计数
一、营业收入		
减:营业成本		
税金及附加		
销售费用		
管理费用		
财务费用		
资产减值准备		
加:公允价值变动收益(损失以"－"号填列)		
投资收益(损失以"－"号填列)		
二、营业利润(亏损以"－"号填列)		
加:营业外收入		
减:营业外支出		
其中:非流动资产处置损失		
三、利润总额		
减:所得税费用		
四、净利润		
五、每股收益		
(一)基本每股收益	略	略
(二)稀释每股收益	略	略

第十二章
会计档案

本章重点阐述了会计档案管理的基本内容。

通过本章的学习，了解规范的会计档案管理；掌握新的《会计档案管理办法》精神；熟悉会计档案保管归档范围、归档时间、保管期限等流程；了解会计档案的查阅、复制、交接，以及会计档案销毁等工作的业务要求。为会计工作中开展档案管理打下基础，对规范会计档案管理具有现实意义。

第一节　会计档案概述

一、会计档案的概念

会计档案是指会计凭证、会计账簿和财务报告等会计核算专业材料，它是记录和反映单位经济业务的重要史料和证据。

为了加强会计档案管理，统一会计档案管理制度，根据《中华人民共和国会计法》和《中华人民共和国档案法》的规定，财政部、国家档案局联合发布了《会计档案管理办法》，并于 1999 年 1 月 1 日起正式实施。2015 年 12 月，财政部、国家档案局又公布了修订后的《会计档案管理办法》，自 2016 年 1 月 1 日起施行。

各单位(包括国家机关、社会团体、企业、事业单位、按规定应当建账的个体工商户和其他组织)必须加强对会计档案管理工作的领导，建立会计档案的立卷、归档、保管、查阅和销毁等管理制度，保证会计档案妥善保管、有序存放、方便查阅，严防毁损、散失和泄密。各级人民政府财政部门和档案行政管理部门共同负责会计档案工作的指导、监督和检查。

二、会计档案的内容

会计档案的具体内容包括以下几个方面。

1. 会计凭证类

原始凭证，记账凭证，汇总凭证，其他会计凭证。

2. 会计账簿类

总账，明细账，日记账，固定资产卡片，辅助账簿，其他会计账簿。

3. 财务会计报告类

月度、季度、年度财务报告，包括会计报表、附表、附注及文字说明，其他财务报告

4. 其他会计资料类

银行存款余额调节表,银行对账单,其他应当保存的会计核算专业资料,会计档案移交清册,会计档等保管清册,会计档案销毁清册。

第二节　会计档案的保管

一、会计档案的归档

根据《会计档案管理办法》的规定,各单位每年形成的会计档案都应由会计机构按照归档的要求,负责整理立卷,装订成册,编制会计档案保管清册。

当年形成的会计档案,在会计年度终了,可暂由本单位财务会计部门保管1年。期满之后,原则上应由财务会计部门编造清册,移交本单位的档案部门保管,未设立档案部门的,应当在财务会计部门内部指定专人保管移交本单位档案机构保管的会计档案,原则上应当保持原卷册的封装,个别需要拆封重新整理的,档案机构应当会同会计机构和经办人共同拆封整理,以分清责任。

各单位对会计档案应当科学管理,做到妥善保管、存放有序、查找方便,同时,严格执行安全和保密制度,不得随意堆放,严防毁损、散失和泄密。

二、会计档案的保管期限

会计档案的重要程度不同,其保管期限也有所不同。

各种会计档案的保管期限,根据其特点,分为永久、定期两类。永久档案即长期保管,不可以销毁的档案;定期档案根据保管期限分为3年、5年、10年、15年、25年五种。会计档案的保管期限,从会计年度终了后的第一天算起。

《会计档案管理办法》规定了我国企业和其他组织、预算单位等会计档案的保管期限。该办法规定的会计档案保管期限为最低保量期限,具体可以分为:

(1)需要永久保存的会计档案有:会计档案保管清册、会计档案销毁清册以及年度财务报告、财政总预算、行政事业单位决算、税收年报(决算)。

(2)保管期限为25年的会计档案有:现金和银行存款日记账;税收日记账(总账)和税收票证分类出纳账。

(3)保管期限为15年的会计档案有:会计凭证类;总账、明细账、日记账和辅助账簿(不包括现金和银行存款);会计移交清册;行政单位和事业单位的各种会计凭证;各种完税凭证和缴退库凭证;财政总预算拨款凭证及其他会计凭证;农牧业税结算凭证;会计移交清册。

(4)保管期限为10年的会计档案有:国家金库编送的各种报表及缴库退库凭证;各收入机关编送的报表;财政总预算保管行政单位和事业单位决算、税收年报、国家金库年报、基本建设拨贷款年报;税收会计报表(包括票证报表)。

(5)保管期限为5年的会计档案有:固定资产卡片于固定资产报废清理后保管5年;银行余额调节表;银行对账单;财政总预算会计月、季度报表;行政单位和事业单位会计月、季度报表。

（6）保管期限为 3 年的会计档案有：月、季度财务报告；财政总预算会计旬报。

《会计档案管理办法》规定的各类会计档案的保管期限见表 12-1，各类会计档案的保管原则上应当按照该表所列期限执行。各单位会计档案的具体名称如有同该表中所列档案名称不相符的，可以比照类似档案的保管期限办理。

《中华人民共和国财政部 国家档案局令第 79 号——会计档案管理办法》中最新会计档案保管期限表（见表 12-1 和表 12-2）。

表 12-1 企业和其他组织会计档案保管期限表

序号	档案名称	保管期限	备注
一	会计凭证		
1	原始凭证	30 年	
2	记账凭证	30 年	
二	会计账簿		
3	总账	30 年	
4	明细账	30 年	
5	日记账	30 年	
6	固定资产卡片		固定资产报废清理后保管 5 年
7	其他辅助性账簿	30 年	
三	财务会计报告		
8	月度、季度、半年度财务会计报告	10 年	
9	年度财务会计报告	永久	
四	其他会计资料		
10	银行存款余额调节表	10 年	
11	银行对账单	10 年	
12	纳税申报表	10 年	
13	会计档案移交清册	30 年	
14	会计档案保管清册	永久	
15	会计档案销毁清册	永久	
16	会计档案鉴定意见书	永久	

表 12-2 财政总预算、行政单位、事业单位和税收会计档案保管期限表

序号	档案名称	保管期限			备注
		财政总预算	行政单位事业单位	税收会计	
一	会计凭证				
1	国家金库编送的各种报表及缴库退库凭证	10 年		10 年	
2	各收入机关编送的报表	10 年			

序号	档案名称	保管期限			备注
		财政总预算	行政单位事业单位	税收会计	
3	行政单位和事业单位的各种会计凭证		30 年		包括:原始凭证、记账凭证和传票汇总表
4	财政总预算拨款凭证和其他会计凭证	30 年			包括:拨款凭证和其他会计凭证
二	会计账簿				
5	日记账		30 年	30 年	
6	总账	30 年	30 年	30 年	
7	税收日记账(总账)			30 年	
8	明细分类、分户账或登记簿	30 年	30 年	30 年	
9	行政单位和事业单位固定资产卡片				固定资产报废清理后保管 5 年
三	财务会计报告				
10	政府综合财务报告	永久			下级财政、本级部门和单位报送的保管 2 年
11	部门财务报告		永久		所属单位报送的保管 2 年
12	财政总决算	永久			下级财政、本级部门和单位报送的保管 2 年
13	部门决算		永久		所属单位报送的保管 2 年
14	税收年报(决算)			永久	
15	国家金库年报(决算)	10 年			
16	基本建设拨、贷款年报(决算)	10 年			
17	行政单位和事业单位会计月、季度报表		10 年		所属单位报送的保管 2 年
18	税收会计报表			10 年	所属税务机关报送的保管 2 年
四	其他会计资料				
19	银行存款余额调节表	10 年	10 年		
20	银行对账单	10 年	10 年	10 年	
21	会计档案移交清册	30 年	30 年	30 年	

续　表

序号	档案名称	保管期限			备注
		财政总预算	行政单位事业单位	税收会计	
22	会计档案保管清册	永久	永久	永久	
23	会计档案销毁清册	永久	永久	永久	
24	会计档案鉴定意见书	永久	永久	永久	

第三节　会计档案的查阅、复制和交接

一、会计档案的查阅和复制

各单位应建立健全会计档案的查阅、复制登记制度。各单位保存的会计档案不得借出。如有特殊需要,经本单位负责人批准,可以提供查阅或者复制,并办理登记手续。查阅或者复制会计档案的人员,严禁在会计档案上涂画、拆封或抽换。借出的会计档案,会计档案管理人员要按期如数收回,并办理注销借阅手续。

二、会计档案的交接

(1) 单位因撤销、解散、破产或者其他原因而终止的,在终止和办理注销登记手续之前形成的会计档案,应当由终止单位的业务主管部门或财产所有者代管或移交有关档案馆代管。

(2) 单位分立后原单位存续的,其会计档案应当由分立后的存续方统一保管,其他方可查阅、复制与其业务相关的会计档案;单位分立后原单位解散的,其会计档案应当经各方协商后由其中一方代管或移交档案馆代管,各方可查阅、复制与其业务相关的会计档案。单位分立中未结清的会计事项所涉及的原始凭证,应当单独抽出由业务相关方保存,并按规定办理交接手续。

(3) 单位因业务移交其他单位办理所涉及的会计档案,应当由原单位保管,承接业务单位可查阅、复制与其业务相关的会计档案,对其中未结清的会计事项所涉及的原始凭证,应当单独抽出由业务承接单位保存,并按规定办理交接手续。

(4) 单位合并后原各单位解散或一方存续其他方解散的,原各单位的会计档案应当由合并后的单位统一保管;单位合并后原各单位仍存续的,其会计档案仍应由原各单位保管。

(5) 建设单位在项目建设期间形成的会计档案,应当存办理竣工决算后移交给建设项目的接受申位,并按规定办理交接手续。

(6) 单位之间交接会计档案的,交接双方应当办理会计档案交接手续。移交会计档案的单位,应当编制会计档案移交清册,列明应当移交的会计档案名称、卷号、册数、起止年度和档案编号、应保管期限、已保管期限等内容。

(7) 交接会计档案时,交接双方应当按照会计档案移交清册所列内容逐项交接,并由交接双方的单位负责人负责监交。交接完毕后,交接双方经办人和监交人应当在会计档案移交清册上签名或者盖章。

我国境内所有单位的会计档案不得携带出境。驻外机构和境内单位在境外设立的企业(简称境外单位)的会计档案,应当按照《会计档案管理办法》和国家有关规定进行管理。

第四节 会计档案的销毁

会计档案保管期满需要销毁,销毁是会计档案结束保管工作前的最后环节。通常按照以下程序进行会计档案的销毁工作。

(1)由本单位档案机构提出销毁意见,编制会计档案销毁清册。会计档案销毁清册是销毁会计档案的记录和报批文件,一般应包括销毁会计档案的名称、卷号、册数、起止年度和档案编号、应保管期限、已保管期限、销毁时间等内容。

(2)单位负责人应当在会计档案销毁清册上签署意见。

(3)销毁会计档案时,应当由单位档案机构和会计机构共同派员监销。国家机关销毁会计档案时,应当由同级财政部门、审计部门派员参加监销。财政部门销毁会计档案时,应当由同级审计部门派员参加监销。

(4)监销时,在销毁会计档案前,应当按照会计档案销毁清册所列内容清点核对所要销毁的会计档案;销毁后,应当在会计档案销毁清册上签名盖章,并将监销情况报告本单位负责人。

对于保管期满但未结清的债权债务原始凭证以及涉及其他未了事项的原始凭证,不得销毁,应单独抽出,另行立卷,由档案部门保管到未了事项完结时为止。单独抽出立卷的会计档案,应当在会计档案销毁清册和会计档案保管清册中列明。

正在项目建设期间的建设单位,其保管期满的会计档案不得销毁。

思考题

1. 什么是会计档案?会计档案包括哪些类别?

2. 简要说明会计档案的归档和保管。

3. 简要说明会计档案保管期满的销毁程序。

参考文献

[1] 葛家澍,吴水澎.会计学原理教程[M].天津:天津人民出版社,1986

[2] 吴水澎.会计学原理[M].沈阳:辽宁人民出版社,1994

[3] 郭道扬.会计电研究:历史现实·未来.1～3卷[M].北京:中国财政经济出版社,2004

[4] 王建忠.会计发展史.第2版[M].大连:东北财经大学出版社,2007

[5] 唐国平.会计学基础[M].北京:高等教育出版社,2008

[6] 财政部会计司编写组.企业会计准则讲解2010[M].北京:人民出版社,2010

[7] 财政都会计资格评价中心.2018年初级会计资格考试教材中心:初级会计实务[M].北京:经济科学出版社,2018

[8] 会计资格考试教材编写组.初级会计实务[M].北京:北京理工大学版社,2018

[9] 李占国.基础会计学[M].北京:高等教育出版社,2015

[10] 陈国辉,迟旭升.基础会计[M].大连:东北财经大学出版社,2009

[11] 陈澎,王远利.财务会计实务[M].北京:机械工业出版社,2010